Die ***Garantie*** im Rahmen kaufrechtlicher Sachmängelgewährleistung

Europäische Hochschulschriften
Publications Universitaires Européennes
European University Studies

Reihe II

Rechtswissenschaft

Série II   Series II

Droit
Law

Bd./Vol. 361

PETER LANG
Frankfurt am Main · Bern · New York

Roman Christoffel

Die *Garantie* im Rahmen kaufrechtlicher Sachmängelgewährleistung

unter Berücksichtigung des Schuldrechtsreformvorschlags

PETER LANG
Frankfurt am Main · Bern · New York

CIP-Kurztitelaufnahme der Deutschen Bibliothek

Christoffel, Roman:

Die Garantie im Rahmen kaufrechtlicher Sach=
mängelgewährleistung : unter Berücks. d.
Schuldrechtsreformvorschlags / Roman
Christoffel. - Frankfurt am Main ; Bern ;
New York : Lang, 1984.
(Europäische Hochschulschriften : Reihe 2,
Rechtswiss. ; Bd. 361)
ISBN 3-8204-5153-6
NE: Europäische Hochschulschriften / 02

ISSN 0531-7312
ISBN 3-8204-5153-6

Seite

Seite

Seite

Seite

Seite

Literaturverzeichnis

Adler, Karl	Beiträge zum Rechte der Gewährleistung, ZHR 75 (1914), S.453 ff.
Alternativkommentar, BGB	Kommentar zum Bürgerlichen Gesetzbuch, §§ 433-853, Neuwied und Darmstadt 1979, (zit. AK-Bearbeiter)
Bader, Peter	Probleme der Garantiekarte, NJW 1976, S.2o9 ff.
Ballerstedt, Kurt	Zur Haftung für culpa in contrahendo bei Geschäftsabschluß durch Stellvertreter, AcP 151 (1951), S.5o1 ff.
von Bar, Christian	"Nachwirkende" Vertragspflichten, AcP 179 (1979), S.452 ff.
von Bar, Christian	Verkehrspflichten. Richterliche Gefahrsteuerungsgebote im deutschen Deliktsrecht, Köln-Berlin-Bonn-München 198o
von Bar, Christian	Vertragliche Schadensersatzpflichten ohne Vertrag?, JuS 1982, S.637 ff.
Baumann, Horst	Die Zusicherung, Festschrift für Karl Sieg, Karlsruhe 1976, S.15 ff.
Baumann, Peter	Schriftformklauseln und Individualabrede, BB 198o, S.551 f.
Baumbach/Duden/Hopt	Handelsgesetzbuch, 25. Auflage, München 1983

Baumbach/Hefermehl	Warenzeichenrecht, 11. Auflage, München 1979
Baumbach/Hefermehl	Wettbewerbsrecht, 13. Auflage, München 1981
Baumgärtel/Laumen	Handbuch der Beweislast im Privatrecht, Köln-Berlin-Bonn-München 1981
Baur, Jürgen F.	Die Gewährleistungshaftung des Unternehmensverkäufers, BB 1979, S.381 ff.
Behrens, Karl Christian	Absatzwerbung, Wiesbaden 1963
Beß, Jürgen	Die Haftung des Verkäufers für Sachmängel und Falschlieferung im Einheitlichen Kaufgesetz, Heidelberg 1971
Beuthien/Hadding/Lüderitz/Medicus/Wolf	Studienkommentar zum BGB, Erstes bis Drittes Buch, 2. Auflage, Frankfurt a.M. 1979, (zit. Stud.-Komm.-Bearbeiter)
BGB-RGRK	Das Bürgerliche Gesetzbuch, 12. Auflage, Band II, 1. Teil, §§ 241-413, Berlin-New York 1976; Band II, 2. Teil, §§ 414-61o, Berlin-New York 1978, Band II, 4. Teil, §§ 631-811, Berlin-New York 1978
Bichlmeier, Gerd	Zusicherung und Vertrauen - eine Untersuchung zu §§ 459 Abs.2 und 463 S.1 BGB; Diss. Bielefeld 1978

Böhmer, Emil — Schutzwirkung eines Vertrages zwischen Rechtsanwalt und Erblasser zugunsten der benachteiligten Erbin?, MDR 1966, S.468 f.

Boetius, Jan — Der Garantievertrag, Diss. München 1966

Bohrer, Michael — Die Haftung des Dispositionsgaranten -Ein Beitrag zu der Lehre von der negativen Vertrauenshaftung-, Ebelsbach 198o

Brendel, Thomas — Qualitätsrecht. Die technisch-ökonomischen Implikationen der Produzentenhaftung, Berlin 1976

Brinkmann, Werner — Die Verbraucherorganisationen in der Bundesrepublik Deutschland und ihre Tätigkeit bei der überbetrieblichen technischen Normung, Köln-Berlin-Bonn-München 1976

Brockmann, Herbert — Muß der Haftpflichtversicherer für einen Schadensersatzanspruch wegen Nichterfüllung aus § 463 BGB eintreten?, VersR 1955, S.373

Brox, Hans — Die Einrede des nichterfüllten Vertrages beim Kauf, Rechtswissenschaftl. Arbeiten aus dem Justizprüfungsamt Köln, Heft 3, Köln 1948, (zit. Brox, Einrede)

Brox/Elsing — Die Mängelhaftung bei Kauf, Miete und Werkvertrag, JuS 1976, S.1 ff.

Brüggemeier, Gert — Vertrag -Quasi-Vertrag-Sonder-Delikt-Delikt, AG 1982, S.268 ff.

Bullinger, Manfred Georg	Die Anwendbarkeit des AGB-Gesetzes auf Garantiekartenverträge, NJW 1979, S.2555 f.
Bydlinski, Franz	Privatautonomie und objektive Grundlagen des verpflichtenden Rechtsgeschäfts, Wien-New York 1967
Bydlinski, Franz	Vertragliche Qualitätsgarantie im österreichischen Recht, RIW/AWD 1981, S.149
von Caemmerer, Ernst	Verträge zugunsten Dritter, Festschrift für Franz Wieacker, S.311 ff., Göttingen 1978
von Caemmerer, Ernst	Die wesentliche Vertragsverletzung im internationalen Einheitlichen Kaufrecht, Festschrift für Helmut Coing, München 1982, S.33 ff.
Canaris, Claus Wilhelm	Ansprüche wegen "positiver Vertragsverletzung" und "Schutzwirkung für Dritte" bei nichtigen Verträgen, JZ 1965, S.475
Canaris, Claus Wilhelm	Die Produzentenhaftpflicht in dogmatischer und rechtspolitischer Sicht, JZ 1968, S.494
Canaris, Claus Wilhelm	Die Vertrauenshaftung im deutschen Privatrecht, München 1971
Canaris, Claus Wilhelm	Leistungsstörungen beim Unternehmenskauf, ZGR 1982, S.395 ff.

von Craushaar,Goetz	Der Einfluß des Vertrauens auf die Privatrechtsbildung, München 1969
Crome, Carl	Die Gewährleistung wegen Abwesenheit vorausgesetzter Vorzüge der veräußerten Sache, AcP 78 (1892), S.122 ff.
Denkschrift	Denkschrift zum Entwurf eines Bürgerlichen Gesetzbuches, 2. Auflage, Berlin 1896
Dernburg, Heinrich	Die Schuldverhältnisse nach dem Rechte des Deutschen Reiches und Preußen, 4. Auflage, Zweite Abteilung, Halle 1915
Diederichsen, Uwe	"Schadensersatz wegen Nichterfüllung" und Ersatz von Mangelfolgeschäden, AcP 165 (1965), S.15o ff.
Diederichsen, Uwe	Die Haftung des Warenherstellers, München-Berlin 1967
Diederichsen, Uwe	Die Deckung des Produkthaftpflichtrisikos im Rahmen der Betriebshaftpflichtversicherung, VersR 1971, S.1o77 ff.
Diederichsen, Uwe	Zur gesetzlichen Neuordnung des Schuldrechts, AcP 182 (1982), S.1o1 ff.
Dölle, Hans	Kommentar zum Einheitlichen Kaufrecht, München 1976
Ebeling	Haftung für unrichtige Bankauskunft, WM 1955, S.1366 ff.

Eimer, Edgar	Verschuldensunabhängige Schadensersatzhaftung des Werkunternehmers bei Fehlen zugesicherter Eigenschaften, NJW 1973, S.59o ff.
Eisenhardt, Ulrich	Das nicht mehr fabrikneue Fahrzeug,- BGH, NJW 198o, 2127, JuS 1982, S.17o ff.
Emmerich, Volker	Urteilsanmerkung zu BGHZ 48, S.118, JuS 1968, S.41
Enneccerus/Lehmann	Lehrbuch des Bürgerlichen Rechts, Recht der Schuldverhältnisse, 15. Auflage, Tübingen 1958
Enneccerus/Nipperdey	Allgemeiner Teil des Bürgerlichen Rechts, 15. Auflage, 1. Halbband Tübingen 1959, 2. Halbband Tübingen 196o
Erman	Handkommentar zum Bürgerlichen Gesetzbuch, 1. Band, 7. Auflage, Münster 1981
Esser, Josef	Grundsatz und Norm in der richterlichen Fortbildung des Privatrechts, 2. Auflage, Tübingen 1964
Esser/Schmidt	Schuldrecht, Band 1, Allgemeiner Teil, Teilband 2, 5. Auflage, Karlsruhe 1976
Esser/Weyers	Schuldrecht, Band II, Besonderer Teil, Teilband 1, Karlsruhe 1977
Faber, Margarete	Die Beweislast für die Beschaffenheit der Kaufsache, Diss. Köln 1931

Fabricius, Fritz	Stillschweigen als Willenserklärung, JuS 1966, S.1 ff.
Fabricius, Fritz	Urteilsanmerkung, JZ 197o, S.29 ff.
Fikentscher, Wolfgang	Schuldrecht, 6. Auflage, Berlin-New York 1976
Flume, Werner	Eigenschaftsirrtum und Kauf, Münster 1948; reprographischer Nachdruck, Darmstadt 1975
Flume, Werner	Allgemeiner Teil des Bürgerlichen Rechts, 2. Band, Das Rechtsgeschäft, 3. Auflage, Berlin-Heidelberg-New York 1979
Gernhuber, Joachim	Gläubiger, Schuldner und Dritte, JZ 1962, S.553 ff.
Glaser, Hugo	Haftung des Bausachverständigen, JR 1971, S.365 ff.
Götsch/Hasenjäger	Technische Baubestimmungen, Band IV, 6. Auflage, Köln(Loseblatt)
Goetz, Volkmar	Sachmängelbeseitigung beim Kauf, Bielefeld 196o
Graue, Eugen Dietrich	Die mangelfreie Lieferung beim Kauf beweglicher Sachen, Heidelberg 1964
Grunewald, Barbara	Die Grenzziehung zwischen der Rechts- und Sachmängelhaftung beim Kauf, Bonn 198o

Grunewald, Barbara — Zur Haftung von Fachleuten im Zivilrechtsverkehr, JZ 1982, S.627 ff.

Grunow, Adelheid — Zur Deckung vertraglicher Erfüllungs- und Surrogatsansprüche in der Allgemeinen Haftpflichtverordnung, Diss. Köln 1968

Hager, Günter — Die Zulässigkeit von Freizeichnungsklauseln im Gebrauchtwagenhandel, NJW 1975, S.2276 ff.

Handelsgesetzbuch — Großkommentar, 3. Auflage, 3. Band, 1. Halbband, Berlin-New York 1978; 3. Band, 3. Teil, Bankvertragsrecht, 2. Bearbeitung, Berlin-New York 1981; 4. Band, Berlin 197o, (zit: GK-HGB-Bearbeiter)

Hartung, Hansrudolf — Die allgemeine Haftpflichtversicherung, Berlin 1957

Haupt, Günter — Über faktische Vertragsverhältnisse, Leipzig 1941

Haymann, Franz — Fehler und Zusicherung beim Kauf, in:Die Reichsgerichtspraxis im deutschen Rechtsleben, Dritter Band, Berlin und Leipzig 1929, S.317 ff. (zit. Haymann, Festgabe Reichsgericht III)

Heck, Philipp — Grundriß des Schuldrechts, Tübingen 1929, (2. Neudruck Aalen 1974)

Heilmann, Hans — Der Vertrag zugunsten Dritter - ein schuldrechtliches Verfügungsgeschäft, NJW 1968, S.1853

Heinze, M. Urteilsanmerkung, JR 1975, S.5o4

Hensche, Detlef Der Schadensersatzanspruch wegen Nichterfüllung im Recht der Sachmängelgewährleistung, Diss. Bonn 1975

Henseler, Peter Zusicherung von Eigenschaften beim Kauf durch Angabe von DIN-Normen?, BB 1969, S.24 f.

Henseler, Peter Urteilsanmerkung, NJW 1972, S.829 f.

Herberger, Klaus Rechtsnatur, Aufgabe und Funktion der Sachmängelhaftung nach dem Bürgerlichen Gesetzbuch, Berlin 1974

Hönig, Hans-Christoph Die Betriebshaftpflicht und die Deckung der Produkte-Haftpflichtschäden, VersR 197o, S.975 ff.

Hohloch, Gerhard "Vertrauenshaftung" - Beginn einer Konkretisierung?, NJW 1979, S.2369ff.

Hohloch, Gerhard Ersatz von Vermögensschäden Dritter aus Vertrag?, FamRZ 1977, S.53o ff.

Hommelhoff, Peter Die Sachmängelhaftung beim Unternehmenskauf, Köln-Berlin-Bonn-München 1975

Honsell, Heinrich Culpa in contrahendo, positive Vertragsverletzung und § 463 BGB, JR 1976, S.361 ff.

Hopt, Klaus J. — Berufshaftung und Berufsrecht der Börsendienste, Anlageberater und Vermögensverwalter, Festschrift für Robert Fischer, Berlin 1979, S.237 ff.

Huber, Konrad — Verkehrspflichten zum Schutz fremden Vermögens, Festschrift für E. von Caemmerer, Tübingen 1978, S.359 ff.

Huber, Ulrich — Zur Haftung des Verkäufers wegen positiver Vertragsverletzung, AcP 177 (1977), S.281 ff.

Huber, Ulrich — Leistungsstörungen, Bundesminister der Justiz (Hrsg.), Gutachten und Vorschläge zur Überarbeitung des Schuldrechts, Band I, Köln 1981, S.647 ff., (zit. Huber, Gutachten Leistungsstörungen)

Huber,Ulrich — Kaufvertrag in dto, Band I, Köln 1981, S.911 ff., (Zit. Huber, Gutachten Kaufvertrag)

Hüffer, Uwe — Zusicherung von Eigenschaften der Kaufsache durch schlüssiges Verhalten und Haftung für Entwicklungsschäden,- BGHZ 59, 158, JuS 1973, S.6o6

Jakobs/Schubert — Die Beratung des BGB, Recht der Schuldverhältnisse II, §§ 433-651, Berlin-New York 198o

Jauernig/Schlechtriehm Stürner/Teichmann Vollkommer — Bürgerliches Gesetzbuch, 2. Auflage, München 1981 (zit. Jauernig/Bearbeiter)

Kaser, Max — Das römische Privatrecht, Erster Abschnitt, 2. Auflage, München 1971; zweiter Abschnitt, 2. Auflage, München 1975

Kegel, Gerhard — Internationales Privatrecht, 4. Auflage, München 1977

Kegel, Gerhard — Die lachenden Doppelerben: Erfolge bei Versagen von Urkundspersonen, Festschrift für Werner Flume, Band I, S.545 ff., Köln 1978

Kirchhof, Roland — Die Sachmängelhaftung nach deutschem Recht im Vergleich zur Haftung für vertragswidrige Sachen nach dem "Einheitlichen Gesetz über den internationalen Kauf beweglicher Sachen", Diss. München 197o

Knöpfle, Robert — Zur Problematik des subjektiven Fehlerbegriffs im Kaufrecht, JZ 1978, S.121 ff.

Knöpfle, Robert — Der Begriff des Fehlers im Sinne des § 459 I BGB, AcP 18o (198o), S.462 ff.

Köhler, Helmut — Kaufrechtliche Haftung für Mangelfolgeschäden,-BGH, NJW 198o, 195o, JuS 1982,S.13 ff.

Köndgen, Johannes — Selbstbindung ohne Vertrag, Tübingen 1981

König, Detlef — Voraussehbarkeit des Schadens als Grenze vertraglicher Haftung (zu Artt. 82,86,87 EKG), in Leser/von Marschall (Hrsg.), Das Haager Einheitliche Kaufgesetz und das deutsche Schuldrecht, Karlsruhe 1973, S.75 ff.

Koller, Ingo	Die Risikozurechnung bei Vertragsstörungen in Austauschverträgen, München 1979
Koller, Ingo	Umweltfehler und zugesicherte Sacheigenschaften, NJW 1981,S.1768
Korintenberg, Werner	Abschied von der Gewährleistung, Justizblatt für den OLG-Bezirk Köln 1947, S.62 ff. (zit. Korintenberg, Abschied)
Korintenberg, Werner	Erfüllung und Gewährleistung beim Werkvertrage, Köln 1935,(zit. Korintenberg, Erfüllung)
Kornmeier, Udo	Verjährungs-, Gewährleistungs- und Garantiefristen im Lichte des AGB-Gesetzes, NJW 1982, S.793 ff.
Kraft, Alfons	UWG-Reform zwischen Mitbewerber-, Verbraucher- und Wettbewerbsschutz, ZRP 1979, S.161 ff.
Kraft, Alfons	Der geplatzte Hinterreifen, BGH,-NJW 1978, 2241, JuS 198o, S.4o8 ff.
Kreuzer, Karl	Sachmängelhaftung und Vertragswirklichkeit im deutschen Recht und im Einheitlichen Kaufgesetz, in Leser/ von Marschall (Hrsg.), Das Haager Einheitliche Kaufgesetz und das deutsche Schuldrecht, Karlsruhe 1973, S.35 ff.
Lademann/Söffing/ Brockhoff	Kommentar zum Einkommensteuergesetz, Stuttgart-München-Hannover (Loseblatt)

Lammel, Siegbert — Zur Auskunftshaftung, AcP 179 (1979), S.337 ff.

Landsberg, Gerd — Die Abgrenzung zwischen Sach- und Rechtsmängeln beim Kauf, Diss. Bonn 1981

Landsberg, Gerd — Rechts- oder Sachmängelhaftung des Verkäufers bei versagten Steuerbegünstigungen?,-OLG Karlsruhe, Die Justiz 1979, 398 und BGHZ 79, 183, JuS 1982, S.335 ff.

Larenz, Karl — Wegweiser zur richterlichen Rechtsschöpfung, Festschrift für A. Nikisch, Tübingen 1958, S.276 ff.

Larenz, Karl — Die Prinzipien der Schadenszurechnung, JuS 1965, S.373 ff.

Larenz, Karl — Lehrbuch des Schuldrechts, Band 1, Allgemeiner Teil, 13. Auflage, München 1982, (zit. Larenz, SchR I), Band 2, Besonderer Teil, 12. Auflage, München 1981, (zit. Larenz, SchR II)

Larenz, Karl — Methodenlehre der Rechtswissenschaft, 4. Auflage, Berlin-Heidelberg-New York 1979

Lehmann, Michael — Handelsrechtliche Bedeutung einer vertraglichen Garantiehaftung des Herstellers "für den es angeht", BB 198o, S.964 ff.

Lehmann, Michael — Vertragsanbahnung durch Werbung, München 1981

Lenz, Karl Heinz	Das Vertrauensschutzprinzip, Berlin 1968
Leonhard, Franz	Besonderes Schuldrecht des BGB, München und Leipzig 1931, (zit. Leonhard, Bes. SchR)
Limbach, Jutta	Obliegt dem Käufer bei Ansprüchen aus einer Garantieabrede der Beweis seiner Schuldlosigkeit?, MDR 1967, S.87 f.
Littbarski, Sigurd	Verjährungsrechtliche Divergenzen im Sachmängelrecht, NJW 1981, S.2331 ff.
Loebell, Klaus	Die Haltbarkeitsgarantie, BB 1973, S.1237 ff.
Locher, Eugen	Geschäftsgrundlage und Geschäftszweck, AcP 121 (1923), S.1 ff.
Locher, Horst	Die Haftung für Expertisen, NJW 1969, S.1567 f.
Locher, Horst	Urteilsanmerkung, JZ 1975, S.419 f.
Löwe, Walter	Rückrufpflicht des Warenherstellers, DAR 1978, S.28 ff.
Löwe/Graf von Westphalen/ Trinkner	Großkommentar zum AGBG, Band II, 2. Auflage, Heidelberg 1983; Kommentar zum AGBG, 1. Auflage, Heidelberg 1977

Lorenz, Werner — Warenabsatz und Vertrauensschutz, Karlsruher Forum 1963, S.8 ff.

Lorenz, Werner — Länderbericht und rechtsvergleichende Betrachtung zur Haftung des Warenherstellers, Arbeiten zur Rechtsvergleichung, Band 28, Frankfurt a.M. 1966, S.5 ff.

Lorenz, Werner — Einige rechtsvergleichende Bemerkungen zum gegenwärtigen Stand der Produktenhaftpflicht im deutschen Recht, RabelsZ 34 (197o), S.14 ff.

Lorenz, Werner — Die haftungsrechtliche Bedeutung von Gütezeichen, Festschrift für Eugen Ulmer, GRUR Int. 1973, S.486 ff.

Lorenz, Werner — Das Problem der Haftung für primäre Vermögensschäden bei der Erteilung einer unrichtigen Auskunft, Festschrift für Karl Larenz, München 1973, S.575 ff.

Lüderitz, Alexander — Auslegung von Rechtsgeschäften, Karlsruhe 1966

von Lüpke — Urteilsanmerkung, BB 1962, S.272 f.

Lukes, Rudolf — Urheberrechtsfragen bei überbetrieblichen Normen -insbesondere DIN-Normen und VDE-Vorschriften, Köln-Berlin-Bonn-München 1967

Marburger, Peter — Technische Normen, Gattungsbegriff und Rügelast (§§ 377,378 HGB), - BGH, NJW 1975, 2o11, JuS 1976, S.638 ff.

Marburger, Peter	Die Regeln der Technik im Recht, Köln-Berlin-Bonn-München 1979
Marburger, Peter	Urteilsanmerkung, BB 1981, S.1177 ff.
Medicus, Dieter	Vertragliche und deliktische Ersatzansprüche für Schäden aus Sachmängeln, Festschrift für Eduard Kern, Tübingen 1968, S.313 ff.
Medicus, Dieter	Bürgerliches Recht, lo. Auflage, Köln-Berlin-Bonn-München 1981
Meeske, H.	Die Mängelrüge, Heidelberg 1965
Mertens, Hans-Joachim	Kollektivrechtlicher Schadensersatz als Mittel des Verbraucherschutzes, ZHR 139 (1975), S.438 ff.
Mertens/Rehbinder	Internationales Kaufrecht, Frankfurt a.M. 1975
Miosga, Willy	Gütesicherung und Zeichenschutz, GRUR 1968, S.57o ff.
Motive	Motive zu dem Entwurfe eines Bürgerlichen Gesetzbuches für das Deutsche Reich, Band II, Recht der Schuldnerverhältnisse, Berlin und Leipzig 1888
Müller, Gerd	Der Garantievertrag im Kaufrecht, ZIP 1981, S.7o7 ff.

Müller, Klaus — Zur Haftung des Warenherstellers gegenüber dem Endverbraucher, AcP 165 (1965), S.285 ff.

Münchener Kommentar — Bürgerliches Gesetzbuch, Band 2, Schuldrecht, Allgemeiner Teil, München 1979, Band 3, Schuldrecht, Besonderer Teil, 1. und 2. Halbband, München 198o, (zit. MK-Bearbeiter)

Mugdan — Die gesammelten Materialien zum Bürgerlichen Gesetzbuch für das Deutsche Reich, II. Band, Recht der Schuldverhältnisse, Berlin 1899

Musielak, Hans-Joachim — Haftung für Rat, Auskunft und Gutachten, Berlin-New York 1974

Neumann-Duesberg, Horst — Die Beweislast im Kaufmängelprozeß, BB 1967, S.1457 ff.

Nickel, Egbert — Zur Problematik von Gewährleistungs- und Garantiekostenregelungen durch AGB im Verhältnis zwischen Hersteller und Händler, NJW 1981, S.149o ff.

Nicklisch, Fritz — Die Schadensersatzhaftung für Eigenschaftszusicherung im Werkvertragsrecht und deren Einschränkbarkeit durch Allgemeine Geschäftsbedingungen, Festschrift für Günther Beitzke, Berlin-New York 1979, S.89 ff.

Niederländer, Hubert — Gewährleistung und Garantie bei der Sachmängelhaftung, in Rechtsvergleichung und Rechtsvereinheitlichung, Festschrift zum fünfzigjährigen Bestehen des Instituts für ausländisches und internationales Privat- und Wirtschaftsrecht der Universität Heidelberg, Heidelberg 1967, S.289 ff., (zit. Niederländer, Rechtsvergleichung)

Oertmann, Paul — Die Geschäftsgrundlage, Leipzig, Erlangen 1921, (zit. Oertmann, Geschäftsgrundlage)

Oertmann, Paul — Kommentar zum BGB, 2. Buch, Recht der Schuldverhältnisse, 5. Auflage, Berlin 1929

Palandt — Bürgerliches Gesetzbuch, 42. Auflage, München 1983

Papanikolaou, Panajotis — Schlechterfüllung beim Vertrag zugunsten Dritter, Berlin 1977

Pawlowski, Hans Martin — Rechtsgeschäftliche Folgen nichtiger Willenserklärungen, Göttingen 1966

Peters, Frank — Kein gesetzlicher Nachbesserungsanspruch des Käufers?, JZ 1978, S.92 ff.

Peters/Zimmermann — Verjährungsfristen, in BMJ (Hrsg.), Gutachten und Vorschläge zur Überarbeitung des Schuldrechts, Band I, Köln 1981, S.77 ff.

Pieper, Helmut — Der Anspruch auf Schadensersatz wegen Nichterfüllung, JuS 1962, S.4o9 ff., 459 ff.

Pisko, Oskar — Gewährleistungs-, Nichterfüllungs- und Irrtumsfolgen bei Lieferung mangelhafter Ware, Wien und Leipzig 1926

Planck — Kommentar zum Bürgerlichen Gesetzbuch, II. Band, 2. Hälfte, 4. Auflage, Berlin-Leipzig 1928

Prölss, Jürgen — Schadensersatzanspruch aus §§ 463, 48o II, 538,635 BGB in der Haftpflichtversicherung, VersR 1967, S.432 ff.

Prölss, Martin — Versicherungsvertragsgesetz, 22. Auflage, München 198o

Rabel, Ernst — Das Recht des Warenkaufs, Band I, Berlin 1936 (unveränderter Neudruck 1957); Band II, Berlin-Tübingen 1958 (unveränderter Neudruck 1967)

Rehbinder, Eckard — Zur Haftung des Warenherstellers gegenüber dem Verbraucher ohne Verschulden, BB 1965, S.439 ff.

Rehbinder, Eckard — Fortschritte in der Produktenhaftung, ZHR 129 (1967), S.171 ff.

Reich/Micklitz — Verbraucherschutz in der Bundesrepublik Deutschland, New York u.a. 198o

Reich/Tonner — Werbung, zugesicherte Eigenschaften und Verbraucherschutz,- BGH, NJW 1975, S.1693, JuS 1976, S.576 ff.

Reinel, Peter	AGB-Gesetz und Garantiekarten, NJW 198o, S.161o f.
Rengier, Hans-Bernhard	Die Abgrenzung des positiven Interesses vom negativen Interesse und von Integritätsinteresse, Berlin 1977
Rosenberg, Leo	Die Beweislast, 5. Auflage, München-Berlin 1965
Säcker, Franz-Jürgen	Rechtsgeschäftsauslegung und Vertrauensprinzip, JurA 1971, S.5o9 ff.
von Savigny, Friedrich Carl	System des heutigen römischen Rechts, Band III, Berlin 184o
Schaumburg, Heide	Sachmängelgewährleistung und vorvertragliches Verschulden -§ 463 BGB und culpa in contrahendo-, Köln-Bonn 1974
Scherhorn, Gerhard	Verbraucherinteresse und Verbraucherpolitik, Göttingen 1975
Schlechtriehm, Peter H.	Abgrenzungsfragen bei der positiven Vertragsverletzung, VersR 1973, S.581 ff.
Schlechtriehm, Peter H.	Einheitliches UN-Kaufrecht, Tübingen 1981
Schlosser/Coester-Waltjen/Graba	Kommentar zum AGBG, Bielefeld 1977

Schmidt-Rimpler, Walter — Grundsatzfragen einer Erneuerung des Vertragsrechts, AcP 147 (1941), S.13o ff.

Schmidt-Salzer, Joachim — Produkthaftung, Heidelberg 1972

Schmidt-Salzer, Joachim — Ansprüche auf Ersatz von Mangelfolgeschäden gem. § 463 BGB und Betriebshaftpflichtversicherung, BB 1972, S.18 ff.

Schmitz, Erich — Dritthaftung aus culpa in contrahendo, Berlin 198o

Schricker, Gerhard — Schadensersatzansprüche der Abnehmer wegen täuschender Werbung?, GRUR 1975, S.111 ff.

Schulze, Alfred — Garantieabrede beim Kauf, Diss. Köln 1938

Schumacher, Rolf — Vertragsaufhebung wegen fahrlässiger Irreführung unerfahrener Vertragspartner, Bonn 1979

Sellner, Dieter — Haftung des Grundstücksverkäufers für planungsrechtliche Baubeschränkungen, MDR 1971, S.169 ff.

Semler, Franz-Jörg — Warenbeschreibung oder Zusicherung einer Eigenschaft, NJW 1976, S.4o6 ff.

Simitis, Spiros — Die faktischen Vertragsverhältnisse, Frankfurt a.M. 1957

Simitis, Spiros — Gutachten für den 47. Deutschen Juristentag, Verhandlungen,Bd. I, Teil C, München 1968, S.7 ff.

Soergel/Siebert — Bürgerliches Gesetzbuch, Band 2, Schuldrecht, 1o. Auflage 1967, (zit. Soergel-Bearbeiter)

Stammler, Rudolf — Der Garantievertrag, AcP 69 (1886), S.1 ff.

Staudinger — Kommentar zum Bürgerlichen Gesetzbuch, zweites Buch, Recht der Schuldnerverhältnisse, 12. Auflage, §§ 249-254, Berlin 198o; §§ 255-327, Berlin 1979; §§ 433-58oa, Berlin 1978; §§ 657-74o, Berlin 198o; §§ 741-778, Berlin 1982; AGBG, Berlin 198o, II.Band, Recht der Schuldverhältnisse, Teil 1 d ; 11. Auflage, Berlin 1978

Stötter, Viktor — Die Garantie im Kaufrecht, DB 1965, S.1275 ff.

Stötter, Viktor — Das Garantieversprechen (Garantievertrag), DB 1971, S.2145 ff.

Stoll, Hans — Vertrauensschutz bei einseitigen Leistungsversprechen, Festschrift für Werner Flume, Band I, Köln 1978, S.741 ff.

Süß, Theodor — Wesen und Rechtsgrund der Gewährleistung für Sachmängel, Leipzig 1931

Teichmann, Arndt	Schadensersatz bei fehlerhafter Ware,-BGHZ 48, 118, JuS 1968, S.315 ff.
Tengelmann, Curt	Gewährleistung und Garantie und deren Fristen beim Kauf, NJW 1966, S.2165 ff.
Thiele, Wolfgang	Leistungsstörung und Schutzpflichtverletzung, JZ 1967, S.649 ff.
Tietz, Bruno (Hrsg.)	Handwörterbuch der Absatzwirtschaft, Stuttgart 1974
Todt, Günther	Die Schadensersatzansprüche des Käufers, Mieters und Werkbestellers aus Sachmängeln, Heidelberg 197o
von Tuhr, Andreas	Der Allgemeine Teil des Deutschen Bürgerlichen Rechts, 2. Band, Erste Hälfte, Berlin 1914, (Nachdruck Berlin 1957)
Ulmer/Brandner/Hensen	AGB-Gesetz, 4. Auflage, Köln 1982
Viehweg, Theodor	Topik und Jurisprudenz, München 1953
Weitnauer, Hermann	Vertragsaufhebung und Schadensersatz nach dem Einheitlichen Kaufgesetz und nach geltendem deutschen Recht, in Rechtsvergleichung und Rechtsvereinheitlichung, Festschrift, Heidelberg 1967, S.71 ff., (zit. Weitnauer, Rechtsvergleichung)

Weitnauer, Hermann	Besprechung von Diederichsen, Die Haftung des Warenherstellers, AcP 168,(1968) S.2o7 ff.
Weitnauer, Hermann	Die Haftung des Warenherstellers, NJW 1968, S.1593 ff.
Weser, Adrian	Warenkennzeichnung -ein Mittel der Verbraucherinformation, Göttingen 1976
von Westphalen, Friedrich Graf	Urteilsanmerkung, BB 1972, S.1o7o ff.
von Westphalen, Friedrich Graf	Eigenschaftszusicherungen- Haftungsbegrenzungen und Haftungsfreizeichnungen in kaufmännischen AGB-Klauseln, DB 1978, S.2o61 ff.
von Westphalen, Friedrich Graf	Produkthaftung -Haftungsfreizeichnung und Haftungsfreistellung nach dem AGB-Gesetz, NJW 1979, S.838 ff.
von Westphalen, Friedrich Graf	Garantie- und Gewährleistungsvergütungen im Verhältnis zwischen Hersteller-Handel-Endkunde, NJW 198o, S.2227 ff.
von Westphalen, Friedrich Graf	Herstellergarantie und Verkäufergewährleistung im Automobilbereich, DAR 1982, S.51 ff.
Wieacker, Franz	Das Bürgerliche Recht im Wandel der Gesellschaftsordnungen, in Hundert Jahre Deutsches Rechtsleben, Festschrift zum hunderthährigen Bestehen des DJT, Band II, Karlsruhe 196o, S.1 ff.

Wiedemann, Herbert	Die Haftung des Verkäufers von Gesellschaftsanteilen des Unternehmens, Festschrift für H.C. Nipperdey, München-Berlin 1965, S.815 ff.
Wiedemann/Schmitz	Kapitalanlegerschutz bei unrichtiger oder unvollständiger Information, ZGR 198o, S.129 ff.
Wienstein	Inwiefern gibt es nach geltendem Privatrecht einen besonders gearteten Garantievertrag?, ArchBürgR 31, S.1 ff.
Windscheid, Bernhard	Lehrbuch des Pandektenrechts, 1. Band, 9. Auflage, Frankfurt a.M. 19o6
Windscheid, Bernhard	Die Voraussetzung, AcP 78 (1892), S.161 ff.
Wirtz, Karl-Ernst	Werbung und Marktleistung, Berlin 1979
Witschi, Hans	Garantieklauseln und Garantiefristen im Kauf- und Werkvertrag nach schweizerischem Recht, Bern 195o
Wolff, Max	Sachmängel beim Kauf, IherJb 56 (1912), S.1 ff.
Wunderlich, Wolfgang	Zur Haftung für unrichtige oder unvollständige Prospekte über Vermögensanlagen, MDR 1975, S.1o2 ff.

Wussow, Werner — Allgemeine Versicherungsbedingungen für die Haftpflichtversicherung, 8. Auflage, Frankfurt a.M. 1976

Zemlin, Hans — Die überbetrieblichen technischen Normen - ihre Wesensmerkmale und ihre Bedeutung im rechtlichen Bereich, Köln-Berlin-Bonn-München 1973

Zemlin/Budde — Zusicherung von Eigenschaften beim Kauf bei Bestehen von DIN-Normen oder Bezugnahme auf DIN?, DIN-Mitt. 49 (197o), S. 211 ff. und S.36o f.

Zillich, Jobst — Der Anwendungsbereich des § 477 BGB, Diss. Bielefeld 1976

Zimmermann, Reinhard — Lachende Doppelerben? - Erbfolge und Schadensersatz bei Anwaltsverschulden, FamRZ 198o, S.99 ff.

Zitelmann, Ernst — Irrtum und Rechtsgeschäft. Eine psychologisch-juristische Untersuchung, Leipzig 1879

Es wurden die allgemein gebräuchlichen Abkürzungen verwendet. Dazu s. Kirchner, Hildebert, Abkürzungsverzeichnis der Rechtssprache, 3. Auflage, Berlin-New York 1983.

Einleitung

Einer hinsichtlich der Kaufsache abgegebenen "Garantie" des Verkäufers kann rechtlich eine dreifache Bedeutung zukommen[1]. Es wird unterschieden zwischen einer die Schadensersatzhaftung nach §§ 463 S.1, 48o Abs.2 BGB auslösenden Zusicherung und dem selbständigen Garantievertrag, der nicht den Gewährleistungsregeln unterliegt. Dazwischen steht das sog. unselbständige Garantieversprechen[2], das die Sachmängelhaftung lediglich modifiziert. Angesprochen sind hier Garantiefristen, innerhalb derer der Verkäufer die Gewähr für die Haltbarkeit der Sache übernimmt.
Rechtsgrund der Zusicherungshaftung soll nach fast einhelliger Auffassung[3],entsprechend der Haftung aus selbständiger Garantie[4], die mit Verpflichtungswillen abgegebene Erklärung des Verkäufers sein, Schadensersatz leisten zu wollen. In einem ersten Abschnitt der Untersuchung ist zunächst festzustellen, daß sich die Zurückführung der Zusicherungshaftung des Verkäufers auf ein dahingehendes Versprechen i.S. einer Garantie angesichts der neueren Rechtsprechung zum Zusicherungsbegriff nicht aufrechterhalten läßt. Danach ist zu untersuchen, welcher Gesichtspunkt die Zusicherungshaftung,unabhängig von einem Schadensersatzversprechen, rechtfertigt. In einem zweiten Abschnitt ist auf die Unterscheidung von Zusicherung und selbständigem Garantievertrag einzugehen. Der Garantievertrag, so wird definiert, sei auf einen anderen und weiteren Erfolg als die Vertragsmäßigkeit der Leistung gerichtet[5].

----

1) G. Müller, ZIP 1981, S.7o7.

2) Vgl. Staudinger/Honsell, § 459 Rdnr.91; MK-Westermann, § 459 Rdnr.86.

3) Zuletzt BGH, NJW 1981, S.15o1.

4) BGH, WM 196o, S.879,88o.

5) Vgl. BGH, WM 1965, S.879,88o.

Danach ist aber offen, was noch innerhalb der Vertragsmäßigkeit der Kaufabrede liegt und wie demgemäß der Anwendungsbereich der Sachmängelhaftung zu begrenzen ist. Die Frage hat auch Bedeutung für den Inhalt von Garantiefristen als Haltbarkeitsgarantien und deren Einordnung in das Gewährleistungsrecht. In diesem Zusammenhang ist auch auf zwei neue Entscheidungen des Bundesgerichtshofs einzugehen. Die Grenzen zwischen Gewährleistung und Garantievertrag scheinen aufgehoben, wenn der BGH die Verjährung aus einem Garantievertrag nach § 477 BGB bemißt[6]. In einem besonderen Abschnitt zu behandeln ist eine Entscheidung des BGH, nach der eine Haltbarkeitszusage des Herstellers gegenüber dem Erstabnehmer einer Ware als Garantievertrag zugunsten Dritter über § 328 BGB Rechte in der Person des Endabnehmers begründet haben soll[7].
Aktualität hat die "Garantiehaftung" des Verkäufers aus einem weiteren Grund gewonnen. So spricht sich Huber[8] in seinem für den Bundesminister der Justiz im Rahmen des geplanten Schuldrechtsreformvorhabens erstatteten Gutachten für eine Streichung der Kategorie der Zusicherungshaftung aus. Zu untersuchen ist, inwieweit der an dem Internationalen Kaufrecht, dem EKG und dem UN-Kaufrechtsabkommen, orientierte Reformvorschlag Änderungen im Hinblick auf die Fälle heutiger Zusicherungen, der Abgrenzung der Sachmängelhaftung zum selbständigen Garantievertrag und die Einräumung von Haltbarkeitsgarantien durch den Verkäufer bewirkt.

----

6) BGH, NJW 1981, S. 2248.

7) BGHZ 75, S. 75.

8) Huber, Gutachten Leistungsstörungen, S. 882,891.

1. Abschnitt: Der Verpflichtungswille des Verkäufers als angebliche Voraussetzung der Zusicherungshaftung nach §§ 463 S.1, 48o Abs. 2 BGB.

1. Kapitel: Die Rechtsprechung und herrschende Meinung.

I. Der Grundsatz

Seit den grundlegenden Entscheidungen des Reichsgerichts vom 1. April 19o3[1] und vom 2o. Dezember 1916[2] wird die Zusicherung durch die Merkmale der Vertragsmäßigkeit und den Verpflichtungswillen des Verkäufers bestimmt. Zusicherung ist danach die Übernahme der Gewähr, für das Vorhandensein einer bestimmten Eigenschaft und für alle Folgen einstehen zu wollen, wenn diese Eigenschaft fehlt. Diese später vom Reichsgericht[3] geprägte Formulierung bestimmt bis heute[4] die Entscheidungen des Bundesgerichtshofs über eine Haftung nach § 463 S.1 BGB. Verdeutlichend wurde zuletzt das geforderte Haftungsversprechen charakterisiert, "insbesondere ohne Verschulden und ohne Rücksicht auf die Voraussehbarkeit den Schaden -bei entsprechender Zielrichtung auch den Mangelfolgeschaden- zu ersetzen"[5]. Zwischen Rechtsprechung und überwiegender Litera-

----

1) RGZ 54, S. 219,223.

2) RG, WarnR 1917, Nr.1oo; vgl. auch RGZ 7o, S.82,86 zum Merkmal des nach dem Vertrag vorausgesetzten Gebrauchs gem. § 459 Abs.1 BGB.

3) RGZ 161, S. 33o,337.

4) Vgl. nur BGH, BB 1958 S.284; BGHZ 59, S. 158,16o; BGHZ 59, S. 3o3,3o6; BGH, NJW 1975, S.1613; BGH, NJW 1981, S. 222,223; BGH, NJW 1981, S.1269, 127o; BGH, NJW 1981, S. 15o1.

5) BGH, NJW 1981, S. 15o1.

turmeinung[6] herrscht bisher dem Grundsatz nach nahezu Einmütigkeit. Erforderlich ist also eine "besondere, eine eigene Verpflichtungserklärung erfordernde Übernahme der Gewähr"[7], "ein auf Schadensersatz gerichtetes (bedingtes) Leistungsversprechen"[8]. Gegenpole sind die ohne Verbindlichkeitsgehalt abgegebene werbende Anpreisung[9] und die verbindliche Warenbeschreibung als Fixierung der vertragsgemäßen Beschaffenheit[10].

II. Inkonsequente Anwendung der Grundsätze in Entscheidungen des Bundesgerichtshofs.

Es wäre müßig, nach den Voraussetzungen einer Zusicherung zu fragen, wenn die in der Theorie fast einmütig vertretenen Grundsätze in der Praxis strikte Anwendung fänden. Trotz des hinsichtlich der formelhaften Wiedergabe der Zusicherungsvoraussetzungen eindeutigen und statischen Meinungsbildes, ist der Problemkreis in Bewegung geraten. Angesprochen

----

6) Vgl. Brox/Elsing, JuS 1976, S.1 ff.; Diederichsen, VersR 1971, S.1o77 ff.,1o81 ff.; Eisenhardt, JuS 1982, S.17o,171; Erman/Weitnauer, Vor § 459 Rdnr.6; Esser/Weyers, SchR BT 1, § 5 II 2 c, S.41 ff.; Fikentscher, SchR § 7o II 3, S.387; Flume, Eigenschaftsirrtum, S.47 f.,8o; Hüffer, JuS 1973, S.6o6 ff.; Jauernig/Vollkommer, § 459 Anm. III 3; MK-Westermann,§ 459 Rdnr.52 f.,55; Palandt/Putzo, § 459 Anm. 4 a; Schaumburg, S.58 f.; Soergel/Ballerstedt, § 459 Rdnr.23 f.; Staudinger/Honsell, § 459 Rdnr.6o; Teichmann/Hansen, § 459 Rdnr.2o; Todt, S.29 ff.

7) BGH, NJW 1972, S.251,253.

8) Diederichsen, VersR 1971, S.1o77 ff.,1o91 f.

9) Vgl. BGHZ 48, S.118,122 f.

1o) Vgl. BGH, NJW 1972, S.17o7; BGH, NJW 1972, S.23o1; BGH, NJW 1975, S.1693,1695.

sind die Fälle sogenannter konkludenter bzw. stillschweigender Zusicherungen. Eine Durchsicht der diesbezüglichen Entscheidungen zeigt, daß zwar die Annahme einer Zusicherung von den genannten Voraussetzungen abhängig gemacht werden soll, daß aber zwischen Voraussetzungen und Einzelfallentscheidung offene Diskrepanzen bestehen[11].

1. Beispiele großzügiger Auslegung des Zusicherungsbegriffs.

Betrachtet man die Urteile des Bundesgerichtshofs in chronologischer Reihenfolge, ist zunächst die Entscheidung vom 12. Mai 1959[12] zu erwähnen, in der eine Zusicherung in der Erklärung des Verkäufers gesehen wurde, eine Maschine sei "kaum gebraucht, fast neu oder verhältnismäßig neuwertig". Maßgeblich war, daß die Erklärung mehrfach und teilweise auch schriftlich abgegeben worden war.
In der Entscheidung des Hohllochziegel-Falls[13] wurde eine Zusicherung aus dem Umstand geschlossen, daß auf das Verlangen eines Bauunternehmers nach Ziegeln von besonderer Druckfestigkeit der Verkäufer eine entsprechende Zusage erteilt hatte. Die "Zusage des Unternehmers eines für die Herstellung solcher Steine besonders qualifizierten Ziegelwerks" dürfe von dem Bauunternehmer dahin verstanden werden, daß sie "stillschweigend auch das Versprechen enthielt, für die Folgen einstehen zu wollen, wenn die Eigenschaft fehlte"[14].

----

11) Ebenso Baumann, Festschrift Sieg, S.15,19; Marburger,Regeln, S.51o; Köndgen, S.31o f.; Vgl. auch Heinze, JR 1975, S.5o6; Diederichsen, VersR 1971, S, 1o77,1o82; AK-Reich, Vor § 459 Rdnr.22 u. § 459 Rdnr.12.

12) BGH, NJW 1959, S.1489.

13) BGH, VersR 1966, S.241 ff.

14) BGH, a.a.O., S.242.

In der Trevira-Entscheidung[15] wurde sogar aus der Werbung des Herstellers, die zum Gegenstand hatte, daß die Ware auf den verschiedenen Produktionsstufen in bestimmter Weise behandelt worden ist, auf eine Zusicherung des Verkäufers geschlossen. "Läßt sich eine solche besondere Gestaltung der Werbung feststellen, so sichert der Verkäufer, der eine Ware als Trevira liefert, vertragsgemäß zu, daß in jeder Be- und Verarbeitungsstufe die Richtlinien der Farbwerke Hoechst eingehalten worden sind und die Ware deshalb die Eigenschaften besitzt, welche sich bei "Trevira-mäßiger Behandlung" in den verschiedenen Produktionsstufen ergeben"[16].

In der Klebemittel-Entscheidung[17] bestand die Zusicherung in der Angabe in einem Prospekt, das betreffende Klebemittel eigne sich zum Kleben bestimmten Materials. Darin sei auch die Übernahme einer Einstandspflicht dafür enthalten, daß das Produkt für die Zwecke, für die es ausschließlich geschaffen sei, auch geeignet sei[18].

Das Braunfäule-Urteil[19] ist bekannt geworden, weil sich der BGH die Aussage eines Lackherstellers, er könne den Lack zur Weiterverarbeitung empfehlen, als Haftungsübernahme auch für solche Schäden angesehen hat, mit denen der Verkäufer nicht gerechnet hatte. Die Kongruenz zwischen Verkäuferinteresse und -angeblicher- Verpflichtungserklärung des Verkäufers wird hier deutlich ausgesprochen. So führt der BGH aus:" Der Beklagten (Käufer[2o]), ...,mußte

----

15) BGHZ 48, S.118.

16) BGHZ, a.a.O., S.124.

17) BGHZ 5o, S.2oo; NJW 1968, S.1622.

18) BGH NJW 1968, S.1622,1623 (insoweit in BGHZ 5o, S.2oo nicht abgedruckt); ebenso OLG Düsseldorf, VersR 1972, S.671.

19) BGHZ 59, S.158

2o) Anm. des Verf.

es jedoch -für die Klägerin (Verkäufer[2o]) erkennbar- darum gehen, sich möglichst weitgehend gegen Schäden, soweit sie von dem gekauften Lack ausgingen, abzusichern. Demgemäß hat die Klägerin auch die Eignung des Lackes für die Belange der Beklagten zugesichert"[21].

Im nicht weniger bekannten Nottestamentmappen-Fall[22], in dem es um die inhaltliche Unrichtigkeit einer Anleitung für Bürgermeister zur Beurkundung von Nottestamenten ging, stützte der BGH die Annahme der Zusicherung auf den "von beiden Vertragsteilen bei Kaufabschluß als selbstverständlich zugrunde gelegten Verwendungszweck".

Markantestes Beispiel großzügiger Heranziehung des § 463 S.1 BGB sind die Fälle des Gebrauchtwagenkaufs vom Händler.
Als Zusicherung wurde die Kilometerangabe auf einem Verkaufsschild gewertet[23]. Wegen der besonderen Sachkunde des Händlers und der Bedeutung der Laufleistung für den Wert des Wagens "darf der Kaufinteressent, ..., nach Treu und Glauben davon ausgehen, daß der Händler sich für diese Angabe stark machen, weiterhin gem. § 459 II BGB eine entsprechende Eigenschaft zusichern will"[24]. Neben der Ausdehnung dieser Rechtsprechung auf andere technische Daten des Gebrauchtwagens, wie Hubraum und PS-Zahl[25],

----

21) BGHZ 59, S.158,162; ablehnend: v.Westphalen, BB 1972, S.1o69 ff.; Teichmann-Hansen, NJW 1973, S.2o; kritisch: Hüffer, JuS 1973, S.6o6,6o9; Rengier, S. 59 ff.

22) BGH, NJW 1973, S.843.

23) BGH, NJW 1975, S.1693.

24) BGH, a.a.O., S.1695, bestätigt in BGH, WM 1976, S.614,615.

25) Als zugesicherte Eigenschaft sieht OLG Oldenburg, VersR 1978, S.1o27, das im Vertragsformular oder bei Vertragsverhandlungen angegebene Baujahr eines KFZ.Nach LG Osnabrück, VersR 1981, S.45, gilt das nicht für das Baujahr eines Schropfradladers.

neuerdings sogar auf Grund der Typenbezeichnung des Fahrzeugs[26], hat die Tragweite einer Kilometerangabe jüngst durch den BGH[27] sogar noch eine Erweiterung erfahren. Die Bedeutung erschöpfe sich nicht darin, "daß die bisherige Laufleistung nicht wesentlich höher liegt als die angegebene". Stehe hinter der Erklärung ein sachkundiger Gebrauchtwagenhändler, "darf der Käufer sie nach Treu und Glauben als Zusicherung auffassen, daß der Motor nicht stärker verschlissen ist, als es die angegebene Laufzeit erwarten läßt"[28].

Die Entwicklung, den Garantiewillen immer mehr in den Hintergrund treten zu lassen, zeigt sich auch im Fall der Verkäufererklärung, ein Fahrzeug sei "fabrikneu". Im Vordergrund steht hier die Auslegung, nämlich welche konkreten Angaben über das Kraftfahrzeug mit dem Begriff "fabrikneu" verbunden sind. Etwa, ob eine Überführungsfahrt, die Tatsache, daß der Wagen längere Zeit auf Lager gestanden hat oder er aus der Bauserie des Vorjahres stammt, der Fabrikneuheit entgegensteht[29]. Ist aber festgestellt, daß ein Fahrzeug nicht "fabrikneu" ist, so sieht die Rechtsprechung zurecht kein Hindernis, die Bezeichnung als Zusicherung zu werten. Der wiederum als Voraussetzung aufgestellte Garantiewille wird auf "das Gewicht, das im Verkehr die Eigenschaft eines gekauften Wagens als fabrikneu hat", gestützt[3o].

----

26) BGH, WM 1982, S.1382.

27) BGH, NJW 1981, S.1268.

28) BGH, a.a.O., S.1269; so auch schon BGH, WM 1976, S.614,616 für eine "Dritthaftung" des als Stellvertreter auftretenden KFZ-Händlers aus c.i.c.

29) Vgl. zuletzt BGH, NJW 198o, S.1o92; 198o, S.2127 und die Besprechung von Eisenhardt, JuS 1982, S.17o ff.; i.ü.s. die Nachweise bei MK-Westermann, § 459 Rdnr.28,61 und Staudinger/Honsell, § 459 Rdnr.44.

3o) Vgl. BGH, NJW 198o, S.2127,2128; ebenso jüngst OLG Düsseldorf, NJW 1982, S. 1156,1157.

2. Die Fiktion stillschweigender Erklärung.

Der ständige Hinweis in der BGH-Rechtsprechung, bei der Auslegung eines Verhaltens oder einer Äußerung als Haftungsversprechen sei nicht in erster Linie der Wille des Verkäufers bestimmend, sondern der Umstand, wie der Käufer dessen Verhalten und Äußerung nach Treu und Glauben auslegen durfte[31)], vermag den Eindruck nicht zu verdecken, Fiktion[32)] stehe hier mehr im Vordergrund als Auslegung. Die Rechtsprechung versucht die Übereinstimmung mit der Rechtsgeschäftslehre dadurch herbeizuführen, indem sie sich auf eine "stillschweigende" bzw. "konkludente" Zusicherung beruft. Hier kann an die Stelle der Äußerung als Erklärungstatbestand eine andere Handlung treten. Es dürfen aber über den Umweg der stillschweigenden Willenserklärung nicht geringere Anforderungen an die Feststellung des Rechtsbindungswillens gestellt werden. Gerade dies tut die Rechtsprechung, indem sie den Willen des Verkäufers für die Auslegung einer Äußerung oder eines Verhaltens zurücktreten läßt und an dessen Stelle Kriterien, wie den Gedanken des Vertrauensschutzes bzw. das Schutzbedürfnis des Käufers, setzt. Darauf hat vor einiger Zeit schon Diederichsen[33)] hingewiesen,und dessen Aussage ist durch die nachfolgenden,oben angeführten Entscheidungen bestätigt worden.
Die Auslegung einer Willenserklärung hat den notwendigen Interessenausgleich zwischen Erklärendem und Erklärungsempfänger unter Berücksichtigung des

----

31) Vgl. BGHZ 59, S.158,16o; BGH, WM 1974, S.12o4; BGH, WM 1976, S.614,615; BGH, NJW 1981, S.222,223.

32) So Esser/Weyers SchR BT 1, § 5 II 2 d, S. 43.

33) Diederichsen, VersR 1971, S.1o77,1o83; vgl. auch Lorenz, RabelsZ 34 (197o), S.14,27 f.

Erklärungswillens wie auch des Empfängerhorizonts zu vollziehen[34]. Dabei ist dem Vertrauensschutz des Erklärungsempfängers Vorrang vor den Erfolgsinteressen des Erklärenden zu geben[35]. Eine Auslegung danach, wie eine Erklärung verstanden werden konnte, darf aber nicht den Parteiwillen durch einen "vernünftigen" Willen, so wie er nach der Rechtsordnung vorhanden sein sollte, ersetzen[36]. Ausgangspunkt der Privatautonomie ist der faktische Parteiwille, nicht der vom Erklärungsempfänger "rückgeschlossene" Wille[37].
Die Heranziehung von objektiven[38] bzw. nichtrechtsgeschäftlichen Haftungselementen[39] als bloße Indizien zur Bestimmung eines auf andere Weise nicht feststellbaren Rechtsbindungswillens, läßt sich mit der im Einzelfall bestehenden Beweisnot erklären aber im Sinne der Vertragsdogmatik nicht rechtfertigen[4o].

III. Unbefriedigende Ergebnisse bei konsequentem Abstellen auf den Garantiewillen.

Andererseits lassen sich ebenso Entscheidungen anführen, in denen der BGH mit der Deutung einer Verkäuferäußerung als Zusicherung restriktiv verfährt.

----

34) Vgl. Pawlowski, S.232 ff.

35) Vgl. Erman/Brox, § 133 Rdnr.19.

36) Bydlinski, Privatautonomie, S.214, Fn.358 a.

37) Säcker, JurA 1971, S.5o9,525 f.; vgl. auch Flume, Allg. Teil, § 4.8, S.59ff.; Fabricius, JuS 1966, S.1,7.

38) Diederichsen, VersR 1971, S.1o72,1o83; vgl. auch Marburger,Regeln, S.514; Heinze, JR 1975, S.5o4.

39) So der Ausdruck von Köndgen, S.333.

4o) Vgl. Köndgen, S.334; im Ergebnis auch Baumann, Festschrift Sieg, S.22; Esser/Weyers, SchR BT 1, § 5 II 2 d, S.43.

1. Beispiele restriktiver Anwendung des § 463 S.1 BGB durch den BGH.

Dem mag man im Bereich des Kunst- und Antiquitätenhandels, insbesondere bei Beschreibungen in einem Kunstauktionskatalog noch zustimmen[41]. Soweit hier keine besondere Erklärung -etwa die Bezugnahme auf eine Kunstexpertise[42]- vorliegt, würde der Verkäufer wegen des grundsätzlich für beide Vertragsparteien bestehenden hohen Risikos in dieser Branche durch eine Schadensersatzsanktion, insbesondere hinsichtlich der Echtheit eines Stückes, unzumutbar belastet. Wegen des beiden Vertragsparteien bekannten Risikos wird aber der Kunsthandel als Beispiel dafür genannt, bei dem überhaupt in der Praxis mit Haftungsversprechen i.S. des herrschenden Verständnisses der Zusicherung zu rechnen sei[43]. Eine Vereinbarung über die Einstandspflicht bei nicht vertragsgemäßer Beschaffenheit wird nur dort vorkommen, wo sich der Käufer gegen ein bestimmtes Vertragsrisiko absichern will, er also mit dem Fehlen einer Eigenschaft rechnet. Andererseits erweist sich die danach bestehende Lücke in der Gewährleistungsregelung zwischen der Beschaffenheitsvereinbarung nicht entsprechender Ware und den Fällen der Garantieübernahme sowie der Arglisthaftung gerade dort als ausfüllungsbedürftig, wo der Käufer fest mit der Vertragsmäßigkeit der Ware rechnen durfte, ohne sich für den nicht reflektierten Fall abzusichern. Das läßt sich anhand einer neueren Entscheidung des BGH veranschaulichen, in der eine Zusicherung verneint wurde.

----

41) Vgl. BGH, NJW 198o, S.1619,162o; BGH, NJW 1981, S.12o4,12o6.

42) Vgl. BGHZ 63, S.369,372, in casu aber verneint.

43) Köndgen, S. 314.

Gegenstand des Kaufvertrags, der dem Urteil des BGH vom 29. Oktober 198o[44] zugrunde lag, waren Lichtkuppeln, die der Käufer für einen Fabrikneubau benötigte. In der Ausschreibung, auf Grund derer der Kaufvertrag geschlossen wurde, hatte der Verkäufer die von ihm benötigten Lichtkuppeln im Detail beschrieben und u.a. ausgeführt, daß die Kuppeln nicht gebohrt sein dürften und spannungsfreier Einbau mit Bewegungselementen möglich sein müßte. Im das Lieferungsangebot annehmenden Bestellschreiben des Käufers sowie im Bestätigungsschreiben des Verkäufers war auf die Ausschreibung durch die Formel:"Weitere technische Ausführung wie im Angebot beschrieben", Bezug genommen. Die gelieferten Lichtkuppeln genügten diesen Anforderungen nicht. Das Berufungsgericht hatte eine Zusicherung der in der Ausschreibung geforderten Eigenschaften bejaht. Dem hielt der BGH entgegen, daß "konkrete Umstände,die für eine Zusicherung sprechen, z.B. Verkehrsübung, besonderes Vertrauen des Käufers oder besondere Bedeutung einer bestimmten Eigenschaft der Kaufsache", nicht vorlägen[45]. Weshalb der BGH die besondere Bedeutung einer bestimmten Eigenschaft verneint, erscheint angesichts der möglichen hohen Folgekosten, die das Auswechseln bereits eingebauter, unbrauchbarer Lichtkuppeln verursachen konnte, nicht verständlich. Wesentliches Argument des BGH ist weiter, daß der Verkäufer auf die Ausschreibungsanforderung keine "entsprechende Reaktion" abgegeben habe. Die Reaktion des Verkäufers, sich zur Lieferung zu verpflichten, erfüllt für den BGH die an eine Zusicherung zu stellenden Anforderungen nicht. Abgesehen davon, daß hier eine Auseinandersetzung mit § 151 S.1 BGB nahegelegen hätte, steht die Begründung

----

44) BGH,NJW 1981, S.222.

45) BGH, a.a.O., S.223.

auch in Widerspruch zu einer anderen Entscheidung des Gerichts. So hatte der BGH in einer Entscheidung vom 2o. Januar 1953 unter vergleichbaren Voraussetzungen eine Zusicherung bejaht. Der Käufer hatte die Beschaffenheit von zu liefernden Spaten mittels einer Skizze und ausdrücklichen Angaben genau vorgeschrieben. Der Verkäufer übernahm darauf in dem Bestätigungsschreiben die Lieferverpflichtung zu den Bedingungen des Bestellschreibens[46].

Die Konzeptlosigkeit der Rechtsprechung wird deutlich, wenn man weitere Entscheidungen heranzieht. So wurde in dem bereits genannten Hohllochziegel-Fall[47] eine Zusicherung auf Grund des beiden Teilen bekannten Verwendungszwecks bejaht. Die Entscheidung wurde vom BGH in jüngster Zeit ausdrücklich bestätigt. So führt er im Holzspanplatten-Fall[48] aus:"Unter Umständen kann je nach Lage des Einzelfalles sogar in dem beiden Teilen bekannten Verwendungszweck der Kaufsache eine stillschweigende Zusicherung liegen". Offen läßt der BGH dieselbe Fragestellung in einer kurz darauf ergangenen Entscheidung. Der Käufer hatte Elektromotoren bestellt. In der Auftragsbestätigung hatte der Verkäufer die Betriebsart mit dem Kürzel " S 1 " bezeichnet, worunter eine Dauerbenutzung Tag und Nacht zu verstehen ist. Im Rahmen der Erörterung, daß damit keine Zusicherung der betreffenden Eigenschaft erteilt worden sei, führt der BGH aus:" Ob die Rechts-

----

46) BGH, LM Nr.2 zu § 463 BGB unter Bezugnahme auf RGZ 95, S.116,12o f. Das RG hat eine Zusicherung sogar schon darin gesehen, daß der Verkäufer über die bei Vertragsschluß abgegebene Zusicherung, die Ware sei "gesund", die Ware zusätzlich als "gut und trocken" auf der Rechnung bezeichnet hat.

47) BGH, VersR 1966, S.241.

48) BGH, WM 1974, S.12o4.

lage anders zu beurteilen wäre, wenn ein Käufer bei der Bestellung derartiger Elektromotoren ausdrücklich -wenn auch nur unter Verwendung der branchenüblich so zu verstehenden Abkürzung "S 1"- auf eine beabsichtigte Dauerbenutzung Tag und Nacht hinweist und der Verkäufer diese Bestellung mit dem Zusatz "Betriebsart = S 1" annimmt, kann hier dahinstehen"[49].
Die nach der gesetzlichen Regelung notwendige Differenzierung zwischen Beschaffenheitsvereinbarung und einer Zusicherung, wird durch das Kriterium des Garantiewillens eher erschwert. Die dargestellten Entscheidungen zeigen deutlich, daß sich die Gesichtspunkte für die Annahme einer Zusicherung im Einzelfall der Nachprüfbarkeit entziehen. Beleg dafür mögen auch die zwischen zweiter und dritter Instanz häufig divergierenden Entscheidungen sein, wobei das zahlenmäßige Verhältnis der Fälle, in denen der BGH entgegen den Berufungsgerichten eine Zusicherung bejahte[5o] und in denen die Situation umgekehrt war[51], für eine bereitwilligere Bejahung der Zusicherungshaftung durch den BGH spricht.

2. Die Bezugnahme auf überbetriebliche technische Normen.

Die Ungeeignetheit des Garantiekriteriums für eine zufriedenstellende Lösung der Zusicherungshaftung zeigt auch eine Analyse von Entscheidungen zu einem Problemgebiet, das vordergründig betrachtet als Bereich restriktiver Judikation zur Zusicherung erscheint. Gemeint ist die Bezugnahme auf überbetrieb-

----

49) BGH, NJW 1981, S.15o1.

5o) Aus neuerer Zeit: BGH, VersR 1959, S.424; BGHZ 48, S.118; BGHZ 59, S.158; BGH, NJW 1975, S.1694; BGH, NJW 1981, S.1268.

51) BGHZ 59, S.3o3; BGH, NJW 198o, S.1619; BGH,NJW 1981, S.222.

liche technische Normen[52]. Darunter versteht man technische Bestimmungen und Regelungen für die Herstellung oder Errichtung, die Beschaffenheit oder Bezeichnung sowie die An- oder Verwendung von Gegenständen[53]. Sie dienen der Rationalisierung, der Sicherheit und Qualitätssicherung[54].

a) Die Bezugnahme auf DIN-Normen nach der Rechtsprechung.

Vor dem Hintergrund des geforderten vertraglichen Garantieversprechens hat der BGH noch kürzlich festgestellt: "Die bloße Bezugnahme im Vertrag auf von der Industrie aufgestellten Normen[55] rechtfertigt ... grundsätzlich nicht die Annahme, der Verkäufer wolle für die Einhaltung auch ohne Verschulden- im Sinne einer Garantenhaftung- einstehen"[56]. Die Zusicherung solle sich jeweils nur aus gegebenenfalls hinzutretenden besonderen Umständen[57] entnehmen lassen. Der BGH verweist insoweit auf seine bisherige Rechtsprechung. Ein frühes einschlägiges Urteil erwähnt der BGH allerdings nicht. In diesem sogenannten Seeschiff-Fall[58] war im Kaufvertrag

----

52) Der Begriff geht auf Lukes, Urheberrechtsfragen, zurück. Vgl. auch Zemlin, S.84; Marburger, BB 1981, S.1177; ders. JuS 1976, S.638,639.

53) Brinkmann, S.57; Micklitz, in Reich/Micklitz, Verbraucherschutzrecht, S.177 Rdnr.161.

54) Micklitz, a.a.O., Rdnr.161.

55) Der Ausdruck "von der Industrie aufgestellten Normen" ist ungenau. Die angesprochenen technischen Regeln werden von privaten Einrichtungen, die meist als rechtsfähige Vereine (DIN, VDE, VDI, DVGW) organisiert sind, unter Einbeziehung der Industrie aber auch anderer interessierter gesellschaftlicher Gruppen, aufgestellt (vgl. Marburger, BB 1981, S.1177; Zemlin, S.87 ff.; Lukes, Urheberrechtsfragen, S.7).

56) BGH, NJW 1981, S.15o1.

57) BGH, a.a.O.

58) BGH, VersR 1959, S.424.

vereinbart, daß das Schiff den Klassifikationsvorschriften des Germanischen Lloyd und den Vorschriften der See BG[59] entsprechen müsse, was, wie sich herausstellte, nicht der Fall war. Anders als das Berufungsgericht, nahm der BGH an, daß die Seetüchtigkeit des Schiffes zugesichert sei. Erwähnung findet der sogenannte Dieselöl-Fall[6o]. Hier wurde aber eine Zusicherung nicht mit der Begründung verneint, eine vertragliche Bezugnahme auf DIN-Normen reiche nicht aus. Gegenstand der Entscheidung war, ob in der Verwendung des Begriffs "Dieselkraftstoff" zugleich die Zusicherung enthalten sei, der Treibstoff erfülle die Mindestanforderungen der DIN 516o1 [61]. Ein festgestellter Handelsbrauch, nur DIN-Norm entsprechende Qualität zu liefern, bilde hier nur eine stillschweigende Voraussetzung des Rechtsgeschäfts, nicht aber eine Zusicherung[62]. Die Existenz einer DIN-Norm kann für sich gesehen noch nicht die Annahme einer Zusicherung normgerechter Lieferung rechtfertigen. Ein Handelsbrauch, nach dem die Bezeichnung Dieselkraftstoff als Zusicherung der Mindestanforderungen der DIN 516o1 zu werten sei, war nicht festgestellt

----

59) See-Berufsgenossenschaft.

6o) BGH, NJW 1968, S.2238.

61) BGH, a.a.o., S.2239 f.; ebenso jetzt OLG Hamm, DB 1982, S.692.

62) BGH, a.a.O., S.224o. Nach OLG Köln, VersR 1964, S.541, ist dagegen beim Heizölhandel grundsätzlich eine Zusicherung der Wasserfreiheit gegeben.

worden[63] [64].

Auch in der darauffolgenden[65] und einer späteren[66] Entscheidung, in denen es um verunreinigtes bzw. zu stark gechlortes Trinkwasser aus der kommunalen Wasserversorgung ging, das bei den Benutzern Schäden verursacht hatte, fehlte es an einem vertraglichen Hinweis auf die betreffende DIN-Norm (DIN 2ooo und 2oo1). Dennoch nahm der BGH an, "sicherlich" sei die beklagte Stadt verpflichtet gewesen, DIN-Norm gerechtes Wasser zu liefern. "Damit hatte sie aber noch keine Zusicherung für die Eigenschaften des Wassers übernommen"[67]. Beide Entscheidungen stützt der BGH zutreffend auf den Sollcharakter der DIN-Normen.
In einer weiteren Entscheidung[68], in der es um Geruchsbelästigung durch zum Innenausbau gekaufte Spanplatten ging, war bei den Vertragsverhandlungen

----

63) Anders für "Normal"- und "Super"-Benzin jetzt § 2 a BenzinbleiG i.V.m. § 1 BzAngabenVO, wonach die in DIN 516oo aufgestellten Mindestanforderungen hinsichtlich Klopffestigkeit, Dichte, Siedeverlauf und Siedepunkt "gewährleistet" werden. Unter Berücksichtigung des Schutzzweckes der Regelung, Schäden am Motor zu vermeiden (§ 2 a Abs.1 BenzinbleiG), ist "gewährleisten" hier als Zusicherung zu verstehen (Marburger, Regeln, S.519).

64) Die Kritik an der Entscheidung geht teilweise von unrichtigen Voraussetzungen aus, DIN-gerechte Lieferung sei hier versprochen worden. So deutlich Henseler, BB 1969, S.24; wohl auch BGB-RGRK-Mezger, § 459 Rdnr.21 a.E.; teilweise ungenau auch die Wiedergabe der Entscheidung bei MK-Westermann, § 459 Rdnr.59; Staudinger/Honsell, § 459 Rdnr.74; Erman/Weitnauer, § 459 Rdnr. 26; richtig Palandt/Putzo, § 459 Anm. 4 a, bb. Dem Ergebnis stimmen zu: Zemlin/Budde, DIN-Mitt., 49 (197o), S.211 ff. und S. 36o f.; Marburger, Regeln, S.519, der sogar die Auffassung für bedenklich hält, DIN 516o1 sei Vertragsgrundlage geworden. Diese Kritik geht aber m.E. angesichts des festgestellten Handelsbrauchs fehl.

65) BGHZ 59, S.3o3,3o8.

66) BGH, VersR 1977, S.571,572.

67) BGHZ 59, S.3o3,3o8.

68) BGH, WM 1974, S.12o4.

die einschlägige DIN-Norm erwähnt worden. Allerdings hatte der Verkäufer auf das Verlangen nach geruchsfreien Spanplatten für den Innenausbau nur erwidert:"Unsere Holzspanplatten ... werden in Anlehnung an DIN 68761 produziert und wurden wegen Geruchs noch nie reklamiert". Ohne daß die Formulierung hervorgehoben worden wäre, führte der BGH aus: "Allein aus der Anführung einer DIN-Norm für die Herstellung von Spanplatten zum Innenausbau von Räumen konnte die Klägerin indessen nach Treu und Glauben und der Verkehrsanschauung nicht annehmen, daß die Beklagte sich verpflichtete, für die Eignung der Platten zum Innenausbau einstehen zu wollen"[69]. Der Entscheidung ist im Ergebnis zuzustimmen. Allerdings hätte in der Begründung nicht auf einen allgemeinen Grundsatz, sondern darauf abgestellt werden sollen, wie verbindlich die Bezugnahme auf die entsprechende DIN-Norm war. Abzustellen war hier auf die ausweichende Formulierung in der Erwiderung des Verkäufers. Daneben ist auch zu berücksichtigen, daß die vom Käufer begehrte Geruchsfreiheit die geforderte Eigenschaft noch nicht präzise umschreibt. Geruchsemissionen von Holzspanplatten finden eine Regelung in der "Richtlinie über die Klassifizierung von Spanplatten bezüglich der Formaldehydabgabe", in der Emissionsklassen unterschiedlicher Formaldehydabgabe, als dem die Geruchsbelästigung bewirkenden Stoffs, eingeteilt sind. Die Forderung des Käufers läßt sich lediglich dahin konkretisieren, die für den Innenausbau höchstzulässigen Emissionswerte dürften nicht überschritten sein[7o]. Eine Feststellung, ob

----

69) BGH, a.a.O., S.12o5.

7o) Vgl. Zif.2 Abs.3 der Richtlinie; abgedruckt bei Götsch/Hasenjäger, Band IV, F II a 27, S.154 ff.

die Formaldehydabgabe über den nach DIN höchstzulässigen Werten lag, erübrigte sich aber, da in der ausweichenden Formulierung des Verkäufers noch keine über eine Beschaffenheitsvereinbarung hinausgehende, feste Vereinbarung DIN-Norm gerechter Beschaffenheit gesehen werden kann.
Im nächsten Fall[71] ging es um Spanplatten für den Holzfußboden einer Turnhalle. Der Käufer bestellte die Platten unter Angabe der Normtype " V 1oo ", ohne im einzelnen auf den Verwendungszweck hinzuweisen. Nach einiger Zeit zeigten sich Schäden im Fußbodenbelag. Wesentlich für die Verneinung einer Zusicherung war für den BGH hier, daß die Verkäuferin die Bestellung über "Spanplatten V 1oo" nur entgegengenommen und in dem Lieferschein an den Käufer vermerkt hatte: "Verlegeplatten", ohne über die besonderen Druckbelastungen im einzelnen aufgeklärt worden zu sein[72]. Fest stand hier, daß eine mit der Normtype V 1oo verbundene Eigenschaft der Spanplatten, nämlich die mit der Verleimungsart zusammenhängende sogenannte Querzugsfestigkeit,nicht eingehalten war [73].Maßgebliches Kriterium für den BGH war, daß der Käufer nicht auf den besonderen Verwendungszweck und die zu erwartenden Druckbelastungen hingewiesen hatte. Hätte er es getan, hätte offensichtlich der BGH keine Mühe gehabt, eine Eigenschaftszusicherung in Form der "konkludenten" Haftungszusage zu bejahen. Das Ergebnis beruht somit nicht auf einer nunmehr wieder enger werdenden Auslegung des Zusicherungsbegriffs, sondern auf einer rechtstatsächlichen Annahme, durch die Angaben

----

71) BGH, NJW 198o, S.195o.

72) Zustimmend Köhler, JuS 1982, S. 13 f.

73) Vgl. DIN 68763 Zif. 2 Abs.5, abgedruckt bei Götsch/Hasenjäger Band II, F II a 7, S. 15 ff.

einer DIN-Norm lasse der Käufer kein besonderes Interesse erkennen, die Kaufsache müsse den dort niedergelegten Eigenschaften entsprechen. Das ist, wie unten noch näher auszuführen ist, in dieser Allgemeinheit wegen der Bedeutung der einzelnen Gütezeichen im Wirtschaftsverkehr nicht überzeugend. Insoweit hätte der BGH nicht mit Unterstellungen arbeiten, sondern die Sache zu weiterer Aufklärung, etwa Feststellung eines Handelsbrauchs, zurückverweisen müssen.

In dem bisher letzten, bereits genannten Urteil[74)], bei dem sich der Kaufvertrag auf Elektromotoren zur Zigarettenherstellung bezog, war die Bezugnahme auf eine technische Norm erst in der Auftragsbestätigung durch den Verkäufer erfolgt. Die Betriebsart der Motoren war mit " S 1 " gekennzeichnet, was bedeutet und von den Parteien auch so verstanden wurde, daß die Maschinen für eine Dauerbenutzung Tag und Nacht geeignet seien. Gegen die Zahlungsklage wandte der Käufer ein, die Maschinen seien bei geringfügiger Belastung heißgelaufen. Im Wege der Widerklage machte er einen durch Reparaturarbeiten und schließlich Auswechslung der Maschinen entstandenen Schaden geltend. Der BGH wertete die Angabe " S 1 " in der Auftragsbestätigung nicht als Zusicherung. Die Formulierung, "die bloße Bezugnahme im Vertrag auf von der Industrie aufgestellte Normen" [75)] enthalte grundsätzlich keine Zusicherung, erweist sich aber lediglich als Ergebnis des zur Entscheidung anstehenden Falles, keineswegs als auf andere Fälle übertragbare Auslegungsregel.

----

74) BGH, NJW 1981, S.15o1; s.o. III. 1.

75) BGH, a.a.O.

Denn eine"bloße Bezugnahme" schließt den vom BGH für die Zusicherung geforderten Verpflichtungswillen des Verkäufers aus.

Die Entscheidung ist im Ergebnis zu befürworten[76]. Da die Verweisung auf die technische Norm erst in der Auftragsbestätigung erfolgte, läßt sich hier ein entsprechender Vertragsinhalt nur unter dem Gesichtspunkt des Schweigens im kaufmännischen Verkehr[77] herleiten. Jedenfalls hatte der Käufer die Geltung der technischen Norm nicht aus eigenem Antrieb zum Vertragsinhalt gemacht. Er hatte die Einhaltung der Norm nicht verlangt. Gesteigerte Erwartungen bzw. besonderes Vertrauen sind also nicht enttäuscht worden. Der Fall ist daher mit der Entscheidung zum 1. Spanplatten-Fall[78] vergleichbar. Eine andere Entscheidung war auch hier nicht angebracht.
Mehr Aussagekraft für die Frage, ob durch die "strikte" Vereinbarung einer normgerechten Beschaffenheit eine durch die Norm repräsentierte, bestimmte Eigenschaft zugesichert worden ist, hat ein in der weiteren Urteilsbegründung enthaltenes obiter dictum:"Ob die Rechtslage anders zu beurteilen wäre, wenn ein Käufer bei der Bestellung derartiger Elektromotoren ausdrücklich -und wenn auch nur durch Verwendung der branchenüblich so zu verstehenden Abkürzung " S 1 "- auf eine beabsichtigte Dauerbenutzung Tag und Nacht hinweist und der Käufer diese Bestellung mit dem Zusatz "Betriebsart = S 1" annimmt, kann hier dahinstehen."
Die Formulierung zeigt bei aller Zurückhaltung, die Bereitschaft des BGH, eine Zusicherung anzunehmen,

----

76) ebenso Marburger, BB 1981, S.1177,1179.
77) Vgl. nur Larenz, AT, § 33 IV, S.589 ff.
78) BGH, WM 1974, S.12o4; s. oben Fn.68.

wenn durch den beiderseitigen Hinweis der Kaufvertragsparteien auf die Norm einer über die notwendige Beschreibung des Kaufgegenstandes hinausgehende feste Vereinbarung der Normbeschaffenheit vorliegt.

b) Bezugnahme auf DIN-Norm als Zusicherung.

Die Bezugnahme der Kaufvertragsparteien auf eine DIN-Norm als Zusicherung der in der Norm enthaltenen Eigenschaften zu werten, ist insofern bedenklich, als die jeweilige Norm verschiedene Anforderungen aufstellen kann, deren Vorhandensein den Parteien im einzelnen nicht vorgeschwebt hat. Legt der Käufer dagegen erkennbar auf eine Eigenschaft besonderen Wert, die in der DIN-Norm festgelegt ist, wird man die vertragliche Vereinbarung entsprechender DIN-Norm-Qualität regelmäßig als Zusicherung zu werten haben.
Das wird deutlich bei der Gruppe von technischen Normen, die mit dem Begriff Sicherheitsnormen umschrieben werden[79]. Es handelt sich dabei um Normen, die die Abwehr von Gefahren von Menschen und Sachen zum Inhalt haben. Beispielhaft seien die VDE-Bestimmungen genannt. Diese bilden den größten Teil des VDE-Vorschriftenwerkes, das vom VDE[8o], seit 1971 durch die DKE[81],erarbeitet wird[82]. Die VDE-Bestimmungen legen spezielle Anforderungen an die elektrotechnische Sicherheit fest, mit dem Ziel, "Leib und Leben und Sachen auf bestmögliche Weise ... zu schützen"[83]. Die Spitzenverbände der Elektrizitätsversorgungsunternehmen, der Elektro-

----

79) Die verschiedenen Normgruppen sind in DIN 82o Teil 3 aufgeführt. Vgl. dazu Marburger, JuS 1976, S.638,64o.

8o) Verband Deutscher Elektrotechniker e.V.

81) Deutsche Elektrotechnische Kommission.

82) Ausführlich dazu Marburger, Regeln, S. 2o8 ff.

83) VDE oo22/6.77 Nr. 1.2; vgl. Marburger, Regeln, S.211; Zemlin, S.4.

industrie, des Elektrohandels und -handwerks wie auch der VDE, haben sich in einer Übereinkunft dazu verpflichtet, ihren Mitgliedern zu empfehlen, "für den deutschen Markt nur elektrotechnische Erzeugnisse herzustellen, zu handeln, zu installieren, zuzulassen und zu verwenden, die den geltenden VDE-Bestimmungen entsprechen"[84]. Zwar werden in der Praxis die VDE-Vorschriften weitgehend befolgt[85], dennoch ist ihre Einhaltung im Einzelfall nicht sicher. Insbesondere der nicht sachkundige Verbraucher hat Veranlassung, beim Kauf von elektrotechnischen Haushaltsartikeln auf die Einhaltung der VDE-Vorschriften zu achten. Dazu dient die Wiedergabe des VDE-Zeichens auf dem Gerät oder auf der Verpackung[86]. Gibt der Käufer zu verstehen, das nachgefragte Gerät müsse VDE-Vorschriften entsprechen, und der Verkäufer empfiehlt ein insoweit unzulängliches Modell, wird regelmäßig ein Verschulden auf Verkäuferseite vorliegen und sich eine Schadensersatzverpflichtung aus positiver Vertragsverletzung ergeben[87]. Doch auch ohne schuldhaften Verstoß

----

84) Übereinkunft vom 24. Februar 1955, BAnz. 1955 Nr.16o, S.3; Marburger, Regeln, S. 213.

85) Brinkmann, Verbraucherorganisationen, S. 125.

86) Das VDE-Zeichen gehört wie das DIN-DVGW-Zeichen und das TÜV-Maschinenschutzzeichen zu den Prüfzeichen. Diese geben an, daß der jeweilige Gerätetyp vom Hersteller und durch neutrale Instanzen geprüft wurde und fortdauernder Kontrolle unterliegt. Bei DIN kommt dieser Aussagegehalt nur dem DIN-Prüf- und Überwachungszeichen zu. Das einfache DIN-Zeichen ist lediglich die Herstelleraussage über die Einhaltung der DIN-Vorschriften (vgl. Marburger, Regeln, S.531). Prüfzeichen haben zum Inhalt, daß das Produkt keine Gefahren verursacht. Ein Schutz vor weitergehenden Schäden kommt hier unmittelbar zum Ausdruck. Auch das einfache DIN-Zeichen kann einen solchen Gefahrschutz ausdrücken, wenn die jeweiligen DIN-Normen dem Schutz des Integritätsinteresses dienen (Marburger, Regeln, S.531).

87) Vgl. dazu auch unten 2. Kap. III 5 c, aa.

gegen eine Beratungspflicht kann ein Bedürfnis bestehen, das Risiko der Produktbeschaffenheit nicht allein dem Käufer aufzubürden. Eine schuldhafte Pflichtverletzung des Verkäufers wird nicht gegeben sein, wenn eine Gattung VDE-Bestimmungen entspricht, das verkaufte Gerät wegen eines Fabrikationsfehlers unzulänglich ist. Produkteigenschaften kann der Verkäufer regelmäßig nur hinsichtlich der Gattung kennen. Eine Nachprüfung beim einzelnen Gerät scheidet regelmäßig aus. Empfiehlt nun der Verkäufer dem auf Produktionssicherheit besonderen Wert legenden Käufer ein bestimmtes Gerät, erweckt er hierdurch ein Vertrauen des Käufers, das letztlich Ursache des Kaufs ist. Dieses Vertrauen des Käufers wird sich auch beim Gattungskauf auf das von ihm erworbene Gerät beziehen[88]. Dementsprechend ist beim Gattungskauf ein Schadensersatzanspruch nach § 48o Abs. 2 BGB auch gegeben, wenn die Zusicherung die ganze Gattung betraf, die einzelne, den Gegenstand des Kaufvertrages bildende Sache die Eigenschaften, die der Käufer erwarten durfte, aber nicht hat[89]. Es erscheint sachgerecht, dem Verkäufer, der bei dem Käufer Vertrauen in die Produktqualität geweckt, andererseits nicht auf die Möglichkeit eines Produktionsfehlers bzw. auf eine erforderliche Nachprüfung im Einzelfall hingewiesen hat, eine schuldunabhängige Schadensersatzverpflichtung aufzuerlegen. Eine unangemessene Risikoverteilung kann hier nicht gesehen werden. Denn der Verkäufer kann sich auf vertragliche Rückgriffsansprüche

----

88) Nach Teichmann, JuS 1968, S.315,319 entfällt die Vertrauensbasis des Endabnehmers für "Ausreißer", da jeder wisse, daß solche Fehlstücke nicht verhindert werden könnten. Diese Äußerung bezieht sich allerdings auf die Frage einer Haftung des Herstellers auf Grund von Waren- oder Gütezeichen.

89) Vgl. MK-Westermann, § 48o Rdnr.12.

stützen, sofern ihm gegenüber eine Zusicherung, u.U. auch mittels Produktwerbung, erteilt wurde, während dem Käufer gegenüber dem Hersteller nur der, mit dem Nichtverschuldensnachweis[9o] abgeschnittene Weg der Produzentenhaftung offensteht[91]. Hat der Verkäufer von seinem Vordermann keine Zusicherung erhalten, kann ein Regreß ausscheiden. Diese Haftungsfolge muß sich der Verkäufer aber zurechnen lassen, da er einerseits die vertragliche Absicherung gegenüber dem Lieferanten bzw. Hersteller versäumt, andererseits gegenüber dem Käufer Vertrauen in die Produktqualität geweckt hat. Will er das Risiko vermeiden, kann er eine Prüfung des betreffenden Geräts anbieten.
Wegen der Bedeutung der technischen Normen im Wirtschaftsverkehr[92] ist die Zusage normgerechter

----

9o) Zur Entlastungsmöglichkeit des Herstellers bei Fabrikationsnängeln vgl. BGHZ 51, S.91,1o5; BGH, NJW 1975, S.1827,1828; MK-Mertens, § 823 Rdnr.3o1,3o9 ff.

91) Wegen der Regreßfolge wird z.T. die Rechtsprechung zur stillschweigenden Zusicherung als Frage der Produzentenhaftung gesehen. Vgl. Teichmann, JuS 1968, S.315; Emmerich, JuS 1968, S.41; Graf von Westphalen, BB 1972, S.1o7o; anders Hüffer, JuS 1973, S.6o6.

92) Welche Bedeutung der BGH einer technischen Norm zur Beurteilung zivilrechtlicher Beziehungen beimißt, geht aus einer kürzlich ergangenen Entscheidung hervor. Dort legte der BGH die Äußerung, die zur Fassadenverkleidung verkauften Asbestplatten seien "wetterfest" entsprechend dem Inhalt der einschlägigen DIN-Norm 274 aus, obwohl auf diese nach dem angegebenen Sachverhalt nicht Bezug genommen war (BGH, WM 1981, S.765). Auch die Rechtsprechung zum Gattungsbegriff hat die Bedeutung der technischen Normen bereits beeinflußt (Marburger, JuS 1976, S.638,64o). Zwar stützt der BGH im Wellstegträger-Fall (BGH, NJW 1975, S.2o11) die Abgrenzung zwischen mangelhafter und Aliud-Lieferung auf die Verkehrsauffassung, führt aber gleichzeitig aus, daß die Bezugnahme der Parteien "auf eine Vielzahl von genau umrissenen, häufig nur geringfügig voneinander abweichenden Typen und Normen zu einer weitergehenden Auffächerung des Gattungsbegriffs geführt" habe.

Beschaffenheit, auf die der Käufer Wert legt, regelmäßig als Zusicherung zu werten[93]. Die Bedeutung der Normqualität für den Käufer kann daran gemessen werden, wie konkret die Vorstellungen der Parteien über die einzelnen, in der technischen Norm geregelten verschiedenen Produkteigenschaften sind. In solchen Fällen, in dem Lieferungsversprechen des Verkäufers zugleich eine (stillschweigende) Erklärung zu sehen, für die Schadensfolgen einstehen zu wollen, wäre auch hier nicht methodenehrlich. Eine Schadensersatzhaftung des Verkäufers ist auch in diesem Bereich nicht von einem Einstandsversprechen des Verkäufers abhängig zu machen.

c) Die Gütezeichen.

Den Prüfzeichen vergleichbar und teilweise damit identisch, sind die sogenannten Gütezeichen[94]. Es sind Kollektivzeichen, die Erzeugnisse oder Leistungen einer Mehrheit von Gewerbetreibenden nach ihrer Güte kennzeichnen[95]. Sie sollen verbürgen, daß eine Ware festgelegten überdurchschnittlichen Qualitätstandards entspricht und daraufhin einer Überwachung unterliegt[96]. Kennzeichnend ist die

----

93) Das entspricht auch der überwiegenden Ansicht in der Literatur. Vgl. Diederichsen, VersR 1971, S. 1o77,1o81; W.Lorenz, GRUR Int.1973, S.486,489; v. Lüpke, BB 1962, S.272,273; Marburger, Regeln, S.5o9 ff.; MK-Westermann, § 459 Rdnr.59; Staudinger/Honsell, § 459 Rdnr.74; Graf v.Westphalen, DB 1978, S.2o61,2o62; a.A. Zemlin/Budde, DIN-Mitt.49 (197o), S.211,212 f.; einschränkend wohl auch Erman/Weitnauer, § 459 Rdnr.25. Teilweise ist sogar eine zu große Bereitwilligkeit zur Qualifizierung des Normbezugs als Zusicherung zu erkennen. Vgl. Henseler, BB 1969, S.24,24; BGB-RGRK-Mezger, § 459 Rdnr.21.

94) Z.B. Deutsches Weinsiegel, Internationales Siegel für Schurwolle,Zeichen für echtes Leder, VDE-Zeichen; DIN-Prüfzeichen.

95) Baumbach/Hefermehl, WZG,Übersicht vor §§ 17-23 Rdnr.3.

96) RAL (Ausschuß für Lieferungsbedingungen und Gütesicherung e.V.), Grundsätze für Gütezeichen, BAnz. Nr.58 vom 23. März 1974, S.3; Marburger, Regeln, S.527; Baumbach/Hefermehl, a.a.O.,Rdnr.3 f.; W.Lorenz, GRUR Int.1973, S.486,489, Teichmann, JuS 1968, S.315,318.

Nachprüfbarkeit der verbürgten Qualitätskriterien, die in Gütebedingungen festgelegt sind[97]. Betont wird, das Gütezeichen habe Garantiefunktion dafür, daß die Ware über den gewöhnlichen Durchschnitt herausrage[98]. Inhalt dieser "Garantie" ist zunächst nicht eine Haftungsübernahme i.S. der Rechtsprechung zur Zusicherung. Im Vordergrund steht die Verbindlichkeit der Aussage in Abgrenzung zur unverbindlichen Anpreisung[99].
Gütezeichen haben daher einen konkreten und verbindlichen Aussagegehalt hinsichtlich der dem Gütezeichen entsprechenden Produkteigenschaften[1oo]. Unzutreffend ist die vereinzelt geäußerte Ansicht[1o1], wonach das Zeichen nur auf die Qualitätskontrolle hinweise, dem die Sache unterliege. Letztere Ansicht berücksichtigt nicht, daß Gütezeichen gerade dort eine wesentliche Funktion haben, wo Produktqualität bzw. Wareneigenschaften, wie z.B. die Güte des verarbeiteten Materials, für den Käufer nicht überprüfbar sind und demzufolge das Gütezeichen ein wesentliches Kaufkriterium ist. Das anerkennt auch der BGH, indem er davon spricht, die Verkehrsgeltung von Prüf- und Gütezeichen beruhe "auf der Handhabung der Gütesicherung durch Verband oder Gütegemeinschaft, also auf der Überzeugungskraft des Zeichens im Wettbewerb"[1o2].

----

97) Baumbach/Hefermehl, a.a.O., Rdnr.3; Miosga,GRUR 1968, S.57o,575; Marburger,Regeln, S.528 f.

98) Vgl. Miosga, GRUR 1968, S.57o,576.

99) W. Lorenz, GRUR Int. 1973, S.486,492; Marburger, Regeln, S.53o ff.; weitergehend aber zu undifferenziert Weser, S.45, der Qualitätskennzeichnungen generell eine Garantiefunktion beimißt.

1oo) Vgl. Marburger, Regeln, S.529; Bichlmeier, S.111

1o1) Teichmann, JuS 1968, S.315,319; Zemlin/Budde, DIN-Mitt. 49 (197o), S.211,213.

1o2) BGH, NJW 1974, S.15o3,15o4.

aa) Die Rechtsprechung des BGH.

Freilich sieht der BGH auch hier wieder eine Zusicherung nur gegeben, wenn darin eine Haftungsübernahme zum Ausdruck komme. Eine solche Garantiezusage sei Prüf- und Gütezeichen -von Ausnahmefällen abgesehen- nicht zu entnehmen[lo3]. Dabei bezieht er sich allerdings auf die Entscheidung im Hühnerpest-Fall[lo4], wo diesbezüglich in Frage stand, ob auf Grund des Warenvertriebs durch den Hersteller unter Benennung seiner Urheberschaft auf dem Etikett, in Originalverpackungen, unter seinem Warenzeichen oder mittels eines Markennamens,eine von kaufrechtlichen Beziehungen unabhängige garantievertragliche Beziehung zwischen Hersteller und Endabnehmer zustandekommt. Besteht wegen des mehrstufigen Absatzweges kein Kaufvertrag zwischen dem Hersteller einer Ware und dem Endabnehmer, kann sich eine vertragliche Garantiehaftung nur aus einem Vertragsschluß[lo5] ergeben, der seinerseits nur angenommen werden kann, wenn den Herstellerangaben auf der Ware, der Verpackung,ein entsprechender Erklärungswert beizumessen ist. Ein solcher Erklärungswert kommt Markennamen, Originalverpackungen mit Herstellerangabe[lo6],aber auch der Angabe von

----

lo3) BGH, a.a.O.

lo4) BGHZ 51, S.91,98

lo5) Abweichend Köndgen, S.349 ff., der eine an die Zusicherungshaftung des Verkäufers angelehnte Haftung des Warenherstellers für seine Werbeaussagen aus privatautonomem Leistungsversprechen bejaht.

lo6) Eine entsprechende Lösung hat Klaus Müller, AcP 165 (1965), S.285,3o4 ff. für Produkthaftungsfälle vertreten. Durch das Warenzeichen, die Warenbenennung etc. gebe der Warenhersteller die Erklärung an den Endkäufer ab, für nicht ordnungsgemäße Herstellung einstehen zu wollen. Dieser Vorschlag ist zu Recht auf Ablehnung gestossen. Vgl. BGHZ 48, S.118,122 f.;51, S91,99; auch schon RGZ 87, S.1 ff.; Diederichsen, Haftung, S.42; Rehbinder,ZHR 129 (1967) S. 171,173; Simitis, Gutachten, S.24; Weitnauer, NJW 1968, S.1593,1597.

Prüf- und Gütezeichen nicht zu[1o7)].

bb) Bezugnahme auf Gütezeichen in Vertragsverhandlungen.

Mit der Verwendung von Gütezeichen durch den Warenhersteller ist die Inbezugnahme dieser Zeichen bei den Vertragsverhandlungen von den tatsächlichen Voraussetzungen nicht vergleichbar[1o8)]. Das ist offensichtlich, wenn der Verkäufer ausdrücklich auf Verlangen des Käufers unter Bezugnahme auf das Gütezeichen eine bestimmte Beschaffenheit der Kaufsache zusagt. Auch wenn kein ausdrücklicher Hinweis auf ein Gütezeichen gegeben wird, kann sich die vertragliche Einbeziehung aus den Umständen ergeben. Für die Wertung als Zusicherung ist zu berücksichtigen, daß die Funktion solcher Zeichen, nach den Worten des BGH, auf ihrer Überzeugungskraft im Wettbewerb[1o9)] beruht. Dahinter steht das Informationsbedürfnis des Käufers, das mit zunehmender wirtschaftlicher Entwicklung und damit einhergehenden technischen Progression steigt. Auf der Anbieterseite entspricht dieser Entwicklung eine zunehmende Spezialisierung oder eine Konzentration mit der Möglichkeit, eine Vielzahl von Mitarbeitern auf dem jeweiligen Spezialgebiet einzusetzen[11o)], während auf der Nachfragerseite diese Möglichkeit nicht besteht. Das gilt insbesondere für den privaten Verbraucher, ist aber nicht auf diesen beschränkt, sondern kann ebenso für Gewerbetreibende gelten. Abzustellen ist auf das Informationsdefizit bei dem jeweiligen Geschäftsabschluß. Allein die Tatsache, daß die Ware mit einem

----

1o7) Vgl. W.Lorenz, GRUR Int. 1973, S.486,492; Marburger, Regeln, S. 531 f.;Schmidt-Salzer, Produkthaftung, Rdnr.319; Schricker, GRUR 1975, S.111.

1o8) Kritisch gegenüber der BGH-Rechtsprechung auch Köndgen, S.336 f.

1o9) BGH, NJW 1974, S.15o3,15o4.

11o) Vgl. Schumacher, S.74 ff.; s.a. Wieacker, Festschrift, DJT, Band II, S. 1,15; Scherhorn, S.53.

Gütezeichen deutlich sichtbar gekennzeichnet ist, läßt die Annahme einer verschuldensunabhängigen Schadensersatzhaftung des Verkäufers nicht zu[111]. Andererseits ließe man dessen wirtschaftliche Bedeutung unberücksichtigt, sofern man die ausdrückliche oder sich aus den Umständen ergebende Einbeziehung in die vertragliche Vereinbarung unberücksichtigt ließe und eine Schadensersatzhaftung des Verkäufers von einer besonderen Schadensersatzerklärung abhängig machte. Für eine Zusicherung spricht der Umstand, daß die Erwartung des Käufers auf Grund des Vertrages berechtigterweise über das normale Leistungsinteresse an dem Erhalt der mangelfreien Sache hinausgehen durfte.

d) Produktangaben durch Werbung.

Die Ungeeignetheit des Garantieerfordernisses zur sachgerechten Lösung der Verkäuferhaftung zeigt sich auch bei der in letzter Zeit diskutierten[112] Frage der Haftung für Werbeangaben. Dem BGH kann zweifellos zugestimmt werden, wenn er davon ausgeht, mit der Werbung wolle sich der Verkäufer (bzw. Hersteller) regelmäßig nicht schon zur Schadensersatzleistung verpflichten[113].
Der Inhalt der Werbung wird bekanntermaßen häufig nicht an sachlicher Produktinformation ausgerichtet, sondern daran, wie größtmögliche Aufmerksamkeit und Gedächtniswert erreicht werden können[114]. Daneben

----

111) so aber Marburger, Regeln, S.533.

112) Vgl. insbesondere M. Lehmann, Vertragsanbahnung durch Werbung, 1981; s.a. Köndgen, S.284 ff. Reich/Tonner, JuS 1976, S.576 ff.; Trinkner, BB 1975, S.1493 ff.

113) BGHZ 48, S.118,123.

114) Vgl. Behrens, S.77; Diederichsen, Haftung, S.292; s.a. Brendel, S.92 f.

sollte aber die Bedeutung der Werbung zur Sachinformation nicht unterschätzt werden. In einer industriellen und technisierten Gesellschaft steht nicht der Erwerb irgendeines Produktes im Vordergrund, sondern es geht mehr um die Deckung spezifischer Bedarfssituationen hinsichtlich einer Ware mit speziellen Eigenschaften[115)]. Darauf nimmt auch die moderne Wirtschaftswerbung Rücksicht, die sich in ihrem Selbstverständnis gerne als Mittel zum Funktionieren des Wettbewerbs begreift[116)]. Im Wettbewerbsrecht hat man sich der Erkenntnis von dem informatorischen Charakter der Werbung nicht verschlossen. Betont wird, es sei gerade der Tendenz entgegenzuwirken, daß der Werbende versucht, durch wenig konkrete Angaben in einem "unverbindlichen" Bereich der Werbung zu bleiben, gleichzeitig aber damit den Kaufentschluß zu beeinflussen[117)]. Als irreführende Werbung nach § 3 UWG wird angesehen, wenn zwar keine konkrete Beschaffenheitsangabe gemacht wird, aber die Anpreisung die Vorstellung einer technischen und wirtschaftlichen Spitzenqualität hervorruft, die Ware dann aber nicht besser als der Durchschnitt ist[118)].
Liegt eine genügend konkrete Warenbeschreibung und Eigenschaftsangabe vor, so spricht allein die Tatsache, daß diese Informationsvermittlung durch ein Werbemittel, wie Prospekt, Inserat oder auch Fernseh- und Rundfunkwerbung erfolgte, nicht dagegen,

---

115) Lehmann, Vertragsanbahnung, S.179,194,248.

116) Vgl. nur Stilken, Der Markenartikel 1977, S.358.

117) M. Lehmann, Vertragsanbahnung, S.117.

118) Vgl. BGH, GRUR 1975, S.141; Baumbach/Hefermehl, § 3 UWG Rdnr.15.

dieser Aussage auch im Rahmen des § 463 S.1 BGB Relevanz zu verleihen[119].
Das individuelle Kaufgespräch ist heute in vielen Bereichen von der Werbung abgelöst worden. Die Bedeutung der Werbung als Versuch zur Steuerung menschlichen Verhaltens mittels moderner Kommunikationsmittel[12o] nimmt zu, je mehr der Käufer angesichts steigender Bedeutung von Discountern und SB-Warenmärkten bei der Kaufentscheidung sich selbst überlassen bleibt. Die Warenvielfalt und der Wettbewerb der Anbieter trägt weiter in dem Maße zu der Bedeutung der Werbung bei, wie der Kaufinteressent auf der Suche nach dem für ihn besten und preiswertesten Produkt seine Entscheidung nicht auf Grund eines persönlichen Kaufgesprächs, sondern etwa auf Grund der Durchsicht des vielfältigen Prospektmaterials trifft.
Die hieran anknüpfenden gesetzgeberischen Initiativen, wie der Richtlinienentwurf der EG-Kommission über irreführende und unlautere Werbung[121], und auf nationaler Ebene der Versuch einer Novellierung des UWG, durch den der Verbraucher einen direkten Schadensersatzanspruch gegen den unlauter werbenden Hersteller erhalten soll[122], zeigen das Bedürfnis, die Werbung stärker zu reglementieren und die irreführende Werbung effektiveren Sanktionen auszusetzen.

----

119) Vgl. das von K. Müller, AcP 165 (1965), S.321 angeführte Beispiel einer Anzeige für ein Bügeleisen:"Dieses Bügeleisen regelt sich automatisch. Die Wäsche kann nicht mehr verbrennen". Zustimmend auch Diederichsen, Haftung, S.291 Fn.8o.

12o) Vgl. Wirtz, S.15 f.; Zusammenstellung verschiedener Definitionen der Werbung bei Tietz,S.2242.

121) Amtsblatt EG 1978, Nr. C 7o/74.

122) § 13 a des Entwurfs zur Änderung des UWG, BT-Drucksache 8/2145 v.26.9.1978; vgl. in diesem Zusammenhang Kraft, ZRP 1979, S.161,162 ff.; Mertens, ZHR 139 (1975), S.438 ff.

Auf Grund dieser ökonomischen Gegebenheiten wird man auch bei an die Öffentlichkeit gerichteten Werbeaussagen die Einbeziehung in den Individualvertrag bejahen, soweit sich der Verkäufer vernünftigerweise von der Werbung hat leiten lassen dürfen. Einer solchen Bewertung sollte nicht entgegenstehen, daß zwischen Werbung und Vertragsschluß ein größerer Zeitabstand liegen kann. Soweit dem Verpflichtungscharakter der Werbung das Modell der "invitatio ad offerendum" entgegengehalten wird[123)], nämlich Werbemaßnahmen,wie Aufstellung von Waren in Schaufenstern, Zeitungsanzeigen, Übersendung von Katalogen etc., seien grundsätzlich nicht als Vertragsangebot zu werden[124)], ist einzuwenden, daß in die Werbemaßnahme selbst keine rechtsgeschäftlich verbindliche Erklärung hinsichtlich des Abschlusses des Kaufvertrages hineininterpretiert werden soll[125)]. Die Werbeaussage entfaltet Wirkung bis zum Zeitpunkt des Vertragsschlusses. Der Verkäufer, der durch die Werbung Qualitätserwartungen setzt und dadurch Kaufentscheidungen beeinflußt, muß sich, auch ohne daß die Werbeaussage später wiederholt wird, daran festhalten lassen[126)].

----

123) Henseler, NJW 1972, S.829; vgl. auch Staudinger/ Honsell, § 459 Rdnr.72.

124) Vgl. Enneccerus/Nipperdey, Allg.Teil, § 161 I 2, S.987 f.; Larenz, Allg.Teil, § 27 I a, S.475.

125) s. auch Köndgen, S.347.

126) Zutreffend OLG Köln, NJW 1972, S.162:Die Erklärung eines KFZ-Händlers in einer Werbeaussage, die von ihm angebotenen Fahrzeuge seien durch Meisterhand geprüft und TÜV-abgenommen,wird Inhalt des Kaufvertrages, wenn sie nicht während der Vertragsverhandlungen widerrufen wird.Es liege eine Zusicherung mit dem Inhalt vor,die Fahrzeuge seien in einer von einem KFZ-Meister geleiteten Werkstatt sorgfältig untersucht,festgestellte Fehler und Mängel seien beseitigt und unmittelbar danach seien die Fahrzeuge dem TÜV vorgeführt und zum Verkehr zugelassen worden. Dagegen MK-Westermann, § 459 Rdnr.57; Henseler, NJW 1972, S.829; kritisch auch Hager, NJW 1975, S.2276,2277; im Ergebnis wohl zustimmend Staudinger/Honsell, § 459 Rdnr.72.

3. Zusammenfassung.

Die vorstehenden Beispiele haben gezeigt, daß eine den ökonomischen Gegebenheiten -sei es der Bedeutung des Verkaufsgesprächs, der Bezugnahme auf technische Normen, Prüf- und Gütezeichen und der Werbung- gerecht werdender Interessenausgleich zwischen Verkäufer und Käufer nicht erreicht werden kann, wenn man die Haftung nach § 463 S.1 BGB ausschließlich der nach außen erkennbar gewordenen Bereitschaft des Verkäufers zur Leistung von Schadensersatz überläßt. Daß die Gewährleistungsregelung nicht den heutigen Marktgegebenheiten entspricht, wird allgemein betont[127]. Zu fragen ist, ob sich hinsichtlich der Zusicherungshaftung das Gesetz einer vom BGH teilweise schon getroffenen Fortschreibung verschließt.

----

127) Vgl. M. Lehmann, Vertragsanbahnung, S.216 ff.; Huber, Gutachten Leistungsstörungen S.647, 793 ff.; ders., Gutachten Kaufvertrag, S.915 ff.

2. Kapitel: Die Auslegung des Zusicherungsbegriffs.

I. Gesetzesmaterialien

1. Die Vorstellung der Gesetzgebungskommission von der "Garantiehaftung" des § 463 S.1 BGB.

Bei den Beratungen zum BGB war es Gegenstand einer Auseinandersetzung, inwieweit in einer Zusicherung eine Garantieübernahme zu sehen sei. Diese ist auch deshalb bekannt geworden, weil sich das Reichsgericht[1] einer bei den Beratungen überstimmten Minderheit angeschlossen hat.

a) Erste Kommission.

Der von der ersten Kommission beratene § 26 des Teilentwurfs zum Obligationsrecht sah im Fall der Zusicherung eine Schadensersatzhaftung des Verkäufers vor, "gleichviel, ob ihm ein Verschulden zur Last falle oder nicht"[2]. Dagegen wurde u.a. geltend gemacht, die verschuldensunabhängige Haftung führe zu großen Härten. Diesen Bedenken stellte die Mehrheit der Kommission entgegen: "In der Zusicherung einer bestimmten Eigenschaft könne nur die Übernahme einer Garantie für das Vorhandensein dieser Eigenschaft und das Versprechen gefunden werden, für alle Folgen einstehen zu wollen, wenn die Eigenschaft fehlen sollte"[3].

----

1) Erstmals RGZ 54, S.223.

2) Vgl. Prot. der 1. Komm., abgedruckt bei Jakobs/Schubert, Vor §§ 462-48o, S.137.

3) Vgl. Jakobs/Schubert, S. 137 f.; s.a. Motive II, S.228 f.

Hier wird terminologisch zwischen Garantie und Leistungsversprechen unterschieden. Der BGH verdeutlicht die Formulierung durch Einfügen des Wortes "damit". Durch die Zusicherung gebe der Verkäufer eine Garantie und damit das Versprechen ab, im Fall des Fehlens der Eigenschaft Schadensersatz zu leisten[4].
Die Formulierung in den Gesetzesmaterialien ist dagegen eher in dem Sinne zu verstehen, die Zusicherung einer Eigenschaft sei so zu behandeln, als habe der Verkäufer das Versprechen abgegeben, für alle nachteiligen Folgen des Nichtvorhandenseins der Sacheigenschaft einzustehen. Darauf deutet auch eine Bemerkung im Rahmen der heutigen §§ 633-636 BGB beim Werkvertrag hin. "Wenn für Veräußerungsfälle bestimmt sei, der Veräußerer habe bei dem Mangel einer zugesicherten Eigenschaft,ohne Rücksicht auf Verschulden,Schadensersatz zu leisten, weil ein Garantieversprechen vorliege, so sei von der Veräußerung einer individuell bestimmten Sache ausgegangen, wobei die Unterstellung eines Garantieversprechens nicht ungerechtfertigt erscheine[5].

b) Vorkommission des Reichsjustizamtes.

In der Vorkommission des Reichsjustizamtes wurde der Vorschlag gemacht, die Schadensersatzhaftung des Verkäufers an eine Zusicherung wider besseren Wissens oder die Gewährübernahme zu knüpfen. Die Mehrheit einigte sich darauf, zwischen Zusicherung und Garantieübernahme solle nicht unterschieden werden[6].

---

4) BGHZ 59, S.158,16o.

5) Prot. der 1. Komm., s.Jakobs/Schubert, §§ 633-636, S.851; Mot.II, S.479 f. (Hervorhebung v.Verf.)

6) Prot. RJA, s.Jakobs/Schubert, § 463, S.165.

c) Zweite Kommission.

Die Diskussion setzte sich in der zweiten Kommission fort. Es wurde vorgebracht, "es sei nicht richtig, jede Zusicherung einer Eigenschaft ... als ein Garantieversprechen anzusehen ...". Durch die Zusicherung erkläre der Verkäufer noch nicht, im Falle des Fehlens der Eigenschaft für volle Entschädigung einzustehen. Dem werde der Entwurf nicht gerecht, indem er zwischen Zusicherung und Garantieversprechen nicht unterscheide[7].
Dem setzte die Mehrheit entgegen, es entspreche der Auffassung des Verkehrs wie den Grundsätzen von Treu und Glauben, daß, wer eine Zusicherung erteile, auch uneingeschränkt dafür einstehen müsse, und jedenfalls sei im Zweifelsfalle die weitergehende Haftung des Versprechenden anzunehmen[8].
Im Anschluß an die spätere Rechtsprechung des Reichsgerichts[9], das das Vorliegen einer Zusicherung an die in vertragsmäßig bindender Weise, also mit dem entsprechenden Verpflichtungswillen abgegebene Erklärung geknüpft hat, sah Haymann[10] den Unterschied zu der bei den Beratungen zum BGB mehrheitlich vertretenen Auffassung darin, daß die Zusicherung nicht von einem vermuteten oder fiktiven, sondern einem erweislichen Parteiwillen abhängig gemacht wurde. Der Hinweis bei den Beratungen auf den Zweifelsfall läßt aber nicht den Schluß zu, der historische Gesetzgeber habe generell jede ernsthafte Beschaffenheitsangabe als Zusicherung werten

---

7) Prot. II, S.1379 f. = Mugdan II, S.669.

8) Prot. II, S.138o = Mugdan II, S.669.

9) Vgl. nur RGZ 54, S.219,233; RG, WarnR 1917,Nr.1oo.

1o) Haymann, Festgabe Reichsgericht, Band III, S.317,336.

und von einem vertraglichen Schadensersatzversprechen absehen wollen[11]. Die Vorstellung der Kommissionsmehrheit von der Garantie des Verkäufers bleibt letztlich unklar. Darauf deutet auch die Formulierung in der Denkschrift[12] hin, die Zusicherung enthalte "nach der Auffassung des Verkehrs regelmäßig die Übernahme einer Garantie für das Vorhandensein der Eigenschaft".

2. Inhalt des Begriffs der Garantiehaftung.

Möglicherweise sind aus dem Begriff der Garantiehaftung Rückschlüsse auf die Notwendigkeit eines vertraglichen Einstandsversprechens angebracht.

a) Sprachliche Deutung.

Eine sprachliche Deutung des Begriffs Garantie ist wenig aussagekräftig. Im alltäglichen Sprachgebrauch wird unter Garantie häufig die allgemeine Gewährleistung verstanden[13]. Dabei kann diese juristisch unkorrekte Terminologie für sich eine gemeinsame germanische Sprachwurzel in Anspruch nehmen. Die etymologische Bedeutung des Wortes Garantie ist nicht mehr als gewährleisten bzw. einstehen wollen oder müssen. Das Wort Garantie ist lediglich ein Rückwanderer aus dem romanischen Sprachbereich[14].

---

11) So aber Bichlmeier, S.55; Marburger, Regeln, S.515; s.auch Baumann, Festschr. Sieg, S.15, 25 ff.; wie hier Köndgen, S.312.

12) Denkschrift, S.95.

13) Vgl. BGH, NJW 1981, S.867,868; Der Garantievertrag wird dagegen teilweise als "Gewährsvertrag" bezeichnet. Vgl. Palandt/Thomas, Einf. v. § 765 Anm. 3 c; GK-HGB-Ratz, § 349 Rdnr.91.

14) Graue, S.64; Stammler, AcP 69 (1886), S.1 Fn.1; Schulze, S.19; Süß, S.224.

Im Rechtsverkehr steht der Garantiebegriff auch als Synonym für die Zusicherung einer Eigenschaft[15]. Die Formulierung "ohne Garantie" soll im allgemeinen nicht als Gewährleistungsausschluß, sondern nur dahin auszulegen sein, daß keine Zusicherung vorliege[16].

b) Rechtliche Bedeutung des Garantiebegriffs.

Die rechtliche Bedeutung des Garantiebegriffs ist ebensowenig eindeutig.

aa) Unterschiedliches Verständnis des Begriffs der Garantiehaftung.

Einerseits wird unter Garantiehaftung ein Haftungstatbestand ohne Verschuldensvoraussetzung verstanden, der Begriffsinhalt des Wortes Garantie also auf die fehlende Verschuldensvoraussetzung beschränkt[17]. Dementsprechend wird bei § 463 S.1 BGB die Charakterisierung als Garantiehaftung mit der fehlenden Verschuldensvoraussetzung begründet[18]. Andererseits wird das Grundelement der Garantie in der vertragsgemäßen Übernahme eines Risikos gesehen[19]. Fikentscher wendet sich ausdrücklich gegen die Verwendung des Begriffs Garantiehaftung für eine Haftung ohne Verschulden. Garantiehaftung setze eine Garantieerklärung voraus[2o].

----

15) Vgl. RGZ 71, S.174; 9o, S.416; RG, LZ 192o, S.7o7; RG, JW 1923, S.368; RG, LZ 1932, S.1o44.

16) RG Recht 1914, S.2641; Erman/Weitnauer, § 476 Rdnr.2; Jauernig/Vollkommer, § 476 Anm. 2 a.E.; dagegen Staudinger/Honsell, § 476 Rdnr.5.

17) Staudinger/Honsell, Vor § 459 Rdnr.3 bezeichnet die Sachmängelhaftung allgemein als Garantiehaftung.

18) Vgl. Erman/Weitnauer, Vor § 459 Rdnr.6; Flume, Eigenschaftsirrtum, S.53 Fn.77; Larenz, SchR II, § 41 II c 1, S.54.

19) Vgl. Stammler, AcP 69 (1886), S.1.

2o) Fikentscher, SchR, § 43 III 4, S.196.

bb) Unterschiedliche Verwendung des Garantiebegriffs bei Gesetzesberatungen.

Dieses unterschiedliche Verständnis des Garantiebegriffs kann sich nicht aus dem insoweit nicht eindeutigen Wortsinn selbst ergeben, sondern lediglich Folge des Verständnisses von dem Inhalt der gesetzlichen Garantiehaftungsnormen sein.

(a) Garantiehaftung für anfängliches Leistungsunvermögen.

Zu verweisen ist auf den Fall des anfänglichen Leistungsunvermögens. Die Gesetzesmaterialien enthalten hierzu die Bemerkung, in dem Leistungsversprechen sei "die Übernahme einer Garantie für die Leistungsfähigkeit zu finden"[21]. Es wird hier dieselbe Formulierung verwendet wie bei den Beratungen zu § 463 S.1 BGB. Für die Haftung bei anfänglichem Unvermögen gilt aber, daß diese nicht auf einer besonderen Garantieerklärung, sondern auf dem Gesetz beruht[22].

(b) Garantiehaftung des Vermieters.

§ 538 Abs.1 S.1 BGB wird ebenso als Fall der Garantiehaftung des Vermieters bezeichnet. Eine über den Mietvertrag hinausgehende Verpflichtungserklärung gibt der Vermieter nicht ab. Die Einstandspflicht für anfängliche Fehler der Mietsache folgt kraft Gesetzes aus dem Mietvertrag selbst[23].

----

21) Mot. II, S.45 f.

22) Fikentscher, SchR, § 43 III 4, S.196.

23) Vgl. BGH, NJW 1962, S.9o8,9o8; BGHZ 69, S.787. Daraus Rückschlüsse für den Umfang der Haftung abzuleiten, wäre allerdings zu begrifflich und in der Sache nicht überzeugend. So hat sich jetzt Krampe, S.45 f. dagegen gewandt, aus der Unterscheidung von vertraglicher und gesetzlicher Garantiehaftung eine Beschränkung der Ersatzverpflichtung des Vermieters nach § 538 Abs.1 BGB entsprechend der des Verkäufers nach § 463 S.1 BGB hinsichtlich der Mangelfolgeschäden abzulehnen.

(c) Garantie des Werkunternehmers.

Beim Werkvertrag hielt der Gesetzgeber im Gegensatz zum Kaufvertrag eine verschuldensunabhängige Schadensersatzhaftung für nicht angebracht. Die "Unterstellung" eines Garantieversprechens sei beim Werkvertrag nicht gerechtfertigt, da es im Zusammenhang mit dem zu erstellenden Werk um künftige Risiken gehe[24]. Hat der Werkunternehmer Eigenschaften des herzustellenden Werks zugesichert, haftet er nach § 635 BGB nur, wenn er den Mangel zu vertreten hat[25]. Da der Werkunternehmer gem. § 635 BGB auf Schadensersatz haftet, kann es bei einer neben der Zusicherung abgegebenen Garantie nicht um die Begründung einer Schadensersatzpflicht, sondern nur um ein Abbedingen der in § 635 BGB enthaltenen Verschuldensvoraussetzung gehen. Allerdings wird auch vertreten, daß jede Zusicherung nach §§ 633, 634 BGB eine Garantieübernahme entsprechend § 463 S.1 BGB enthalte[26]. Der Meinungsstreit sei hier dahingestellt. Ausgangspunkt der Haftung kann nur der jeweilige Inhalt des vertraglichen Leistungsversprechens sein. Für den Inhalt des Garantiebegriffs lassen sich aus der Regelung der Schadensersatzhaftung des Werkunternehmers keine Folgerungen ziehen.

3. Zwischenergebnis.

Somit ergibt sich, daß aus der Charakterisierung der Regelung des § 463 S.1 BGB als Garantiehaftung nicht die Notwendigkeit eines vertraglichen Garantieversprechens hergeleitet werden kann.

----

24) Mot. II, S.479 f.

25) H.M. Vgl. Nicklisch, Festschr. Beitzke, S.89,9o.

26) Eimer, NJW 1973, S.59o ff.

II. Systematik der §§ 459 ff. BGB.

Zu fragen ist weiter, ob die Systematik der kaufrechtlichen Gewährleistungsregeln das Verständnis der Zusicherung als Haftungsversprechen gebieten.

1. Die Unterscheidung von Fehler und zugesicherter Eigenschaft.

Folgerungen aus der Systematik der § 459 ff. BGB könnten nur zwingend gezogen werden, wenn der Regelung ein in sich schlüssiges System zugrundeläge. Die im Gesetz angelegte Unterscheidung zwischen Fehler und dem Fehlen einer zugesicherten Eigenschaft war nach der Rechtsauffassung des Gesetzgebers noch eindeutig zu vollziehen. Bekanntlich legte man damals den objektiven Fehlerbegriff zugrunde[27)], der, wie die Gewährleistungsregeln überhaupt, seine Wurzel im römischen Recht, dem Sonderrecht der Marktgerichtsbarkeit für den Sklaven- und Viehkauf, den durch die kurulischen Aedilen verkündeten Edikten hatte[28)]. Fehler war nur die Abweichung von der normalen Art- und Gattungsbeschaffenheit. Die Einteilung der Kaufsachen in Gattungen und Arten bestimmte sich nach der Verkehrsauffassung[29)]. Das Reichsgericht befand sich in Übereinstimmung mit der herrschenden Meinung in der Literatur[3o)], wenn es im Fall der Lieferung einer Orchestergeige anstatt einer Sologeige die erste nicht als fehlerhaft ansah[31)], obwohl es zuvor eine,

----

27) Vgl. Esser/Weyers, SchR II 1, § 5 II 2 b, S.4o.

28) Vgl. Haymann, Festgabe Reichsgericht III, S.317, 319, Kaser, 1. Abschnitt, § 131 II 4, S.558 ff.; Immenga, AcP 171 (1971), S.1,7; Bichlmeier,S.31.

29) Vgl. Haymann, a.a.O., S.319; Immenga, AcP 171 (1971), S.1,6.

3o) Vgl. nur Haymann, a.a.O., S.317 ff. m.w.N.

31) RGZ 97, S.352.

als aus der Zeit des Stradivarius stammend verkaufte Geige, die sich als Nachbau herausstellte, als fehlerhaft qualifiziert hatte[32]. Unter § 459 Abs.2 BGB fielen jene Merkmale der Sache, die -abweichend von der Normbeschaffenheit- durch besondere Erklärung zugesagt wurden. Die zwischen objektiver Mangelhaftigkeit und Zusicherung i.S. des Garantieversprechens entstandene Lücke versuchte der infolge versubjektivierte Fehlerbegriff zu füllen. Fehlerhaft ist danach die Sache bei Abweichung von der vereinbarten Beschaffenheit. Unerheblich ist dabei, ob man dann, wenn eine Beschaffenheitsvereinbarung nicht feststellbar ist, auf die Abweichung von der Normbeschaffenheit abstellt[33] oder generell die Fehlerhaftigkeit nach subjektiven Kriterien bestimmt bzw. bei Fehlen einer Zweckbestimmung entscheiden läßt, was der Käufer nach der Vereinbarung erwarten durfte[34]. Die Konturen zwischen Fehler und zugesicherter Eigenschaft werden dadurch verwischt. Indem nach dem subjektiven Fehlerverständnis für die Fehlerhaftigkeit der Sache und für das Fehlen einer zugesicherten Eigenschaft jeweils derselbe Umstand relevant sein kann, soll die Systematik der Gewährleistungsregelung nunmehr zur Begründung des Verständnisses der Zusicherung als neben die Beschaffenheitsvereinbarung tretendes Einstandsversprechen herhalten[35]. Damit ist zwar dem Grundsatz nach wieder eine klare Trennung gefunden, die sich von der ursprünglichen Systematik aber entfernt.

----

32) RG, LZ 1916, S.1181.

33) Vgl. MK-Westermann, § 459 Rdnr.8 ff.; Staudinger/Honsell, § 459 Rdnr. 1o ff.; Fikentscher, SchR, § 7o II 2 a, S.381 (sog. subjektiv-objektiver Fehlerbegriff).

34) Vgl. Flume, Eigenschaftsirrtum, S.1o9 ff.; Erman/Weitnauer, Vor § 459 Rdnr.3; Esser/Weyers, SchR II 1, § 5 II 1, S.35 f. (subjektiver bzw. konkreter Fehlerbegriff).

35) Vgl. MK-Westermann, § 459 Rdnr.55.

Während unter Zugrundelegung des objektiven Fehlerbegriffs die Zusicherung etwas anderes als die Fehlerhaftigkeit war, ist sie nunmehr von dieser nur graduell verschieden. Die Zusicherung ist abhängig von einer zur Fehlerhaftigkeit hinzutretenden Voraussetzung. Durch den Gesichtspunkt der Garantieübernahme wird die dem Gesetzgeber vorschwebende Systematik durch eine andere ersetzt und ist daher als Auslegungskriterium unbrauchbar.

2. Kauf nach Probe.

Systematische Erwägungen können nicht auf die §§ 459-493 BGB beschränkt werden. Beim Kauf nach Probe oder Muster nach § 494 BGB, gelten die Eigenschaften der Probe oder des Musters als zugesichert. Ein Kauf nach § 494 BGB liegt vor, "wenn der Verkäufer nach den Umständen des Falles die Eigenschaften des Musters bindend zugesagt hatte und die Vertragsparteien darüber einig waren, daß der Verkäufer eine der Probe entsprechende Ware zu liefern hatte und die Eigenschaften der Probe für die nach dem Vertrage zugesicherte Beschaffenheit der Lieferung maßgebend sein sollten"[36]. Daraus wird gefolgert, Voraussetzung für eine Schadensersatzhaftung des Verkäufers nach §§ 494,463 S.1 bzw. 48o Abs.2 BGB sei nicht die Erklärung der Übernahme einer Einstandshaftung[37]. Wertungswidersprüche zwischen dem normalen Kauf und dem Kauf nach § 494 BGB können gewiß nur durch einheitliche Zusicherungsvoraussetzungen vermieden werden. Zwingende Schlußfolgerungen hinsichtlich der Voraussetzungen der Zusicherung können aber insoweit nicht getroffen werden. Ebenso ist möglich, einen Kauf nach § 494 BGB nur anzunehmen, wenn der Verkäufer ein Schadensersatzversprechen für den Fall abgibt, daß die Eigenschaften der Probe oder des Musters fehlen sollten.

---

36) BGH, DB 1966, S.415; s.a. Soergel/Ballerstedt, § 494 Rdnr.2; Staudinger/Mayer-Maly, § 494 Rdnr.8;

37) Baumann, Festschrift Sieg, S.15,3o ff.; Marburger, Regeln, S. 516 f.

3. Römisches Recht.

Auch ein Blick auf das römische Recht läßt keine zwingenden Schlußfolgerungen zu. Der Gesetzgeber hatte zwar das römische Recht als Modell vor Augen[38], die Übereinstimmung bezieht sich im wesentlichen aber auf die Rechtsfolgenseite[39]. Ein einheitliches System bestand nach römischem Recht zunächst nicht. Nach klassischem Recht haftete der Verkäufer für Arglist und aus Garantievertrag. Hinzu kam ein erst später geschaffenes Sonderrecht auf dem Gebiet der Marktgerichtsbarkeit für den Sklaven- und Viehkauf, die durch die kurulischen Aedilen verkündeten Edikte. Hiernach stand dem Käufer bei bestimmten Fehlern die Wandlungs-(actio redhibitoria) und Minderungsklage (actio quanta minoris) zu. Darüber hinaus haftete der Verkäufer nach dem Edikt für "dicta" und "promissa". Promissum war die Zusage der Fehlerfreiheit und des Vorliegens bestimmter Eigenschaften. Grundlage war die Stipulation, ein auf Schadensersatz gerichtetes Schuldversprechen[4o]. Das dictum war dagegen eine bloße Vorstellungsmitteilung und begründete lediglich Wandlung und Minderung[41].

Daraus hat Flume[42] einleuchtend die Folgerung gezogen, daß eine Sachmängelhaftung auf Grund des Kaufvertrages dem römischen Recht fremd war. Der Kaufvertrag als Vertragstypus bezog sich nicht auf die Beschaffenheit des Kaufgegenstandes, sondern nur auf die Verschaffung von Sachbesitz. Nach heute überwiegender Meinung wird die Gewährleistungsrege-

----

38) Vgl. Mot. II, S.224.

39) Flume, Eigenschaftsirrtum, S.6o.

4o) Vgl. Haymann, Festgabe Reichsgericht III, S.317, 328 f.; Kaser, 1. Abschnitt, § 131 II 3, S.588.

41) Vgl. Haymann, a.a.O., S. 329.

42) Flume, Eigenschaftsirrtum, S.59.

lung auf den Vertrag zurückgeführt[43]. Die Parteivereinbarung beim Kauf bezieht sich auch auf die Eigenschaften der Sache. Folgerungen aus dem römisch-rechtlichen promissum als einem neben dem Kaufvertrag bestehenden, selbständigen Schadensersatzversprechen können danach für das Verständnis der Zusicherung nach geltendem Recht nicht getroffen werden[44].

III. Rechtsgrund der Zusicherungshaftung.

1. Unterschiedliche Auffassungen über den Rechtsgrund.

Während nach überkommener Ansicht als Rechtsgrund der Zusicherungshaftung der verpflichtende Charakter des vertraglichen Garantieversprechens im Vordergrund steht[45], liegt nach anderer Ansicht der Zusicherungshaftung der allgemeine Rechtsgrund der Gewährleistung zugrunde. Wegen der weitergehenden Rechtsfolge sei die Zusicherung gegenüber der Fehlerhaftung nach § 459 Abs.1 BGB nur eine besonders intensive Form des Leistungsversprechens[46].

a) Gewährleistungs- und Erfüllungstheorie.

Zum Rechtsgrund der Sachmängelgewährleistung beim

----

43) Maßgeblich Flume, Eigenschaftsirrtum, S.33,41, 47 ff.; vgl. auch Raape, AcP 15o (1949), S.481; Fabricius, JZ 1967, S.464,47o; Graue, S.187 ff., 265 ff.; Herberger, S.6o ff.; Köndgen, S.314; Hensche, S.8; MK-Westermann, § 459 Rdnr.2; Staudinger/Honsell, Vor § 459 Rdnr.11; Erman/Weitnauer, Vor § 459 Rdnr.35.

44) Ebensowenig allerdings auch aus der Tatsache, daß in nachklassischer Zeit von Justinian der Unterschied zwischen dicta und promissa weitgehend beseitigt, unter promissum nunmehr eine einseitige, formlose Zusicherung verstanden wurde, die nur im Fall bloßer Anpreisung irrelevant war. Vgl. Kaser, 2.Abschnitt, § 264 V 2, S.393 Fn.75;Bichlmeier, S.32.

45) Nachweise s.oben 1. Abschnitt, 1. Kapitel I.

46) Herberger, S.65,124 ff.; zustimmend Köndgen, S. 315 Fn.41.

Kauf sind unter den zwei Begriffen Gewährleistungs- und Erfüllungstheorie drei Ansichten zu unterscheiden. Die Gewährleistungstheorie verneint eine Erfüllungspflicht des Verkäufers auf mangelfreie Lieferung. Dabei geht ein Teil ihrer Vertreter davon aus, daß schon eine vertragliche Verpflichtung auf mangelfreie Leistung nicht bestehe[47]. Dagegen ist nach der von Flume begründeten Meinung zwar kein Erfüllungsanspruch gegeben, dennoch sei der Kaufvertrag auf mangelfreie Lieferung gerichtet[48]. Die mangelhafte Lieferung sei Vertragsbruch, nur korrespondiere der Vertragspflicht keine entsprechende Erfüllungspflicht. Nach der Erfüllungstheorie[49] ist die mangelhafte Lieferung beim Spezieskauf wie beim Gattungskauf (teilweise) Nichterfüllung des Vertrages. Die Regeln wegen Leistungsstörungen seien durch §§ 459 ff. BGB als Ersatzerfüllungsansprüche verdrängt.

----

47) Süß, S.1o ff., insbes. 48 ff.; Korintenberg, Erfüllung, S.1o ff,16; anders aber ders., Abschied, S.32 f.; Locher,AcP 121 (1923), S.1 ff.; Oertmann, Geschäftsgrundlage, S.71 ff.; Raape, AcP 15o (1949), S.481,483; Enneccerus/Lehmann, § 1o8 I, S.43o ff.; Soergel/Ballerstedt, Vor § 459 Rdnr. 12 ff.; Staudinger/Honsell, Vor § 459 Rdnr.11; Palandt/Putzo, Vor § 459 Anm.2; Esser/Weyers, SchR BT 1, § 5 I 1 a, S.32; Fikentscher, SchR, § 7o I, S.376; Larenz, SchR II, § 41 II c, S. 6o ff.

48) Flume, Eigenschaftsirrtum, S.41.

49) Adler, ZHR 75 (1914), S.453; AK-Reich, Vor § 459 Rdnr.48; BGB-RGRK-Mezger, § 459 Rdnr.3; Brox/Elsing, JuS 1976, S.1,2; Brox, Einrede, S.7o ff.; Erman, JZ 196o, S. 41; Erman/Weitnauer, Vor § 459 Rdnr.35; Graue, S. 278 ff,287 ff.; Herberger, S. 2o ff.; Korintenberg, Abschied, S.69 ff.; Peters, JZ 1978, S.94.

b) Folgerungen aus dem Rechtsgrund der Gewährleistung für das Verständnis der Zusicherung.

Diese nur skizzenhafte Wiedergabe soll hier ausreichen, um das unterschiedliche Verständnis der Zusicherung als Rechtsgrund für die Schadensersatzhaftung des Verkäufers mangelhafter Ware zu erläutern.
Geht man mit der Erfüllungstheorie davon aus, daß auch beim Spezieskauf eine Erfüllungspflicht hinsichtlich der Mangelfreiheit besteht, stellt die mangelhafte Lieferung eine (teilweise) Nichterfüllung dar. Die allgemeinen Vorschriften über die Leistungsstörungen finden wegen des Sonderregelungscharakters der §§ 459 ff. BGB keine Anwendung. Für den Fall der Zusicherung kann aber nach § 463 S.1 BGB der Käufer sein Erfüllungsinteresse geltend machen. Der Rechtsgrund der Gewährleistung soll auch die Rechtsfolge des § 463 S.1 BGB erklären. Diese soll auf der (nicht durchsetzbaren) Verpflichtung beruhen, die Kaufsache mit den bestimmten Eigenschaften zu liefern[5o)], also auf der Nichterfüllung des Leistungsversprechens[51)].

5o) Nach der Konzeption des Leistungsstörungsrechts ist eine Schadensersatzpflicht in Höhe des Erfüllungsinteresses gerade nicht an die bloße Nichterfüllung geknüpft. Weiter sollen die Voraussetzungen der Unmöglichkeit und des Verzuges vorliegen. Diese Konzeption ist bereits wegen der gewohnheitsrechtlichen Anerkennung der positiven Vertragsverletzung aufgelöst. Ist ein Mangel der Kaufsache behebbar, liegt zwar keine Unmöglichkeit vor, das Absehen von dem Unmöglichkeitserfordernis ergibt sich aber daraus, daß der Käufer nicht zunächst auf ein Nachbesserungsrecht verwiesen werden soll.Von daher ist ein besonderes Schadensersatzversprechen als Rechtsgrund des § 463 S.1 BGB nicht zwingend.

51) Herberger, S.124 ff.,126.

Leugnet man mit der ursprünglichen Gewährleistungstheorie jeden Bezug zwischen der Kaufvereinbarung und der Beschaffenheit der Spezies, läßt sich die Rechtsfolge des § 463 S.1 BGB -Schadensersatz wegen Nichterfüllung- auf dem Boden der bloßen Vereinbarung auf Übergabe und Übereignung dieser Sache nicht erklären. Während mannigfaltige Versuche unternommen wurden, Wandlung und Minderung auf einen anderen Rechtsgrund als die Nichterfüllung des Leistungsversprechens zu stützen[52], war der Grund für die Schadensersatzhaftung im Fall der Zusicherung in Form des Schadensersatzversprechens schnell bei der Hand.

2. Der Vertrag als Rechtsgrund der Fehlerhaftung.

Das Verständnis der kaufrechtlichen Sachmängelhaftung hat im Anschluß an Flume[53] eine entscheidende Änderung erfahren. Übereinstimmend wird heute, auch soweit eine Leistungspflicht des Verkäufers auf mangelfreie Lieferung verneint wird, die Kaufvereinbarung auf die Beschaffenheit der Spezies erstreckt[54]. Damit ist die auf von Savigny[55] und Zitelmann[56] zurückgehende Lehre überwunden, wonach die Spezies mit ihren Eigenschaften nicht Gegenstand des Willens sein könne, da dieses Objekt "so oder so sei, diese oder jene Eigenschaften habe"[57]. Eine Sache ist im Gegenteil gerade durch ihre Eigenschaften bestimmt. Nicht neutrale Gegenstände sind von der Kaufverein-

----

52) S. die Nachweise oben Fn.47.

53) Flume, Eigenschaftsirrtum, S.33,41,47 ff.

54) Vgl. Larenz, SchR II, § 41 II e, S.6o,62; Staudinger/Honsell, Vor § 459 Rdnr.11; MK-Westermann, § 459 Rdnr.2; Enneccerus/Lehmann, § 1o8 I, S. 431 f.; Raape, AcP 15o (195o), S.481 ff.; Fabricius, JZ 1967, S.464,47o; Graue, S.187 ff.,265 ff.; Herberger, S.6o ff.; Hensche, S.8 f.

55) V. Savigny, Band III §§ 137,138, Beil. 8,34; vgl. dazu Flume, S.12;

56) Zitelmann, S.435 ff.; vgl.dazu Herberger, S.3o f.;

57) Vgl. etwa Süß, S.27,19o Anm.1, S.226; M. Wolf, IherJb 56 (1912), S.5.

barung erfaßt, sondern Gegenstände von einer bestimmten Beschaffenheit[58]. Diese Erkenntnis wird im Rahmen des § 459 Abs.1 BGB durch das heute fast allgemein anerkannte[59] subjektive Fehlerverständnis berücksichtigt.

3. Übertragung des neueren Verständnisses der Fehlerhaftung auf § 463 S.1 BGB.

Bejaht man eine Leistungspflicht des Verkäufers auf mangelfreie Lieferung, ist zu fragen, ob man dieses Verständnis der Fehlerhaftung mit Herberger[6o] auf § 463 S.1 BGB übertragen, den Rechtsgrund der Zusicherungshaftung allein in dem Verstoß gegen das Leistungsversprechen sehen kann. Die Rechtsfolge des § 463 S.1 BGB enthielte dann nicht die Erweiterung, sondern § 462 BGB die Einschränkung eines allgemeinen Prinzips. Zu fragen ist, inwieweit die fehlende Verschuldensvoraussetzung der Sachmängelgewährleistung des Verkäufers mit dem allgemeinen Leistungsstörungsrecht in Einklang steht. Die Gewährleistungsrechte der Wandlung und Minderung lassen sich, ohne daß den Verkäufer ein Schuldvorwurf zu treffen hätte, aus der gestörten Äquivalenz von Leistung und Gegenleistung erklären[61],

----

58) Vgl. dazu auch den bekannten Fall RGZ 99, S.147 ("Haakjöringsköd"); dazu ausführlich Flume, Eigenschaftsirrtum, S.21 ff.

59) Vgl. nur MK-Westermann, § 459 Rdnr.7 ff.; Staudinger/Honsell, § 459 Rdnr.12 m.N.; Kritik am subjektiven Fehlerbegriff jetzt durch Knöpfle, JZ 1978, S.121 ff.; ders.,AcP 18o (198o), S.162 ff.

6o) Herberger, S.124 ff.,126; zustimmend Köndgen, S.315 Fn.41; Schaumburg, S.66.

61) Larenz, SchR II, § 41 II e, S.62; Soergel/Ballerstedt, Vor § 459 Rdnr.15; Staudinger/Honsell, Vor § 459 Rdnr.11.

nicht aber die Haftung auf das positive Interesse nach § 463 S.1 BGB[62]. Eine verschuldensunabhängige Haftung auf das positive Interesse bei Nichterfüllung des Leistungsversprechen trifft den Schuldner nach h.M.[62a] im Fall des anfänglichen Leistungsunvermögens. § 463 S.1 bzw. § 48o Abs.2 BGB liegen aber nicht nur Fälle anfänglichen Leistungsunvermögens zugrunde. Ein nur in der Person des Verkäufers liegendes Leistungshindernis i.S. des Unvermögens kommt in Betracht, wenn beim Gattungskauf die Kaufsache nicht der Gattungsbeschaffenheit entspricht. Ein objektives Leistungshindernis i.S. der Unmöglichkeit liegt dagegen vor, wenn der Verkäufer eine Eigenschaft der Gattungssache zusichert, die die jeweilige Gattung nicht aufweist,

----

62) Keine Rückschlüsse können aus § 463 S.2 BGB gezogen werden. Der Ersatzanspruch in Höhe des positiven Interesses folgt nach der Formulierung von Flume daraus, daß der arglistig Handelnde die Geltung des gegebenen Wortes behauptet (Flume, Allg. Teil, § 27.5, S.533 f.; ders., Eigenschaftsirrtum, S.54 f. (Vertragsbruch); ebenso Schaumburg, S.65 ff.; nach Evans-v. Krbek, AcP 179 (1979), S.84,12o, gestalte § 463 S.2 BGB die Anzeigepflicht des Verkäufers zu einer Nebenpflicht). Das kommt im Ergebnis aber der wenig überzeugenden Annahme der Fiktion einer Garantie des arglistigen Verkäufers (so Diederichsen, AcP 165 (1965), S.15o,161) gleich. Nach Canaris (Vertrauenshaftung, S.28o ff.; ders., ZGR 1982, S.395,414) ist § 463 S.2 BGB Teil eines übergreifenden Rechtsinstituts der Erfüllungshaftung kraft dolosen Verhaltens. Die Erwägung des Gesetzgebers, den Verkehr mit empfindlichen Nachteilen für den unredlichen Veräußerer zu schützen (Mot. II, S.229), hat Strafsanktionscharakter und trägt die Rechtsfolge nicht. (Zur Kritik an der Regelung s. Haymann, Festgabe Reichsgericht III, S.317,334 ff.; Graue, S.282; Medicus, Festschrift Kern, S.313, 316 f.).

62a) Vgl. nur BGH, NJW 1983, S.275.

beim Spezieskauf generell, wenn die Sache mangelhaft und der Mangel nicht zu beheben ist.
Es bietet sich ein Vergleich mit § 538 Abs.1 BGB an. Die Haftung des Vermieters für anfängliche Mängel der Mietsache wird als Fall einer gesetzlichen Garantiehaftung bezeichnet, während bei § 463 BGB die Garantie vertraglicher Natur sein soll[63]. Diese Unterscheidung ist wenig aussagekräftig, da auch die gesetzliche Haftung nach § 538 Abs.1 BGB an den Mietvertrag anknüpft[64]. Der Unterschied besteht darin, daß der Vermieter für anfängliche Mängel der Mietsache ohne Verschulden einzustehen hat, weil nach der Wertung des Gesetzgebers der Mietvertrag eine entsprechende Leistungsverpflichtung enthält. Der Vermieter haftet ohne Verschulden dafür, daß die Mietsache die vertraglichen Eigenschaften aufweist, es sei denn, die Mängel entstehen erst nach Vertragsschluß. Eine solche Garantie der Erfüllung übernimmt der Verkäufer nach der Grundkonzeption der Sachmängelhaftung nicht. Der Verkäufer soll nicht einmal nach Verschuldensgrundsätzen auf Schadensersatz haften, sofern er keine Eigenschaft zugesichert hat. Eine Zurückführung des § 463 S.1 BGB auf den Verstoß gegen das Leistungsversprechen des Verkäufers setzte voraus, daß im Fall der Zusicherung eine strengere Erfüllungspflicht als bei bloßer Eigenschaftsvereinbarung zu bejahen wäre. Der eine Eigenschaft zusichernde Verkäufer kann aber nicht mehr verpflichtet sein, eine der Kaufvereinbarung entsprechende Sache zu leisten, als der keine Zusicherung abgebende Verkäufer. Beide sind gleichermaßen verpflichtet mit dem Unterschied, daß bei Nichterfüllung der Zusichernde

----

63) BGH, NJW 1962, S.9o8,9o9.

64) Krampe, S.45.

einer strengeren Haftung ausgesetzt ist. Es soll daher der Ansicht gefolgt werden, die den Rechtsgrund der Zusicherungshaftung in einer neben dem eigentlichen Leistungsversprechen einhergehenden besonderen Erklärung sieht[65]. Die allgemein befürworteten, zur Annahme einer Zusicherung maßgeblichen Kriterien, wie das besondere Vertrauen des Käufers gegenüber der Aussage eines sachkundigen Verkäufers oder die Tatsache, daß der Verkäufer zu erkennen gibt, daß die Kaufsache die Eigenschaften besitzt, die für den Käufer von besonderer Bedeutung sind[66], zeigen, daß die Assoziation von einer Art Auskunftshaftung nicht verfehlt ist[67].

Unabhängig von den Ansichten über den Rechtsgrund der Gewährleistung basiert die Haftung nach § 463 S.1 BGB nicht allein auf der Nichterfüllung des Leistungsversprechens, sondern Grundlage ist eine neben die Zusage auf Übertragung der vertraglich bestimmten Sache tretende besondere Erklärung des Verkäufers.

4. Inhalt der Zusicherung als neben dem eigentlichen Kaufvertrag stehende Erklärung.

Zu fragen ist, ob die Vorstellung von der Zusicherung als neben dem eigentlichen Kaufvertrag stehende Erklärung notwendig ein Garantieversprechen impliziert.

----

65) Flume, Eigenschaftsirrtum, S.48.

66) Vgl. die Fallgruppenbildung von Semler, NJW 1976, S.4o6 ff.

67) Dagegen aber ausdrücklich Köndgen, S.315.

a) Ältere, von Garantieversprechen absehende Auffassungen.

Eine erweiterte Auffassung des Zusicherungsbegriffes unter Abkehr von der Garantievoraussetzung ist auch schon im älteren Schrifttum vertreten worden[68]. Rabel begreift die Zusicherung zwar als Teil des Geschäfts, also als Parteivereinbarung. Das wesentliche Merkmal ist für ihn aber die Kausalität für den Kaufentschluß, nicht ein Verpflichtungswille des Verkäufers. Maßgeblich sei, ob sich ein verständiger Käufer auf die Erklärung verlassen durfte. Die Zusicherung, so Rabel, "stellt sich als natürliche Konsequenz dessen dar, daß nicht ein Versprechen erklärt zu werden braucht, sondern nur eine tatsächliche Behauptung, die von dem Käufer als solche angenommen wird"[69]. Ähnlich formulierte vorher schon Dernburg. Eine Eigenschaft sei zugesichert, wenn der Verkäufer der Kaufsache eine bestimmte Eigenschaft derart zuschrieb, daß der Käufer Grund hatte, hierauf zu bauen. Die Haftung des Verkäufers gründe nicht auf einer Vertragsstipulation, sondern sie wurzele in Treu und Glauben, um die Lauterkeit des Verkehrs zu sichern[7o]. Nach Oertmann ist die Zu-

----

68) Nicht eingegangen werden soll hier auf die sog. Lehre von der Zusicherung als assertorischer Behauptung, die einen dualen Zusicherungsbegriff gem. § 459 Abs.2 einerseits und § 463 S.1 BGB andererseits vertrat (Crome, AcP 78 (1892), S. 122,14o ff.; Pisko, S.21; M.Wolff, IherJb 56 (191o), S.1,44 ff.; Haymann, Festgabe Reichsgericht III, S.317,336 ff.; Leonhard, Bes.SchR, § 23, S.51 ff.; neuerdings wieder Knöpfle, AcP 18o (198o), S.462,5o2 ff.). Gegenstand der Diskussion ist dabei die Fehlerhaftung nach § 459 Abs.1 BGB. Subjektive Kriterien sollen in die Bestimmung der Mangelhaftigkeit nicht über § 459 Abs.1, sondern Abs. 2 BGB einfließen. Die Zusicherung nach § 463 BGB sei dagegen Garantieversprechen (vgl. Knöpfle, a.a.O., S.5o3).

69) Rabel, Band II, §§ 8o,81, S.132 ff., insbes. S.148 ff.

7o) Dernburg, § 184 III, S.66.

sicherung in Abgrenzung zur einseitigen, bloßen Eigenschaftsangabe eine (einseitige) Garantieübernahme, nicht aber notwendig ein auf Garantie gerichteter Nebenvertrag. Inhalt der Garantie sei aber nicht die Übernahme einer Einstandspflicht. Die Folgen des Fehlens der zugesicherten Eigenschaft träten von Gesetzes wegen ein[71]. Auch von Tuhr sieht eine Zusicherung gegeben, wenn eine Aussage ernstlich gemeint und mit entsprechender Glaubhaftigkeit abgegeben sei. Die Verbindlichkeit der Zusicherung ergebe sich nicht aus einem Garantieversprechen, sondern die Einstandspflicht sei eine gesetzliche. Der zugrundeliegende Rechtsgedanke sei der, daß der Verkäufer für die Richtigkeit der Mitteilung einzustehen habe[72].

b) Der Vergleich mit der Auskunftshaftung.

Die Assoziation von der Zusicherungshaftung als einer Art Auskunftshaftung, wird durch diese Bemerkungen bestätigt. Der Vergleich mit der Haftung für unrichtige Auskunft darf nun allerdings nicht zu dem Rückschluß verleiten, die hier von der Rechtsprechung vorgenommene Konstruktion eines Haftungsvertrages gelte auch für die Zusicherung.

aa) Kritik an der Konstruktion eines Auskunftsvertrages.

Im Gegenteil hat sich gerade bei der Haftung für Auskunft außerhalb eines bestehenden Schuldverhältnisses,stärker als bei der Zusicherung des Verkäufers, Kritik an der vom Reichsgericht begründeten

----

71) Oertmann, § 459 Anm. 5 a.

72) V. Tuhr, Allg. Teil, S.117 Fn.93 und S.636 Fn.185.

und vom Bundesgerichtshof fortgesetzten Rechtsprechung[73] erhoben, die Haftung für unrichtige Auskunft stütze sich auf einen Beratungsvertrag[74]. Neben dem Hinweis, daß sich der Auskunftgeber nicht zu einer Leistung verpflichte und damit allenfalls ein Schuldverhältnis ohne primäre Leistungspflicht, also nur ein Haftungsversprechen, vorliegen könne [75], wird die Vertragskonstruktion überwiegend, in der neueren Literatur fast einmütig, als unhaltbare Fiktion verworfen[76].

bb) Das Problem der "Quasi-Vertretungshaftung".

Die Begründung einer Vertragshaftung ohne Rechtsbindungs- und Rechtsfolgewillen führt dazu, neben der

----

73) RGZ 1o1, S.287,3o1; BGHZ 7, S.371,374.; BGH,NJW 1962, S.15oo; 197o, S.1737; 1972, S.12oo; 1973, S. 321,323; BGHZ 74, S.1o3,1o6.

74) In neueren Entscheidungen wird allerdings nur noch auf die Haftung abgestellt. Vgl. BGHZ 74, S.281,29o: "Rechtsgeschäftliche Komponente einer Zeugniserteilung"; BGH, NJW 1979, S.1595,1596: Bankauskunft als "rechtsgeschäftlich verbindliche Erklärung"; s. jüngst BGH, NJW 1983, S.276.

75) GK-HGB-Canaris, Bankvertragsrecht, Rdnr.88; Larenz, SchR II, § 56 I, S.333.

76) Bohrer, S.27 ff.; Hopt, Festschrift Fischer, S. 237 ff.; Lammel, AcP 179 (1979), S.337,339 ff.; Larenz, a.a.O., S.333; Lorenz, Festschrift Larenz, S.575,616 ff.; vgl. auch Erman/Hauß, § 676 Rdnr.4; AK-Joerges, § 676 Rdnr.4; Staudinger/Wittmann, § 676 Rdnr.7; K. Huber, Festschrift v.Caemmerer, S.359,368 ff.; Stoll, Festschrift Flume, S.741, 764 ff.; v. Bar, S.23o ff.; Grunewald, JZ 1982, S.627 ff.; Für die Beratungsvertragslösung Musielak, S.9 ff.; der Rechtsprechung stimmen ohne dogmatische Überlegungen zu: Ebeling, WM 1955, S.1366; Glaser, JR 1971, S.365,366; Locher, JZ 1975, S.419,42o; ders., NJW 1969, S.1567,1568; Wunderlich, MDR 1975, S.1o2,1o3 ff.

Selbstbindung durch Rechtsgeschäft und der Haftung aus Delikt eine dritte Stufe "quasi-vertraglicher" Verpflichtung anzuerkennen.

(a) Problembereiche.

Das Zustandekommen vertraglicher Bindung ohne entsprechenden Rechtsfolgewillen wurde von der Lehre vom faktischen Vertrag propagiert. Danach sollten vertragliche Erfüllungsansprüche nicht notwendig auf eine Einigung der Vertragspartner zurückzuführen sein[77]. Diese Lehre hat sich zu Recht nicht durchsetzen können[78]. Soweit in letzter Zeit eine Ergänzung des Prinzips gefordert wird, daß die vertragliche Bindung die Einigung über die Rechtsfolge voraussetze, geht es nicht um die Begründung vertraglicher Erfüllungsansprüche, sondern darum, eine im Einzelfall als notwendig erachtete Schadenshaftung auf eine vertragliche Grundlage zu stützen[79]. Dabei handelt es sich neben den fest etablierten Fällen der Verletzung von Verkehrssicherungspflichten des Sachhalters im Rahmen eines Vertragsanbahnungsverhältnisses[8o] sowie der Einbeziehung Dritter in das vertragliche Schutzpflichtverhältnis[81] maßgeblich um die Haftung für Werbung, die Haftung für Rat, Auskunft und Gutachten und die Eigenhaftung

----

77) Die Lehre geht zurück auf Haupt, Über praktische Vertragsverhältnisse, 1941; vgl. auch S. Simitis, Die faktischen Vertragsverhältnisse, 1957.

78) Dagegen vgl. Esser/Schmidt, SchR AT, § 1o II, S.112 ff.; Flume, Allg.Teil, § 8.2, S.97 ff.; Fikentscher, SchR, § 18 III, 3,4, S.56 ff.; Medicus, Bürgerl. Recht, Rdnr.188 ff.

79) Vgl. Köndgen, Selbstbindung ohne Vertrag, 1981; M. Lehmann, Vertragsanbahnung durch Werbung,1981; v. Bar, Vertragspflichten, 198o, spricht sich für eine deliktsrechtliche Lösung aus.

8o) Linoleumrollen- und Bananenschalen-Fälle, vgl. RGZ 78, S.239; BGH, NJW 1962, S.31; BGHZ 66, S.51.

81) BGH, NJW 1959, S.1676; BGHZ 49, S.353.

von Sachwaltern (Vertretern) aus dem Gesichtspunkt der culpa in contrahendo[82].

(b) Inanspruchnahme von Vertrauen als Haftungsgrund.

Mit Ausnahme der Fallgruppe des Vertrages mit Schutzwirkung zugunsten Dritter, der auf dem weiteren[83] Prinzip von Treu und Glauben aufbaut[84], wird im übrigen die Haftungsgrundlage überwiegend in der Inanspruchnahme von Vertrauen gesehen[85].
Gegen den Gesichtspunkt des enttäuschten Vertrauens ist eingewendet worden, hierdurch werde von vornherein keine dogmatische Einordnung erreicht[86].
Der Gedanke des Vertrauensschutzes sei bloß ein "topos"[87], kein Rechtsprinzip[88].
Der Vertrauensgedanke ist der gesamten Rechtsordnung, insbesondere der Rechtsgeschäftslehre[89], immanent. Es ist die elementare Aufgabe der Rechtsordnung, Vertrauen zu ermöglichen und zu schützen. Allerdings bestimmt das Vertrauensprinzip nicht allein den Inhalt der Rechtsordnung . So steht es neben dem Prinzip der Privatautonomie und tritt hinter das Prinzip des Minderjährigenschutzes zurück[9o]. Den Versuch einer systematischen Erfassung

----

82) Vgl. Köndgen, S.284 ff.,352 ff.,4o3 ff.; Bohrer, S.7 ff.,31ff.; speziell zur Werbung, M.Lehmann, Vertragsanbahnung; Überblick bei v. Bar, JuS 1982, S.637 ff.; Brüggemeier, AG 1982, S.268 ff.

83) Vgl. Larenz, Methodenlehre, S.461.

84) Canaris, JZ 1965, S.475,478; Larenz, SchR I, § 17 II, S.21o.

85) Vgl. nur für die Auskunftshaftung: Staudinger/Wittmann, § 676 Rdnr.7; GK-HGB-Canaris, Bankvertragsrecht, Rdnr.89; Erman/Hauß, § 676 Rdnr.4; Lorenz, Festschrift Larenz, S.575,615.

86) Vgl. Flume, Eigenschaftsirrtum, S.44; Herberger, S.44 f.

87) Nach Viehweg, S.1o,18,19 ein "gängiges Argument".

88) Vgl. Weitnauer, AcP 168 (1968), S.2o7,213 f.

89) Vgl. Canaris, Vertrauenshaftung, S.412; E.Schmitz, S.41.

9o) Larenz, Methodenlehre, S.461.

der "Vertrauenshaftung", hat maßgeblich Canaris[91] unternommen, dessen Arbeit heute bereits als nicht differenziert genug angesehen wird, um die Fülle der Fragestellungen im Bereich "quasi-vertraglicher" Haftung zu lösen[92]. Zur Lösung eines Einzelproblems wurde der Vertrauensgesichtspunkt zur Begründung der Haftung des Warenherstellers gegenüber dem Endverbraucher herangezogen[93]. Diese Vorschläge haben durch die Rechtsprechung bekanntlich keine Anerkennung erfahren[94]. In anderen Fällen ist auch die Rechtsprechung bereit, dem Vertrauensgesichtspunkt haftungsbegründende Wirkung beizumessen. So wird maßgeblich die Eigenhaftung eines Vertreters aus culpa in contrahendo auch auf die Inanspruchnahme persönlichen Vertrauens gestützt[95]. In einem Fall eines, an den Vertragsverhandlungen beteiligten Dritten, spricht der Bundesgerichtshof von "nachvertraglicher Vertrauenshaftung", weil der Dritte einem Vertragsteil nach Vertragsschluß wesentliche Informationen nicht gegeben hatte[96]. Wie weit der Bundesgerichtshof bei der Anerkennung vertraglicher Schadensersatzansprüche ohne förmliche Vertragsgrundlage auf Grund geschäftsbezogenen Handelns geht, zeigen auch die Entscheidungen zur Haftung wegen unrichtiger oder

----

91) Canaris, Vertrauenshaftung, 1971; s.a. v.Craushaar, Der Einfluß des Vertrauens auf die Privatrechtsordnung, 1969.

92) Brüggemeier, AG, 1982, S.268,269.

93) Canaris, JZ 1968, S.494,5oo; Lorenz, Karlsruher Forum, S.8,13; Rehbinder, BB 1965, S.439; Diederichsen, Haftung, S.297 ff.

94) BGHZ 51, S.91,1oo.

95) Vgl. BGH, LM Nr.4 zu § 276 (Fa) BGB; BGHZ 6o, S.221,223; von neueren Entscheidungen vgl. BGH, NJW 1978, S.1625; NJW 1979, S.1449; NJW 1981, S.1266. Grundlegend Ballerstedt, AcP 151 (1951), S.5o1,5o6; abweichend jetzt E. Schmitz, insbes. S.29 ff.

96) BGHZ 7o, S.337.

unvollständiger Emissionsprospekte für Kapitalanlagen, insbesondere wegen Werbung für die Beteiligung an einer Publikums-KG. Die Verantwortlichkeit einer Person wird hier auf deren tatsächlichen Einfluß gestützt, sei es bei den das Management beherrschenden Initiatoren, Gründern oder Gestaltern der Gesellschaft [97] oder auch der Personen, die hinter der Gesellschaft (Publikums-KG oder Komplementär-GmbH) stehen[98]. Dabei ist es nicht einmal erforderlich, daß die Bedeutung und die Einflußnahme einer Person dem Kapitalanleger bekannt war. Auf Grund der im Schrifttum vorgebrachten Kritik[99], nicht am Ergebnis, sondern an der Herleitung der Haftung aus dem Gesichtspunkt des enttäuschten Vertrauens im Rahmen des Rechtsinstituts der culpa in contrahendo, stellte der Bundesgerichtshof klar, daß über ein Vertrauen gegenüber einer bestimmten Person auch ein Vertrauen Grundlage einer Haftung sei, die sich "aus einer Art Garantenstellung herleitet, die kraft Amtes oder Berufes entsteht oder auf einer besonderen Fachkunde oder einer allgemein anerkannten hervorgehobenen beruflichen und wirtschaftlichen Stellung beruht"[1oo].

Faßt man die Äußerungen zu den verschiedenen Problembereichen zusammen, so wird die grundsätzliche Eignung des Vertrauensgesichtspunkts als haftungsbegründendes Element nicht bezweifelt, sondern im Vordergrund steht die Frage, in welchen Fällen das Vertrauen Haftungstatbestand ist.

----

97) BGHZ 71, S.284,287 ff.

98) BGHZ 72, S.382,387.

99) Wiedemann/Schmitz, ZGR 198o, S.142.

1oo) BGH, NJW 1981, S.145o.

c) Folgerungen für die Haftung nach § 463 S.1 BGB.

Bei der Zusicherungshaftung des Verkäufers geht es allerdings nicht darum, eine Schadensersatzhaftung unabhängig von einer rechtsgeschäftlichen Vereinbarung oder normativen Grundlage zu konstituieren. Gegenstand der Fragestellung ist hier die innere Rechtfertigung der erweiterten Haftung des eine Zusicherung abgebenden Verkäufers über die normale Mängelgewährleistung und auch die allgemeine Nichterfüllungsregelung hinaus. Deshalb steht die Zusicherungshaftung aus dogmatischer Sicht nicht in einer Reihe mit den Fällen der Auskunftshaftung außerhalb einer Vertragsbeziehung, der Werbung des Herstellers für sein Produkt und der Vertreter- und Sachwalterhaftung[lo1].

Naheliegender erscheint die Heranziehung des Vertrauensgedankens hier unter dem Aspekt der Gesetzesauslegung. Das Vertrauensschutzprinzip gehört neben anderen[lo2] zu den objektiv-teleologischen Kriterien der Gesetzesauslegung. Solche Prinzipien sind objektive Rechtsgedanken, die die Rechtfertigung und den Grund des spezifisch-rechtlichen Sinnes einer Rechtsnorm darstellen[lo3]. Die für eine Vertrauenshaftung erforderliche Zurechnung des Vertrauenstatbestandes ergibt sich bei der Zusicherung aus dem Gedanken, daß der Verkäufer das

----

lo1) Nebeneinander stellt diese Fälle Köndgen, S.31o ff.

lo2) Etwa das Prinzip der Gleichbehandlung, das Prinzip des Einstehens für Unzulänglichkeiten des eigenen Geschäftskreises; vgl. Larenz, Methodenlehre, S.322 ff.

lo3) Larenz, Methodenlehre, S.325 f.; Esser, Grundsatz, S.274 f.; v. Craushaar, S.5,7; Lenz, S.19; Bichlmeier, S.87.

Risiko[1o4] der Richtigkeit seiner Zusage besser als der Käufer beherrscht. Ein Vertrauensschutz setzt weiter voraus, daß das Vertrauen berechtigt war[1o5].

5. Konkretisierung des Vertrauensgedankens.

a) Bedenken gegen die Praktikabilität des Vertrauensgesichtspunkts.

Bedenken gegen das Prinzip des Vertrauensschutzes als Unterscheidungsmerkmal zwischen Fehlerhaftigkeit nach § 459 Abs.1 BGB und der Zusicherung nach §§ 459 Abs.2, 463 S.1 (48o Abs.2) BGB könnten sich ergeben aus zwei Gesichtspunkten. Zunächst ist zu fragen, ob das Vertrauensprinzip alle in Betracht kommenden Fälle von Zusicherungen erfaßt[1o6]. So sind Geschäftsbeziehungen häufig nicht durch persönlichen Kontakt zwischen den Vertragsparteien geprägt, insbesondere beim Kauf nach Katalogbeschreibung oder Warenauszeichnung im SB-Markt. Zudem wird konstatiert, daß zunehmend eine kritischere Einstellung des Warenabnehmers gegenüber dem Produktanbieter besteht[1o7]. Damit einhergehend könnte

----

1o4) Zu den Prinzipien der Vertrauenszurechnung vgl. Canaris, Vertrauenshaftung, S.473 ff.

1o5) Vgl. Canaris, Vertrauenshaftung, S.5o3 ff.; ausführlich Bichlmeier, S.114 ff., 12o ff.

1o6) Bei den zur Entscheidungshilfe über das Vorliegen einer Zusicherung gebildeten Fallgruppen sollen unter dem Stichwort des Vertrauens die Fälle besonderer Sachkunde des Verkäufers erfaßt werden. Die weitere Fallgruppe der besonderen Bedeutung der Eigenschaft, insbesondere für den vertraglichen Verwendungszweck, wird als eigenständig aufgeführt (vgl. Semler, NJW 1976 S.4o6,4o7 f.; MK-Westermann, § 459 Rdnr. 62-64; Staudinger/Löwisch, § 459 Rdnr.78-8o).

1o7) Köndgen, S.2o6 spricht von Erosion von Personenvertrauen und Primärbeziehungen.

gegen die Praktikabilität des Vertrauensgesichtspunkts eingewendet werden, daß hiermit an die Stelle des Verpflichtungswillens nach der Vorstellung von der Zusicherung als Garantieversprechen eine andere, innere Tatsache tritt, deren Vorliegen noch schwieriger feststellbar ist.

b) Der Gesichtspunkt des Vertragsbruchs.

Unabhängig von der dogmatischen Einordnung der Zusicherungshaftung als Folge vertraglicher Nichterfüllung oder besonderer Erklärungshaftung[lo8)], ist jedenfalls eindeutig, daß das Vorliegen einer Zusicherung sich nach den Vertragsabreden bemißt, seien sie Gegenstand des eigentlichen Kaufvertrages oder einer daneben stehenden zusätzlichen Erklärung. Ausgehend von der Vertragsvereinbarung hat Baumann vorgeschlagen, die Zusicherung unter Zuhilfenahme des Gedankens des Vertragsbruchs festzustellen[lo9)]. Vereinbarten die Vertragsparteien eine Eigenschaft der Kaufsache als "essentielle, kardinale Eigenschaft" und machten sie derart zum Vertragsinhalt, "daß das Fehlen dieser Eigenschaft im maßgeblichen Zeitpunkt ohne weiteres, ohne 'Wenn und Aber' als Vertragsbruch anzusehen ist", sei eine Zusicherung zu bejahen.
Als Auslegungsregel, wie Baumann sie versteht, kann diese Definition kaum dienen. Denn wann eine Eigenschaft als nach dem Vertragsinhalt essentiell und kardinal zu werten ist, hängt wiederum von äußeren, nicht näher dargelegten Umständen ab, insbesondere auch davon, daß der Verkäufer eine Eigenschaft, auf

----

lo8) Dazu s. oben III 3,4.
lo9) Baumann, Festschrift Sieg, S.15,22 f.

die der Käufer Wert legt, als essentiell anerkennt[110]. Der Gesichtspunkt des Vertragsbruchs zeigt den Unterschied zur Fehlerhaftigkeit nach § 459 Abs.1 BGB nicht auf. Als Folge des subjektiven Fehlerverständnisses ist auch die bloß fehlerhafte Ware nicht vertragsgerecht[111]. Parallelität besteht zu den Regelungen des EKG und des Einheitlichen UN-Kaufrechts. Das EKG unterscheidet zwischen Vertragswidrigkeit und wesentlicher Vertragsverletzung. Verstößt der Verkäufer gegen eine seiner Pflichten gem. Art. 33 EKG, kann der Käufer gem. Art. 41 EKG auf Vertragserfüllung bestehen, Wandlung oder Minderung verlangen; Wandlung, also die Aufhebung des Vertrages gem. Art. 43 EKG allerdings nur, wenn eine wesentliche Vertragsverletzung vorliegt. Eine wesentliche Vertragsverletzung liegt nach Art. 1o EKG vor, "wenn die Partei, die sie begangen hat, im Zeitpunkt des Vertragsschlusses gewußt hat oder hätte wissen müssen, daß eine vernünftige Person in der Lage der anderen Partei den Vertrag nicht geschlossen hätte, wenn sie die Vertragsverletzung und ihre Folgen vorausgesehen hätte"[112].
Im Einheitlichen UN-Kaufrecht, dem im wesentlichen dieselbe Systematik zugrundeliegt, ist nach Art.25 ein "wesentlicher Vertragsbruch" gegeben,"wenn er zu einem Nachteil führt, der die Erwartungen des betroffenen Teils auf Grund des Vertrages substantiell beeinträchtigt"[113]. Hinsichtlich der

----

11o) Köndgen, S.333.

111) Vgl. Flume, Eigenschaftsirrtum, S.41.

112) Zum Begriff der wesentlichen Vertragsverletzung vgl. jetzt v. Caemmerer, Festschrift Coing, S.33 ff.

113) Schlechtriehm, UN-Kaufrecht, S.47; Englischer Originaltext, S.128.

Beschaffenheit der Ware ist im EKG und UN-Kaufrechtsabkommen zwischen schweren und nicht so schwerwiegenden Mängeln zu unterscheiden. Für die Frage, wann ein gravierender Mangel vorliegt, soll neben objektiven Kriterien auf Vereinbarungen der Parteien und diesbezüglich auf Zusicherungen des Verkäufers abzustellen sein[114]. Als Auslegungskriterium kann der Gedanke des Vertragsbruchs daher keinen Fortschritt bringen.

c) Objektivierung des Vertrauensgedankens nach Verkehrsschutzgesichtspunkten.

Die Notwendigkeit einer Ergänzung des Vertrauensprinzips stellt sich auch deshalb nicht, da dieses nicht zwingend mit einer persönlich geprägten Beziehung verbunden ist. Das Vertrauensprinzip verfolgt, worauf Canaris hinweist, auch eine "generalisierende, am Zwecke des Verkehrsschutzes ausgerichtete Tendenz[115].

aa) Umfang der Zusicherungshaftung.

Das Vorliegen von Verkehrsschutzgesichtspunkten soll zunächst im Hinblick auf den Haftungsumfang nach § 463 S.1 BGB untersucht werden. Hierbei ist zugleich zu erörtern, ob die Verneinung der These von dem Verpflichtungswillen Konsequenzen hinsichtlich der Haftung nach § 463 S.1 BGB für sog. Mangelfolgeschäden hat.

----

114) Schlechtriehm, a.a.O., S.48; v. Caemmerer, Festschrift Coing, S.33,52.

115) Canaris, Vertrauenshaftung, S.6. Abzugrenzen ist von einem "absoluten Verkehrsschutz". Dieser liegt vor, wenn eine bestimmte Rechtsfolge eintritt, unabhängig davon, ob eine Person vertraut hat oder böswillig war (Canaris, a.a.O., S.1); vgl. auch Schmidt-Rimpler, AcP 147 (1941), S.13o,134; Lüderitz, S.81.

(a) Haftungserklärung des Verkäufers als Einbeziehungskriterium der h.M.

Welche Schäden von § 463 S.1 BGB erfaßt werden, ist nicht immer einheitlich beantwortet worden. Betroffen ist die Abgrenzung der Sachmängelhaftung von der Haftung wegen positiver Vertragsverletzung. Inwieweit durch die Anerkennung eines Anspruchs aus positiver Vertragsverletzung dem Verkäufer auch dann eine Schadensersatzverpflichtung aufzuerlegen ist, wenn er keine Zusicherung abgegeben hat, muß hier außer Betracht bleiben[116]. Gegenstand der Fragestellung ist hier, wie weitgehend der Verkäufer, auch soweit man einen Anspruch aus pVV neben der Sachmängelgewährleistung dem Grundsatz nach bejaht, für die von ihm abgegebene Zusicherung ohne Verschulden einstehen muß.
In der Rechtsprechung wurde teilweise zwischen unmittelbar verursachten und lediglich mittelbaren Folgen des Fehlens der zugesicherten Eigenschaft unterschieden. Der von dem Verkäufer nach § 463 S.1 BGB geschuldete Schadensersatz wegen Nichterfüllung betreffe nur den mit dem Fehlen der zugesicherten Eigenschaft unmittelbar zusammenhängenden Schaden[117]. Danach wären die durch die fehlerhafte

----

116) Dazu s. Huber, AcP 177 (1977), S.281 ff.

117) OLG Köln, VersR 1964, S.541; OLG Karlsruhe,OLGZ 1966, S.274; OLG Celle, BB 1966, S.1o37,aufgehoben durch BGHZ 5o, S.2oo. Außer acht bleiben kann hier die von BGH,NJW 1958, S.866 u. BGH,NJW 1962, S.9o8 vertretene Ansicht, Schadensersatz wegen Nichterfüllung gem.§ 463 BGB sei nur im Hinblick auf solche Schäden zu leisten,die auch bei Nichterfüllung eingetreten wären.Hier wird verkannt, daß der Gesetzgeber durch die Formulierung Schadensersatz wegen Nichterfüllung zum Ausdruck bringen wollte, daß das positive Interesse zu ersetzen, der Käufer also so zu stellen ist, als habe die Kaufsache die zugesicherte Eigenschaft gehabt (vgl. Mot.II, S.228 f.; s.a. RGZ 59, S.155,157; 63, S.112; 66,S.335,337).Zum anderen sind Mangelfolgeschäden auch durch das negative Interesse gedeckt (Honsell, JR 1976, S. 361,363; Medicus, Festschrift Kern, S.313,32o).

Kaufsache an sonstigen Rechtsgütern[118] des Käufers auftretenden Schäden, sog. Mangelfolge- oder Begleitschäden[119], nicht von einer verschuldensunabhängigen Haftung des Verkäufers erfaßt[12o].
Gegen diese Unterscheidung ist vorgetragen worden, sie berücksichtige nicht den Umstand,daß die Zusicherung Ausdruck einer qualifizierten Eigenschaftsvereinbarung sei, die nach dem Willen der Parteien auch die Funktion habe, die Erwartungen des Käufers über dessen erfüllungsmäßiges Interesse[121] hinaus abzusichern[122]. Wenn danach die Zusicherung Gewähr dafür bieten solle, daß der Käufer durch eine nicht vertragsgemäße Leistung keinen Schaden an seinem sonstigen Vermögen erleide, müsse die Haftung nach § 463 S.1 BGB auch solche Mangelfolgeschäden einschließen[123]. Durchgesetzt hat sich die maßgeblich

----

118) Mangelfolgeschäden sind allerdings nicht auf Schäden an den Rechtsgütern des Käufers begrenzt. Hierunter kann auch ein Vermögensschaden fallen, wenn etwa die Rechtsgutverletzung bei einem Abnehmer des Käufers eintritt und jener hierfür einzustehen hat (vgl. RGZ 66, S.289; BGH, JZ 1967, S.321).

119) Zu bevorzugen ist der von Larenz geprägte Begriff des Mangelfolgeschadens. Der auf Leonhard, Bes.SchR, S.542 zurückgehende Begriff des Begleitschadens hebt nicht die kausale Verknüpfung von Mangel und Schaden hervor und grenzt nicht von den durch die Verletzung einer sonstigen Verhaltenspflicht verursachten Schäden ab (Larenz, SchR II, § 41 II c 3, S.56 Fn.1).

12o) Pieper, JuS 1962, S.4o9,412.

121) Vgl. Fikentscher, SchR,§ 7o III 2 d, S.39o.

122) So bereits Heck, SchR, § 87, 11 d, S.274.

123) Das ist seit der Entscheidung des BGH im sog. Kleber-Fall anerkannt (BGHZ 5o, S.2oo). Im älteren Schrifttum ist erkennbar keine gegenteilige Ansicht vertreten worden (vgl. Heck,SchR, § 87, 11 d, S.274; Planck/Knoke, § 463 Anm.4). Auch das Reichsgericht hatte den Mangelfolgeschaden in die Ersatzpflicht nach § 463 S.1 BGB einbezogen (vgl. RGZ 53, S.89; RG, LZ 1916, Sp. 1293 Nr.8; wohl auch RG,Gruchot 6o (1916), S. 1o11; RG, Recht 1941, S.637.

von Diederichsen dargelegte These, daß sich der Umfang der Schadensersatzverpflichtung nach § 463 S.1 BGB nach der Tragweite der Zusicherung bemißt[124]. Die Fragestellung beschränkt sich heute darauf, in welchem Umfang Mangelfolgeschäden nach § 463 S.1 BGB zu ersetzen sind. Soweit die Zusicherung den Käufer vor Verlusten an seinen Rechtsgütern und sonstigen Vermögen absichern soll, seien die Mangelfolgeschäden von der Haftung nach § 463 S.1 BGB erfaßt.

(b) Korrektur des Abgrenzungsgesichtspunkts.

Die Lösung des Mangelfolgeschadenproblems von Diederichsen baut folgerichtig auf dem Verständnis von dem in der Zusicherung enthaltenen Einstandsversprechen auf. Ergibt sich die Haftung auf Schadensersatz aus einer vertraglichen Nebenabrede, dann auch der Umfang der Schadensersatzleistung. Es gilt aber auch hier,daß sich in den meisten Fällen die Parteien keine Vorstellung von dem Fall des Nichtvorhandenseins der zugesicherten Eigenschaft und den möglichen Folgen gemacht haben werden[125]. Das berücksichtigt auch Diederichsen, wenn er die Bestimmung des Haftungsumfangs nicht auf den wirklichen Willen der Parteien beschränkt, sondern für

----

124) Diederichsen, AcP 165 (1965), S.15o,159 ff.; ihm folgend: BGHZ 5o, S.2oo; 57, S.292; 59, S. 158,161; BGH, NJW 1973, S.843,845; BGB-RGRK-Mezger, § 463 Rdnr.15; Erman/Weitnauer, Vor § 459 Rdnr.49; Esser/Weyers, SchR BT 1, § 5 III 3 b, S.51 f; Fikentscher, SchR, § 7o III 2 d, S.39o; Larenz, SchR II, § 41 II c 3, S.56 f.; MK-Westermann, § 463 Rdnr.26,29; Palandt/Putzo, § 463 Anm.4; Staudinger/Honsell, § 463 Rdnr.37; Herberger, S.135 f.; Rengier, S.58; Schlechtriehm, VersR 1973, S.581,588; Thiele, JZ 1967, S.649, 655; Todt, S.151 ff. Dieses Verständnis der Zusicherung liegt auch § 11 Nr.11 AGBG zugrunde; vgl. BT-Drucksache 7/3919, S.36.

125) S.oben 1. Kap. III 1.

ihn auch der "an den sittlichen Anforderungen der Rechtsordnung orientierte Wille der Parteien" maßgeblich ist[126].
Abgesehen davon war die maßgebliche Erwägung von Diederichsen zur Bestimmung des Haftungsumfangs nach § 463 S.1 BGB eine entsprechende Heranziehung des Gedankens des Schutzzweckes der haftungsbegründenden Norm bzw. des Rechtswidrigkeitszusammenhangs [127]. Der Ansatzpunkt dieser Gesichtspunkte ist aber nicht die Begründung einer Haftung, die dem Grundsatz nach nicht besteht, sondern im Gegenteil die Begrenzung von ansonsten zurechenbaren Folgen eines Pflichtverstoßes. Auch für die Haftung nach § 463 S.1 BGB scheint es sachgerechter, davon auszugehen, daß Mangelfolgeschäden dem Grundsatz nach von der Haftung des Verkäufers gedeckt sind, soweit sich aus dem Zweck-Schutzbereich der Zusicherung nichts anderes ergibt, als darauf abzustellen, die Parteien hätten eine Vereinbarung dahingehend getroffen, der später eingetretene Schaden solle von der Schadensersatzpflicht gedeckt sein. Diederichsen belegt seine These im wesentlichen mit zwei Fällen, in denen ein Schaden nicht von der Ersatzpflicht gedeckt sein soll[128]. So, wenn der Verkäufer eines Kraftfahrzeugs einen bestimmten Benzinverbrauch zusichere und das Fahrzeug, weil es mehr verbrauche, auf der Straße liegen bleibe und einen Verkehrsunfall verursache. Das Ergebnis ist schon damit zu rechtfertigen, daß der Unfall, wenn nicht außerhalb adäquaten Ursachenzusammenhangs, so doch auf einem Verschulden des Fahrzeugführers beruht,

----

126) Diederichsen, AcP 165 (1965), S.15o.
127) Diederichsen, a.a.O., S.16o.
128) Diederichsen, a.a.O., S.159.

indem er den Benzinverbrauch nicht durch einen Blick auf die Tankanzeige kontrolliert hat oder sich zumindest nach Aussetzen des Motors falsch verhalten hat. Das weitere Beispiel, der Verkäufer sichere einen bestimmten Bierkonsum in einer verkauften Gastwirtschaft zu, dieser gehe wegen verschlechterter Bierqualität zurück, betrifft keinen Fall einer Zusicherung gem. §§ 459 Abs.2, 463 S.1 BGB. Der Verkäufer kann zusichern, daß in der Vergangenheit eine bestimmte Biermenge umgesetzt wurde. Übernimmt er dagegen das Risiko, daß in Zukunft weiterhin entsprechend konsumiert werde, liegt ein selbständiger Garantievertrag vor[129].

Zweifelhafter ist ein Fall, den das OLG Karlsruhe zu entscheiden hatte[13o]. Der Verkäufer eines runderneuerten Reifens hatte zugesichert, der besohlte Reifen erreiche unter gleichen Fahrbedingungen nochmals dieselbe Kilometerleistung wie ein Neureifen. Nach zwei Monaten platzte der Reifen, das Kraftfahrzeug erlitt Totalschaden. Der Wortlaut der Zusicherung weist hier deutlich darauf hin, daß Gegenstand der Abrede lediglich die Laufleistung des runderneuerten Reifens war. Hätte dagegen der Verkäufer zugesichert, die Haltbarkeit des runderneuerten Reifens entspreche der eines Neureifens, und ein neuer Reifen wäre unter den Fahrbedingungen nicht geplatzt, wäre eine Ersatzpflicht des Verkäufers auch hinsichtlich des Schadens an den Rechtsgütern des Käufers zu bejahen[131].
Hinsichtlich der Mangelfolgeschäden lassen sich zwei Fallgruppen von Zusicherungen bilden[132]. Ist das

----

129) Dazu s. unten 2. Abschnitt, insbes. 1.Kap. VI.

13o) OLG Karlsruhe, OLGZ 1966, S.274.

131) Todt, S.154 f.; Rengier, S.63.

132) Rengier, S.63.

Interesse des Käufers auf die Verwendbarkeit der Kaufsache zu einem bestimmten Zweck gerichtet, bestehen Mangelfolgeschäden des Käufers regelmäßig in einer Ersatzverpflichtung gegenüber seinen Abnehmern[133]. Der Bundesgerichtshof hat in solchen Fällen aus dem erkennbaren Interesse des Käufers zur Vermeidung von Regreßansprüchen auf das Vorliegen einer Zusicherung geschlossen[134]. Dabei muß, wie der Nottestamentmappen-Fall[135] zeigt, der Käufer nicht auf sein Interesse an der Vermeidung von Regreßverpflichtungen hingewiesen haben, sondern dieses kann sich aus der Natur des Geschäfts ergeben. Vertrauen, das die Annahme einer Zusicherung rechtfertigt, bestimmt sich damit nicht allein nach individuellen, sondern auch nach generellen, objektiven Maßstäben. Die Erwartungshaltung des Käufers wird damit ergänzt durch die Komponente des Verkehrsschutzes.

Eine zweite, nach der Art des Mangelfolgeschadens gebildete Fallgruppe, läßt sich nach dem Gesichtspunkt des Interesses des Käufers an der Sicherheit und Ungefährlichkeit der gekauften Sache bestimmen[136]. Die Erwartungshaltung ist hier auf den Rechtsgüterschutz, den Schutz des Integritätsinteresses,gerichtet[137]. Erkundigt sich etwa der Käufer eines Papageis danach, ob das Tier auch gesund sei und nicht etwa an der Papageienkrankheit leide[138], wird man in der die Bedenken verwerfenden

---

133) Vgl. BGHZ 5o, S.2oo (Kontaktleber); BGHZ 59, S.158 (Braunfäule); BGH, NJW 1973, S.843 (Nottestamentmappe).

134) BGHZ 59, S.158,162; BGH, NJW 1973, S.843,845.

135) BGH, NJW 1973, S.843; s.oben 1. Kap. II 1.

136) Rengier, S.62 ff.

137) Vgl. BGHZ 57, S.292 (Futtermittel); OLG Karlsruhe, OLGZ 1966, S.274 (runderneuerter Reifen); OLG Köln, VersR 1964, S.541 (Heizöl); OLF Frankfurt, VersR 196o, S.283 (Papageienkrankheit).

138) OLG Frankfurt, a.a.O.

Antwort des Verkäufers eine Zusicherung zu sehen haben. Ist der Vogel dennoch krank und steckt den Käufer an, ist der Ersatzanspruch aus § 463 S.1 BGB nicht nur etwa auf einen neuen Papagei, sondern auch auf Erstattung des durch die Krankheit entstandenen Schadens gerichtet[139]. Eine Vereinbarung über den Haftungsumfang wird man hier schwerlich bejahen können, da nicht einmal hinsichtlich der Zusicherung eine ausdrückliche Erklärung vorliegt. Die Vertreter der herrschenden Ansicht helfen sich mit der Hypothese, bei einem objektiv gefährlichen Kaufgegenstand werde das Erhaltungsinteresse des Käufers regelmäßig in die Tragweite der Zusicherung miteinzubeziehen sein[14o]. Dem ist im Ergebnis nichts entgegenzuhalten. Richtigerweise wird man aber nicht nur von Auslegung einer Erklärung, sondern auch hier von einer Heranziehung des in dem Vertrauensprinzip zum Tragen kommenden Verkehrsschutzgedankens sprechen können. Verkehrsschutz heißt natürlich nicht, das Verwendungsrisiko einseitig auf den Verkäufer zu übertragen. Der Gesichtspunkt des Verkehrsschutzes besagt aber soviel, daß eine Zusicherung, die im Zusammenhang mit der potientiellen Gefährlichkeit einer Ware für andere Rechtsgüter erteilt wurde, auch die durch das Fehlen der zugesicherten Eigenschaften verursachten Schäden umfaßt, soweit nicht aus dem Zweck, zu dem die Zusicherung erteilt wurde und der damit verbundenen Schutzrichtung etwas anderes folgt.

----

139) Vgl. Diederichsen, a.a.O., S. 16o f.; Rengier, S.62.

14o) Diederichsen, a.a.O., S.16o; MK-Westermann, § 463 Rdnr.29; Staudinger/Honsell, § 463 Rdnr.37; Todt, S.154.

Im Ergebnis wird somit in solchen Fällen der Zusicherung, in denen der Zweck-Schutz-Bereich nicht anhand des Parteiwillens feststellbar ist, eine Loslösung vom Willensprinzip erreicht und dieses durch ein objektives Kriterium des Verkehrsschutzes ersetzt. Unterstellungen der Art, der Wille der Parteien sei auf eine bestimmte Rechtsfolge gerichtet gewesen, bleiben damit erspart.

bb) Abgrenzung Zusicherung - Beschaffenheitsvereinbarung.

Diese objektive, generalisierende Betrachtungsweise bei der Anwendung des Vertrauensgesichtspunktes gilt, wenn sie schon bei der Frage der Tragweite der Zusicherung herangezogen wird, auch in Fällen der Feststellung einer Zusicherung überhaupt. Diesen Gesichtspunkt umschreibt der BGH, ausgehend von der Voraussetzung des Verpflichtungswillens, damit, daß für die Annahme einer Zusicherung "nicht in erster Linie der Wille des Verkäufers" maßgeblich sei, sondern an dessen Stelle "Treu und Glauben", "Verkehrssitte" und "typischerweise gegebene Interessenlage" zu treten hätten[141].

(a) Beispiel: Werbeaussagen des Herstellers.

Im "Trevira-" Urteil[142] gründete der BGH die Annahme einer Zusicherung des Verkäufers auf die mit der

----

141) BGHZ 48, S.118,122; BGHZ 59, S.158,16o f.; BGH, WM 1974, S.12o4; BGH, NJW 1975, S.1693, 1695; BGH, WM 1976, S.614,615; BGH, NJW 1981, S.222; BGH, NJW 1981, S.1269; vgl. auch die Übersichten bei MK-Westermann, § 459 Rdnr.6o f., 64; Staudinger/Honsell, § 459 Rdnr.77 ff.; Reich/Tonner, JuS 1976, S.576,577; Jauernig/Vollkommer, § 459 Anm.4; Semler, NJW 1976, S.4o6.

142) BGHZ 48, S.118.

Werbung des Herstellers dem Produkt zugeschriebenen Eigenschaften. Die Werbung hatte zum Inhalt, daß "Trevira"-Produkte, auch wenn sie von verschiedenen Betrieben be- und weiterverarbeitet wurden, die bestimmten Eigenschaften hätten. Der Anknüpfungspunkt dafür, dem Verkäufer die Werbung als eigene Erklärung zuzurechnen, bestand hier lediglich in der Verwendung des "Trevira"-Etiketts, dessen Benutzung seitens des Herstellers nur gestattet sein sollte, wenn die Verarbeitungsrichtlinien eingehalten und Kontrollen ermöglicht würden. Das Vertrauen des Käufers richtete sich damit nicht in erster Linie auf das Etikett und damit auf die darin liegende Aussage des Verkäufers, die Verarbeitungsrichtlinien seien eingehalten, sondern den durch die Werbung des Herstellers vermittelten Eindruck. Feststellbar ist nicht ein besonderes Vertrauen des jeweiligen Käufers gegenüber dem Verkäufer, sondern eine auf Grund der Werbung verursachte allgemeine Erwartung gegenüber dem Produkt Trevira. Die Verantwortlichkeit des Verkäufers folgt nicht aus persönlicher Inanspruchnahme von Vertrauen. Die Zurechnung ergibt sich hier aus dem Risikoprinzip[143]. Ein maßgebliches Anknüpfungskriterium ist die Beherrschbarkeit. Weiterhin kann berücksichtigt werden, wer Nutznießer eines Risikos ist[144]. Beide Gesichtspunkte können das Ergebnis der Entscheidung begründen. Der Verkäufer von Trevira hätte hier, wollte er sich nicht mit der Werbung identifizieren, die Verwendung des Warenzeichens unterlassen oder einschränkende Erklärungen abgeben müssen.

----

143) Zu den Zurechnungsprinzipien Veranlassung, Verschulden , Risiko vgl. Canaris, Vertrauenshaftung, S.473 ff.;

144) Larenz, JuS 1965, S.373,374; Bichlmeier, S.116.

Der (Händler-) Verkäufer muß sich allerdings nicht generell an der Herstellerwerbung festhalten lassen. Anderenfalls würde ihm faktisch eine allgemeine Produktbeobachtungspflicht auferlegt, die im Grundsatz nicht besteht[145]. Macht sich ein Händler eine Werbeaussage zunutze, sollten keine Schwierigkeiten bestehen, diese auch als Inhalt des Kaufvertrages anzusehen. Ist eine Werbeaussage weit verbreitet und als bekannt vorauszusetzen, wird man im allgemeinen eine ausdrückliche Bezugnahme nicht verlangen[146]. Im Trevira-Fall sah der BGH die Verwendung des Trevira-Zeichens als Bezugnahme auf den vollen Inhalt der Werbung auch hinsichtlich der Produkteigenschaften an. Keine Kurskorrektur vollzieht der Bundesgerichtshof in einer neuen Entscheidung[147], nach der Herstellerangaben auf einer Gebrauchsanweisung, ein bestimmtes Maler-Klebeband solle sich leicht entfernen lassen, nicht dem Großhändler - Verkäufer zurechenbar seien. Der BGH stellt hier darauf ab, daß der Großhändler dreitausend verschiedene Waren führte und der Käufer das Klebeband auch selbst ausgesucht hatte.

(b) Beispiel: Besondere Pflichtenstellung auf Grund Sachkunde.

Die Objektivierung des Vertrauensgedankens zeigt sich auch bei der Diskussion über eine besondere

----

145) Vgl. BGH, WM 1981, S.765,767.

146) Vgl. M. Lehmann, Vertragsanbahnung, S.188; sehr großzügig formuliert MK-Westermann, § 459 Rdnr. 57, der nur darauf abstellt, daß die Werbung für den Kaufentschluß bestimmende Bedeutung hatte. Zu weitgehend AK-Reich, § 459 Rdnr.13, der der Ansicht ist, der Verkäufer sichere jedenfalls gegenüber dem Endverbraucher die in der Herstellerwerbung der Sache zugesprochenen Eigenschaften zu.

147) BGH, NJW 1981, S.1269.

Pflichtenstellung von Fachleuten[148]. Der Schwerpunkt der Problematik ist im Bereich der Auskunftshaftung angesiedelt, wo der Gesichtspunkt der fachlichen Autorität, der beruflichen Stellung des Auskunftgebers über das Vertrauensprinzip die Aufgabe hat, entgegen § 676 BGB einen Haftungsgrund zu bilden[149]. In Zusammenhang mit der sog. Prospekthaftung wegen unzutreffender oder unvollständiger Angaben in Prospekten über Kapitalanlagen verweist der BGH, wie bereits erwähnt, darauf, daß Haftungsgrundlage auch ein Vertrauen sein könne, das "kraft Amtes oder Berufs entsteht oder auf einer besonderen Fachkunde oder allgemein anerkannten und hervorgehobenen wirtschaftlichen Stellung beruht"[15o]. Als Beleg für eine übergreifende Geltung eines Grundsatzes der verstärkten Verantwortlichkeit von Fachleuten wird auch auf die Zusicherungshaftung nach § 463 S.1 BGB verwiesen[151]. Die Rechtsprechung zieht das Merkmal der fachlichen Qualifikation des Verkäufers zur Annahme einer Zusicherung häufig heran, sei es im Fall des für die Herstellung von Hohllochziegeln "besonders qualifizierten Ziegelwerks[152] oder wegen der Fachkunde eines Lackherstellers[153], der Sachkenntnis eines Gebrauchtwagenhändlers[154], wobei es sogar einen Unterschied machen kann, ob der Gebrauchtwagenverkäufer Vertragshändler des betreffenden Fabrikats ist oder nicht[155].

----

148) Vgl. den Überblick von Grunewald, JZ 1982, S.627 ff.

149) Vgl. oben III 4 b, bb, Nachw. Fn.76.

15o) BGH, NJW 1981, S.1449,145o; s.oben III 4 b,bb Fn .1oo.

151) Grunewald, JZ 1982, S.627,629; Köndgen, S.334 ff.

152) BGH, VersR 1966, S.241,242.

153) BGHZ 59, S.158,161.

154) BGH, NJW 1975, S.1693; 1981, S.1268.

155) BGH, NJW 1978, S.2241.

Die Annahme einer Zusicherung ist nicht allein davon abhängig zu machen, ob der Käufer der Person des Verkäufers besonderes Vertrauen entgegengebracht hat. So kann es nicht entscheidend sein, ob etwa ein Gebrauchtwagenhändler allgemein als seriös gilt oder eher einen zweifelhaften Ruf genießt, wie allgemein Gebrauchtwagenhändler nicht immer vertrauenserweckender zu sein haben, als der sein Fahrzeug verkaufende Privatmann. Die Berücksichtigung der beruflichen Stellung, der Fachkunde des Verkäufers im Hinblick auf seine Sachangaben im Rahmen von Verkaufsverhandlungen basiert vielmehr auf der allgemeinen Erwartung, die einem Berufsstand entgegengebracht wird, man werde sich für das Gesagte"beim Wort nehmen lassen". Das zeigt sich anhand der Angaben von Gebrauchtwagenhändlern,"ins Blaue hinein"[156). Den Gebrauchtwagenhändler trifft keine allgemeine Untersuchungspflicht vor Weiterverkauf eines Fahrzeugs[157). Eine solche kann aber gegeben sein, wenn sich auf Grund "handgreiflicher Anhaltspunkte" der konkrete Verdacht des Vorhandenseins von Mängeln erhebt[158), ebenso wie sich eine Hinweispflicht ergeben kann, wenn der Gebrauchtwagenhändler auf Grund fachlicher Erfahrung mit der Möglichkeit starker Durchrostung an einem Fahrzeug rechnet[159).Doch auch wenn keine Untersuchungspflicht besteht, muß sich der Händler an konkrete Angaben, etwa das Fahrzeug habe "nur kleine Blechschäden", festhalten lassen[16o).

----

156) Betroffen ist hier in erster Linie der Begriff der Arglist gem. § 463 S.2, § 476 BGB, gleichzeitig kann in den zugrundeliegenden Fällen eine Zusicherung gegeben sein; vgl. BGH, NJW 1981, S.1441,1442. LG Oldenburg, NJW 1979, S.432 spricht sich deshalb für eine Begrenzung des Arglistbegriffs zugunsten der Zusicherung aus.

157) BGH, NJW 1968, S.2238; NJW 1977, S.1o55,1o56; BGHZ 74, S.383,392.

158) BGHZ 74, S.383,392; BGH, NJW 1981, S.928,929.

159) BGH, NJW 1979, S.17o7.

16o) BGH, NJW 1981, S.1441.

Auch im Fall der Kilometerangabe auf dem Verkaufsschild eines Kraftfahrzeugs[161] wird deutlich, daß der Vertrauensgedanke mehr erfaßt, als die Redlichkeitserwartung des jeweiligen Käufers. Uneingeschränktes Vertrauen wird dem Automobilhändler, der hinsichtlich der Kilometerangabe auch meist auf die Angaben des Vorbesitzers angewiesen ist, nicht entgegengebracht werden. Der Annahme einer Zusicherung können die beim Käufer verbliebenen Zweifel an der Richtigkeit einer Aussage des Verkäufers nicht entgegenstehen. Entscheidend ist, daß der Verkäufer die Zweifel hintenangestellt hat und damit letztlich die Aussage des Verkäufers ursächlich[162] für den Kaufabschluß war.
Die Berücksichtigung fachlicher Qualifikation darf sich allerdings nicht auf die Person des Verkäufers beschränken. Deshalb ist der Gesichtspunkt fachlicher und beruflicher Autorität nicht ein eigenständiges Rechtsprinzip, sondern lediglich ein Indikator für die Frage einer Haftung auf Grund des Vertrauensprinzips. Das Vorbringen einer Zusicherung ist nicht allein davon abhängig, ob eine bestimmte Angabe von einem Fachmann getroffen wird, sondern wesentlich ist auch, wem gegenüber er sie trifft. Der Aussage des Fachmanns gegenüber dem anderen kommt ebensowenig ein Autoritätsvorsprung zu, wie den Sachangaben unter Laien[163].
Die Auswertung des "Fachmannkriteriums" läßt sich für die Haftung aus § 463 S.1 BGB dahingehend konkretisieren, daß einer Eigenschaftsangabe dann be-

----

161) BGH, NJW 1975, S.1693, NJW 1981, S.1268.

162) Dazu s. unten 2. Abschnitt 3. Kap.II.

163) Beispiele aus der amerikanischen Rechtsprechung bei Köndgen, S.337 Fn.152.

sondere Bedeutung zukommt, wenn der Geltungsanspruch durch Sachkenntnis, berufliche Qualifikation oder sonstige fachliche Autorität, sei es des Verkäufers oder von diesem zu Rate gezogener Dritter[164], unterstützt wird und deshalb geeignet ist, gegenüber der Person des Käufers größere Überzeugungswirkung zu entfalten.

IV. Zusammenfassung.

Die Zusicherung nach §§ 459 Abs.2, 463 S.1 (48o Abs.2) BGB setzt nicht notwendig ein Garantieversprechen voraus mit dem Inhalt, für die Folge des Nichtvorhandenseins der bestimmten Eigenschaften einstehen zu wollen. Die Einstandspflicht des Verkäufers läßt sich zurückführen auf eine neben der Kaufvereinbarung stehende Zusage bestimmter Sacheigenschaften, auf die der Käufer über die normale Erwartung vertragsgemäßer Leistung hinaus berechtigterweise vertraut hat oder vertrauen durfte.

Das Vertrauensprinzip erfaßt nicht lediglich bestimmtes Personenvertrauen in den Verkäufer oder eine vorbehaltlose Redlichkeitserwartung. Das Vertrauensprinzip verfolgt auch eine objektive, generalisierende, am Zwecke des Verkehrsschutzes ausgerichtete Tendenz und hat damit im wesentlichen eine normative Ausrichtung.
Die Erstreckung der Haftung nach § 463 S.1 (48o Abs.2) BGB auf Mangelfolgeschäden erfordert nicht

----

164) Köndgen, S.338.

eine diesbezügliche Rechtsfolgenvereinbarung.
Aus der Kaufabrede ist der jeweilige Schutzzweck der Zusicherung zu ermitteln, nach dem sich der Umfang der Schadensersatzhaftung ergibt. Der Verkehrsschutzgedanke legt eine möglichst umfassende Erstreckung der Haftung auf alle,durch die fehlende Eigenschaft verursachten Folgen nahe, es sei denn, aus den Vertragsabreden bzw. dem Schutzzweck der Zusicherung läßt sich eine dahingehende Beschränkung herleiten.

2. Abschnitt: Die Grenzen der gewährleistungsrechtlichen Garantie beim Kauf.

Neben Voraussetzungen und Inhalt der Zusicherungshaftung nach § 463 S.1 BGB ist nach deren Grenzen zu fragen. Eine Einstandspflicht des Verkäufers wegen Nichteintritts eines Umstandes in bezug auf die Kaufsache kann auch Gegenstand eines selbständigen Garantievertrages sein.

1. Kapitel: Der selbständige Garantievertrag neben dem Kaufvertrag.

I. Definition zur Abgrenzung.

Der Garantievertrag wird definiert als die Verpflichtung, für das Eintreten oder Nichteintreten eines bestimmten Erfolges einzustehen oder die Gefahr eines künftigen, noch nicht entstandenen Schadens zu übernehmen[1]. Die Anerkennung des Garantievertrages als neben einem Hauptvertrag bestehende, selbständige Vereinbarung, geht maßgeblich auf Stammler zurück[2]. Nach Stammler liegt ein selbständiger Garantievertrag neben dem Hauptvertrag vor, wenn die Garantie mit dem Wesen des Hauptvertrages nichts gemein hat, sich die Garantiehaftung als

----

1) RGZ 61, S.157; 9o, S.415,418; 146 S.12o,124; BGH, NJW 1958, S.1483; 1965, S.148,149; Fikentscher, SchR, § 92 II, S.543; Larenz, SchR II, § 62 III, S.434; MK-Pecher, Vor § 765 Rdnr.7; BGB-RGRK-Mormann, Vor § 765 Rdnr.5.

2) Stammler, AcP 69 (1886) S.1 ff.

ganz neue, andersgeartete Pflicht darstellt[3]. Nach heute durchgängig anzutreffender Formulierung soll sich ein selbständiger Garantievertrag dadurch von dem Kaufvertrag abheben, daß der garantierte Erfolg stets ein "anderer und weiterer als die Vertragsmäßigkeit der Leistung" und auf einen "darüber hinausgehenden wirtschaftlichen Erfolg" gerichtet sei[4].

II. Typologie des selbständigen Garantievertrages.

1. Leistungsgarantie.

Der Garantievertrag hat vielfältige Erscheinungsformen. Die wirtschaftlich bedeutendere Grundform

----

3) Gegen die Anerkennung eines mit einem Hauptvertrag verbundenen, selbständigen Garantievertrages ist geltend gemacht worden, die Garantiezusage sei als Teil des Hauptvertrages zu werten und Lösungsmöglichkeiten über die Vereinbarung einer Bedingung oder einer Vertragsstrafe zu suchen (insbes. Wienstein, ArchBürgR 31, S.1 ff.; vgl. die Darstellung bei Schulze, S.13 ff. m.w.N.). Diese Konstruktionen werden dem Willen der Parteien weniger gerecht, als die rechtliche Aufteilung eines einheitlichen Wirtschaftsvorgangs in zwei Verträge und haben sich nicht durchsetzen können. Ähnliche Kritik übt allerdings Stötter, DB 1971, S.2145,2146, der nach der Logik der Rechtsprechung fragt, die neben der Sachmängelgewährleistung keine gleichgerichteten Ansprüche aus c.i.c., aber einen Anspruch aus Garantievertrag bejahe. Der Garantievertrag ist aber eine durch Parteivereinbarung begründete Ergänzung der Sachgewährleistung, eine Haftung aus c.i.c. hat dagegen denselben Anknüpfungspunkt wie die Sachmängelhaftung, nämlich den Kaufvertrag.

4) RG, JW 1939, S.38; RGZ 146, S.12o,124; 165, S.41,46 f.; BGH, NJW 1965, S.148,149.

ist die sogenannte Leistungsgarantie[5], bei der der Versprechende das Risiko gegenüber dem Garantieempfänger dafür übernimmt, daß ein Dritter (Fremdgarantie) oder er selbst (Eigengarantie)[6] eine geschuldete Leistung erbringt. Eine solche Garantie wird zumeist von Geschäftsbanken abgegeben, die dann auch Bankgarantie genannt wird. Beispielhaft erwähnt sei hier nur die Erfüllungsgarantie, die dem Begünstigten das Risiko ordnungsgemäßer Erfüllung abnimmt[7], im Rahmen von Ausfuhrgeschäften etwa durch die "Hermes-Garantien"[8]. Eine Abgrenzungsfrage stellt sich bei der Leistungsgarantie gegenüber der Bürgschaft, dem Schuldbeitritt und dem abstrakten Schuldversprechen[9]. Zu den Leistungsgarantien sind auch Garantieverträge zu rechnen, in denen der Schuldner in Zusammenhang mit der eigenen Vertragsleistung einen Festpreis garantiert, etwa, wenn der bauleitende Architekt[1o] oder ein Immobilienmakler im Vertrag über eine noch zu errichtende Wohnung[11] die Einhaltung eines bestimmten Festpreises durch den Bauträger garantiert.

2. Die sogenannte Eigenschaftsgarantie.

Dagegen spricht man von Eigenschaftsgarantien[12],

----

5) Die Terminologie ist nicht einheitlich. Zuweilen wird auch von Forderungsgarantien gesprochen und unter Leistungsgarantie der von anderen als Eigenschaftsgarantie genannte Fall verstanden; vgl. Staudinger/Horn, Vor § 765 Rdnr.85 f.

6) Vgl. MK-Pecher, Vor § 765 Rdnr.5.

7) Vgl. GK-HGB-Canaris, Bankvertragsrecht, Rdnr. 11o5 mit weiteren Beispielen.

8) Vgl. Boetius, S.3 f.

9) Vgl. nur GK-HGB-Canaris, Bankvertragsrecht, Rdnr. 11o6,1124 f.; BGB-RGRK-Mormann,Vor § 765 Rdnr.5; Palandt/Thomas, Vor § 765 Anm. 3 c.

1o) BGH, NJW 196o, S.1567.

11) BGH, WM 1981, S.492.

12) Zur unterschiedlichen Terminologie s.oben Fn.5.

wenn in Zusammenhang mit Kauf- sowie Werk- und Werklieferungsverträgen die Tauglichkeit der Sache oder des Werkes zugesagt wird[13].

a) Mißverständlichkeit des Begriffs.

Der Begriff Eigenschaftsgarantie[14] für in bezug auf die Kaufsache oder die Werkleistung abgegebene Versprechen erweist sich schon auf den ersten Blick als mißverständlich. Musterbeispiele selbständiger Garantieverträge sind Fälle, in denen unzweifelhaft keine -zumindest gegenwärtige- Eigenschaft der Kaufsache betroffen ist. So, wenn der Verkäufer eines Reitpferdes garantiert, dieses werde im nächsten Rennen gewinnen, der Hersteller einer Ware dem Händler erklärt, davon werde er eine bestimmte Stückzahl mit bestimmtem Gewinn absetzen können. Andere Beispiele sind etwa, für das verkaufte Grundstück werde sich ein Mieter finden lassen[15], eine Fremdenpension werde in Zukunft voll belegt sein[16] oder ein verkauftes Haus oder ein Gewerbebetrieb werde in Zukunft bestimmte Erträge erwirtschaften[17] [18].

b) Höchstrichterliche Entscheidungen.

Nicht so eindeutig sind die folgenden Fälle aus der höchstrichterlichen Rechtsprechung, bei denen

----

13) Vgl. Boetius, S.2,7 f.; BGB-RGRK-Mormann, Vor § 765 Rdnr.7; Larenz, SchR II, § 62 III, S.435; MK-Pecher, Vor § 765 Rdnr.7.

14) Der von anderen (Staudinger/Horn, Vor § 765 Rdnr. 86) hierfür verwendete Begriff der Leistungsgarantie ist unzutreffend, da gerade nicht für die Vertragsgemäßheit der Leistung,sondern für einen darüber hinausgehenden Umstand gehaftet werden soll.

15) RGZ 52, S.429; RG, WarnR 1911, S. 183, Nr.172.

16) RGZ 148, S.286,294.

17) BGH, WM 1973, S.411; RG, JW 1939, S.38.

18) Vgl. BGH, WM 1978, S.554,555; MK-Westermann, § 459 Rdnr.87; Staudinger/Honsell, § 459 Rdnr.88.

die Garantiezusage Beschaffenheitsmerkmale der Sache berührte bzw. die Verwendbarkeit für einen bestimmten Zweck zugesagt war. Die Entscheidungen betreffen nicht nur Kauf- sondern auch Werkverträge. Die Problematik liegt übereinstimmend darin, ob jeweils eine Sacheigenschaft zugesichert oder ein keine Eigenschaft der Kaufsache oder des Werks darstellender Umstand garantiert war.
Ein Garantievertrag wurde vom Reichsgericht bejaht in einem Fall, in dem der Werkunternehmer eines herzustellenden Ringofens die Fabrikation einer bestimmten Menge Steine zu einem bestimmten Preis und einen entsprechenden Jahresverdienst zugesagt hatte[19]. Die Leistungsfähigkeit einer Anlage ist eine zusicherungsfähige Sacheigenschaft. Die Garantie ging, indem sie die Höhe der Herstellungskosten und den erzielbaren Erlös für die Steine erfaßte, darüber hinaus. Ebenso überstieg es den Begriff der Sacheigenschaft, daß der Hersteller bzw. Verkäufer einer in eine Gesamtanlage einzubauenden Sache die Leistungsfähigkeit der Gesamtanlage garantierte[2o]. Auf diesen Gesichtspunkt stellten auch zwei folgende Entscheidungen des Reichsgerichts ab. In einem Fall hatte ein Werkunternehmer acht Generatoren für eine Generatorenanlage eines Stahlwerks geliefert und garantiert, nach Einbau der Generatoren werde sich der Kohleverbrauch in bestimmtem Maße verringern. Den geringeren Kohleverbrauch wertete das Reichsgericht nicht als Eigenschaft der eingebauten Generatoren, weil dieser von anderen Faktoren, der Kohle-

----

19) RG, JW 1919, S.241 Nr.6.

2o) RG, Gruchot 51, S.942,944.

qualität und der Betriebsweise der Hochöfen,abhängig sei[21]. Ebenso wurde ein selbständiger Garantievertrag in dem Fall bejaht, in dem zwei Röhrenvorwärmer für eine Verdampfungsanlage herzustellen waren. Der Hersteller hatte die Garantie für die von dem Besteller verlangte Leistungsfähigkeit erteilt, die darin bestehen sollte, daß die Vorwärmer die Sole auf eine bestimmte Temperatur erhitzten. Die Annahme eines selbständigen Garantievertrages stützte das Reichsgericht darauf, daß die Erwärmung der Sole nicht von den Vorwärmern allein, sondern auf Grund technischer Einzelheiten auch von anderen Faktoren abhängig gewesen sei[22].

Eine Sacheigenschaft war betroffen und demnach ein Garantievertrag ausgeschlossen in den folgenden Fällen: Bei der Zusage des Herstellers einer Kühlanlage, er garantiere "für eine reine, trockene Luft, reine, trockene Wände und Boden, sowie eine Temperatur von plus 4 Grad C"[23].
Ebenso bei dem Verkauf von Elektrowärmespeichern für eine Fabrikhalle, die "zur Instandhaltung einer Innentemperatur von +2o Grad C und bei einer Außentemperatur von -15 Grad C" angeboten waren[24]; bei der Zusage, eine Maschine werde für den Kraftbedarf von siebzig PS ausreichen[25]; für das Versprechen, eine Warm-Mutternpresse biete eine gegenüber bisherigen Verfahren sechsfach gesteigerte Leistung bei 2o% Materialersparnis[26] sowie bei der Erklärung, der gelieferte Schrott sei ausländischer Herkunft[27].

----

21) RG, JW 1921, S.828 Nr.3.
22) RG, JW 1939, S.38 f.
23) RGZ 71, S.173.
24) BGH, NJW 1965, S.148.
25) RG, JW 1926, S.2526.
26) RGZ 165, S.41,45 ff.
27) BGH, WM 1969, S.95,96.

III. Kritik der Abgrenzungsgesichtspunkte.

Die Abgrenzungsformel, der Garantievertrag sei auf einen "anderen und weiteren Erfolg als die Vertragsmäßigkeit der Leistung" gerichtet[28], erweist sich als ebenso zutreffend wie nichtssagend. Beim Werkvertrag liegt die maßgebliche Fragestellung zunächst darin, auf welchen Erfolg die Werkleistung gerichtet ist. Das Unterscheidungskriterium, wonach ein Garantievertrag vorliege, wenn nicht nur die Leistungsfähigkeit des zu liefernden Werks zugesichert ist, sondern der gesamten Anlage, für die das Werk bestimmt ist[29], erweist sich lediglich als Ergebnis vorrangig anzustellender Überlegungen. Zu fragen ist, ob der Lieferer von Geräten, die für eine Gesamtanlage bestimmt sind, neben dem Einbau auch einen weitergehenden Erfolg herzustellen verpflichtet ist. Im Fall der Generatoranlage[3o] sollte die zugesagte Verringerung des Stromverbrauchs der Gesamtanlage offensichtlich durch den bloßen Einbau der Generatoren möglich sein. Andere Maßnahmen zur Senkung des Energieverbrauchs waren nicht geschuldet. Dagegen kann es, wie im Fall des Einbaus sog. Rauchgasklappenregulatoren in die Kessel einer Heizungsanlage[31], erforderlich und demzufolge auch geschuldet sein, über den Einbau hinaus auch Einstellungsmaßnahmen an der Gesamtanlage vorzunehmen. Wie weitgehend der Lieferer, sei er Verkäufer oder Werkunternehmer, verpflichtet ist, einen zugesagten Erfolg

----

28) S. oben Fn. 4.

29) Vgl. RG, JW 1919, S.241 Nr.6; RG, JW 1921, S.828 Nr.3; RG, JW 1939, S.38; RGZ 165, S.41,48.

3o) RG, JW 1921, S.828 Nr.3.

31) BGH, NJW 1981, S.24o3.

herbeizuführen, wird regelmäßig davon abhängen, ob der zugesagte Erfolg durch ihm mögliche Maßnahmen herbeiführbar ist, inwieweit also die Möglichkeit der Einflußnahme auf den Eintritt des zugesagten Erfolges besteht. Hängt der Erfolg nicht von dem Lieferer ab, ist die Zusage lediglich auf Schadensersatzleistung gerichtet. Diese ist geprägt durch ein spielartiges Moment[32], das auf einen selbständigen Garantievertrag hindeutet.

In dem, einer jüngeren Entscheidung des BGH[33] zugrundeliegenden Fall, hatte ein Gärtner eine innerhalb seiner Gewächshäuser aufzustellende ölgefeuerte Warmluftheizung gekauft. Auf Wunsch des Käufers hatte der Verkäufer versichert: "Wir garantieren für diese Anlage wärmetechnisch und auch funktionstechnisch". Nach Inbetriebnahme zeigten sich an den Pflanzen Verbrennungserscheinungen, die der Käufer auf Abgase der Öfen zurückführte. Das Berufungsgericht sah in dieser "wärmetechnischen und funktionstechnischen Garantie" einen selbständigen Garantievertrag. Der Verkäufer habe nicht nur ein vertragsgemäßes Arbeiten der Öfen gewährleisten wollen, sondern das gesamte, mit der Aufstellung dieser Öfen innerhalb der Gewächshäuser verbundene Risiko übernommen. Der BGH bezweifelt diese rechtliche Wertung, ohne letztendlich Stellung zu beziehen. Er begnügt sich mit dem wenig aussagekräftigen Hinweis, daß, wenn eine "Garantie" an eine bestimmte Eigenschaft der Sache anknüpfe, die auch Gegenstand einer Zusicherung sein könne, es stets

----

32) Von aleatorischem (spielartigem) Moment spricht Fikentscher, SchR, § 92 II 2, S.543; ebenso G. Müller, ZIP 1981, S.7o7,712.

33) BGH, WM 1977, S.365.

einer "besonders sorgfältigen Prüfung bedürfe, ob die Parteien tatsächlich eine weitergehende Garantiehaftung begründen wollten"[34].
Die Formulierung des BGH ist deshalb mißverständlich, da sie darauf hinzudeuten scheint, die Erklärung einer "Garantie" hinsichtlich einer Sacheigenschaft könne nicht nur eine Zusicherung, sondern auch Gegenstand eines selbständigen Garantievertrages sein. Offensichtlich ist aber gemeint, daß jeweils zu untersuchen ist, ob der Verkäufer über die Zusicherung bestimmter Sacheigenschaften hinaus die Garantie für weitere Umstände übernommen hat, die nicht Eigenschaft der Kaufsache sind. Die Prüfung hat hier in zwei Schritten zu erfolgen. Zunächst ist zu fragen,ob der Verkäufer lediglich Gewähr für eine ausreichende Heizkapazität oder zusätzlich auch dafür übernommen hat, die Öfen würden auch im übrigen für die Erwärmung der Gewächshäuser geeignet sein. Diese tatrichterliche Frage hatte das Berufungsgericht i.S. der weitergehenden Haftung bejaht und von der Übernahme aller mit der Aufstellung verbundenen Risiken ohne Befristung auf das Vorliegen eines Garantievertrages geschlossen. Neben ausreichender Heizkapazität der Öfen war maßgeblicher Faktor für die Verträglichkeit des Heizungsbetriebes für das Blumenwachstum, der Ausstoß von schädlichen Abgasen. Insoweit ist ebenfalls eine Sacheigenschaft betroffen. Die Erklärung der Einstandspflicht für nicht näher genannte, möglicherweise unbekannte Risiken, soweit sie mit der Eigenschaft der Sache zusammenhängen, bedarf

----

34) BGH, a.a.O., S.366; s. auch Staudinger/Honsell, § 459 Rdnr.88.

nicht der Form des selbständigen Garantievertrages, wie der BGH im Braunfäule-Fall dargelegt hat[35]. Die Tatsache, daß die Haftung für das Vorliegen der Sacheigenschaft ohne Befristung übernommen wurde, begründet ebenfalls keinen selbständigen Garantievertrag[36].

IV. Die Begrenzung des Eigenschaftsbegriffs.

Ein einfach handhabbares Abgrenzungskriterium zwischen Zusicherung und Garantievertrag kann, angesichts seiner unscharfen Konturen, der Eigenschaftsbegriff nicht sein. Überwiegend findet sich die Formulierung, Eigenschaft der Kaufsache sei nicht nur die physische Beschaffenheit, sondern auch die Beziehungen zur Umwelt, sofern diese Umweltbeziehungen wegen ihrer Art und Dauer die Brauchbarkeit der Sache beeinflußten bzw. Einfluß auf ihre Wertschätzung ausübten[37].

1. Rechtsprechung zum Eigenschaftsbegriff.

Während es sich für den Fehlerbegriff nach § 459 Abs.1 BGB um eine der Sache "anhaftende" Eigen-

----

35) BGHZ 59, S.158; s. oben 1. Abschnitt, 1. Kap. II 1.

36) Zur sog. Haltbarkeitsgarantie s. unten, 2. Kapitel.

37) Vgl. BGH, NJW 1981, S.16oo,16o1; NJW 1981, S.864,865; BGHZ 7o, S.47,49; Erman/Weitnauer, § 459 Rdnr.3; MK-Westermann, § 459 Rdnr.18; Staudinger/Honsell, § 459 Rdnr.18; Jauernig/Vollkommer, § 459 Rdnr.18; Palandt/Putzo, § 459 Anm.4 b; Immenga, AcP 171 (1971), S.1,1o f.

schaft handeln muß[38], wird von der neueren Rechtsprechung des Bundesgerichtshofs für den Eigenschaftsbegriff nach § 459 Abs.2 BGB der Bezug zur Beschaffenheit der Kaufsache weithin gelöst. So hat jüngst der BGH die Abschreibungsmöglichkeit nach § 7 b EStG als Eigenschaft des verkauften Grundstücks qualifiziert[39]. Ebenso eine Eigenschaft wurde gesehen in der Existenz eines Gutachtens, das ein Gemälde einem bestimmten Künstler zuordnete[4o], der Höhe der abschreibungsfähigen Baunebenkosten eines Abschreibungsobjekts[41], der Bezahlung öffentlich-rechtlicher Erschließungskosten als Voraussetzung für den Wegfall einer Grundstückslast[42], dem Mietertrag eines Hausgrundstücks[43] wie auch dem Reinertrag eines Unternehmens[44].

In einer anderen Entscheidung wird dagegen betont, "Beziehungen müssen", um als Eigenschaft angesehen werden zu können, "in der Beschaffenheit der Sache selbst ihren Grund haben, von ihr ausgehen, sie dürfen sich nicht erst durch Heranziehung von außerhalb des Kaufgegenstandes liegenden Verhältnissen oder Umständen ergeben[45]. So wurde keine Eigenschaft

----

38) So die Rechtsprechung: S. RGZ 148, S.286,294; 161, S.193,194; 161, S.33o,337; BGH, NJW 197o, S.653; 1972, S.1658; 1976, S.1888; BGHZ 52, S.51,54; vgl. auch Fikentscher, SchR, § 7o III, S.38o ff.; Larenz, SchR II, § 41 I a, S.35 ff. Der subjektive Fehlerbegriff in seiner extensivsten Ausprägung sieht von diesem Merkmal ab, sodaß das Fehlen jeder zugesicherten Sacheigenschaft zugleich einen Fehler darstellt. Vgl. Esser/Weyers, SchR BT 1, § 5 II 1 b, S.37 f.; Immenga, AcP 171 (1971), S.1,15;Staudinger/Honsell, § 459 Rdnr.17; MK-Westermann, § 459 Rdnr.17.

39) BGHZ 79, S.183.

4o) BGH, NJW 1972, S.1658.

41) BGH, WM 1975, S.23o.

42) BGH, WM 1981, S.364.

43) BGH, NJW 198o, S.1456.

44) BGH,NJW 1977, S.1538; NJW 197o, S.653,655.

45) BGHZ 7o, S.47,49; BGH, NJW 1972, S.1658.

eines Erbbaurechts darin gesehen, daß dieses das im wesentlichen gesamte Vermögen des Verkäufers war und der Käufer der Haftung gem. § 419 BGB ausgesetzt sein konnte[46] wie auch darin, daß der Käufer eines Grundstücks, dem versichert worden war, der derzeitige Erschließungszustand sei voll abgerechnet und bezahlt, gezwungen war, für den Anschluß an einen privaten Abwasserkanal ein Entgelt zu zahlen[47].

2. Uneinheitlichkeit der Rechtsprechung.

Die letztgenannte Entscheidung führt zu wenig plausiblen Differenzierungen zwischen privaten und öffentlich-rechtlichen Erschließungsmaßnahmen, denn Erschließungsbeiträge wegen Aufwendungen der Gemeinden für Erschließungsanlagen gem.§§ 127 ff. BBauG sind, da es sich hierbei gem. § 134 Abs.2 BBauG um eine öffentlich-rechtliche Grundstückslast mit dinglichem Charakter handelt, Eigenschaft des Grundstücks[48].
Demonstrieren läßt sich die Inkonsequenz der BGH-Rechtsprechung am Fall der Möglichkeit erhöhter Abschreibung gem. § 7 b EStG. Die fehlende Möglichkeit der Inanspruchnahme des § 7 b EStG kann für den Erwerber eines Grundstücks darin begründet sein, daß das Haus oder die Eigentumswohnung nicht die vereinbarte Beschaffenheit hat. Die Anerkennung einer sog. Einliegerwohnung in einem Einfamilienhaus und damit die steuerliche Behandlung des Hauses als Zweifamilienhaus, hängt von bestimmten bau-

----

46) BGHZ 7o, S.47. Die Entscheidung betraf allerdings § 119 Abs.2 BGB.

47) BGH, NJW 1981, S.16oo.

48) BGH, NJW 1981, S.16oo,16o1; OLG München, NJW 197o, S.664,665; s. auch BGH, WM 1981, S.364.

lichen Voraussetzungen und Einrichtungen ab[49]. Für die Anwendung des Sachmängelrechts wäre unter konsequenter Zugrundelegung des Beschaffenheitsmerkmals danach zu unterscheiden, ob Gegenstand des Kaufvertrags ein Wohngrundstück war, das die der Anerkennung als Zweifamilienhaus genügende bauliche Beschaffenheit aufweist oder ob Gegenstand des Kaufvertrags eine genaue Baubeschreibung war und zusätzlich der Verkäufer die Möglichkeit erhöhter Abschreibung betonte. Im letzteren Fall wäre durch die Zusage erhöhter Abschreibung keine Sacheigenschaft betroffen. Im Einklang damit hat der BGH keinen Sachmangel darin gesehen, daß eine Maschine,entgegen der Erklärung des Verkäufers, zu groß war, um in den Räumen des Käufers aufgestellt werden zu können[5o]. In dem jetzt vom BGH[51] entschiedenen Fall waren die baulichen Voraussetzungen zur Inanspruchnahme des § 7 b EStG zum Zeitpunkt des Verkaufs vorhanden. Der Käufer hatte das Haus einige Jahre nach Fertigstellung erworben. In den Genuß von § 7 b EStG konnte er nur kommen, da der Verkäufer diesen nicht in Anspruch genommen hatte (§ 7b Abs. 3 a. F. EStG[52]) und damit quasi übertrug. In der Person des Verkäufers waren die Voraussetzungen des § 7 b EStG aber nicht entstanden, da die entsprechenden baulichen Voraussetzungen (Aufteilung des Hauses in Eigentumswohnungen)

----

49) Vgl. nur Längsfeld, in Lademann/Söffing/Brockhoff, § 7 b Rdnr.57.

5o) BGH, NJW 1962, S.1196.

51) BGHZ 79, S.183.

52) Nach nunmehr geltender Fassung des § 7 b EStG kann auch ein Zweiterwerber die erhöhte Abschreibung geltend machen.

erst nach Baufertigstellung geschaffen wurden[53].

3. Konsequente Fortführung eines weiten Eigenschaftsbegriffs.

a) Ungeeignetheit des Beschaffenheitskriteriums.

Aus der Uneinheitlichkeit der Rechtsprechung sollte allerdings nicht die Konsequenz gezogen werden, den Eigenschaftsbegriff strenger an die Beschaffenheit der Kaufsache zu binden[54]. Daß rechtliche Beziehungen als Eigenschaft der Kaufsache anzuerkennen sind, ist notwendige Entsprechung einer zunehmenden "Verrechtlichung" des Verhältnisses von Person und Sache. Das Interesse zum Erwerb einer Sache ist zunehmend von damit verbundenen Rechtsvorteilen und rechtlichen Möglichkeiten abhängig. Auf die Problematik der Abgrenzung von Rechts- und Sachmängelhaftung ist hier nicht näher einzugehen[55]. Auszugehen ist davon, daß eine klare Trennung von rechtlichen Verhältnissen der Kaufsache und tatsächlichen, in der Beschaffenheit der Sache begründeten Merkmalen nicht konsequent durchzuführen ist. Dieser Umstand

----

53) Landsberg, JuS 1982, S.335,338 begründet das Ergebnis wie folgt: Sage der Verkäufer ein bestimmtes Beschaffenheitsmerkmal zu, hafte er nach § 463 S.1 BGB. Sichere er weiter eine Steuervergünstigung zu, die von dem Beschaffenheitsmerkmal abhängig sei, müsse er ebenfalls nach § 463 S.1 BGB haften. Es könne nicht rechtens sein, den Käufer für diese weitergehende Zusage auf die Verschuldenshaftung nach c.i.c. zu verweisen. Zwingend ist der Schluß deshalb nicht, da die Haftung nach § 463 S.1 BGB wegen nicht vertragsgemäßer Beschaffenheit bestehen bleibt und nur in Frage steht, wie der Verkäufer für die weitergehende Zusage haftet.

54) Befürwortend allerdings Koller, NJW 1981, S.1768.

55) Vgl. dazu aus jüngster Zeit die Arbeiten von Grunewald, Die Grenzziehung zwischen Rechts- und Sachmängelhaftung beim Kauf, 198o und Landsberg, Die Abgrenzung zwischen Sach- und Rechtsmängeln beim Kauf, Diss. Bonn 1981.

beruht auf einem von der Rechtsprechung und h.M. vertretenen engen Begriff des Rechtsmangels, nach dem eine Bindung kraft öffentlichen Rechts sich nach den Umständen des Einzelfalls als Sachmangel darstellen kann[56]. Maßgebend ist auch hier die Erwägung, daß ein zunächst als Rechtsmangel erscheinender Umstand als Sachmangel anzusehen ist, wenn er "aus der Beschaffenheit der Sache erwächst"[57]. Dementsprechend ist die Baulandqualität eines Grundstücks nach fast allgemeiner Meinung Sacheigenschaft[58]. Daß die Folge der Genehmigungsfähigkeit eines bestimmten Bauvorhabens später bei der Kaufsache gegenständlich zum Ausdruck kommt, im Fall der Anerkennung erhöhter steuerlicher Abschreibung dagegen nicht, im Fall des Patentschutzes einer Ware[59] lediglich darin, daß diese bei dessen Fehlen nachgebaut werden kann, ist als Abgrenzungskriterium nicht überzeugend. Dieses wird auch nicht konsequent gehandhabt. So hat bereits das Reichsgericht eine Eigenschaft des verkauften Grundstücks darin gesehen, daß das Nachbargrundstück nicht bebaut werden darf[6o]. Auch für sonstige Umweltbeziehungen hat sich der Eigenschaftsbegriff von der Beschaffenheit gelöst, etwa für den Fall der Herkunft eines Bildes aus Privatbesitz[61] oder auch für den Kurs

----

56) Vgl. zuletzt BGH, NJW 1983, S.275; BGH, LM Nr.5 zu § 434 BGB.

57) BGH, LM Nr.5 zu § 434 BGB Bl.2R; vgl. auch Staudinger/Köhler, § 434 Rdnr.1o.

58) Vgl. BGH, WM 1971, S.528; NJW 1979, S.33; s.auch BGH , NJW 1979, S.22oo; Staudinger/Köhler, § 434 Rdnr. 1o; Palandt/Putzo, § 459 Anm. 5 a; Larenz, SchR II, § 41 I a, S. 37; Landsberg, S.62 ff. Anderer Ansicht:Flume, Eigenschaftsirrtum, S.168 f.; Sellner, MDR 1971, S.169; kritisch Erman/Weitnauer § 434 Rdnr.2.

59) BGH, NJW 1973, S.1545.

6o) RGZ 161, S.33o,333.

61) RG, Justiz 1935, S.268.

eines Wertpapiers[62]. Selbst der enger an die Beschaffenheit gebundene Fehlerbegriff hat insoweit eine Erweiterung erfahren. Einen Sachmangel hat der BGH in der Gefahr der Unverkäuflichkeit von Hasenfleisch gesehen, weil der Verdacht des Salmonellenbefalls gegenüber importiertem Hasenfleisch bestimmter Herkunft bestand[63]. Damit vergleichbar wäre im Bereich der Produzentenhaftung ein Sachmangel darin zu sehen, daß der Ware ein latenter Produktfehler anhaftet[64]. Ein als neu gekauftes Fahrzeug ist mangelhaft, wenn die Produktion eingestellt wurde[65] oder ein Modellwechsel erfolgte[66].

b) Alternativen zur Begrenzung des Eigenschaftsbegriffs.

Die Rechtsprechung zum Begriff des Sachmangels zeigt deutlich, daß in den problematischen Grenzfällen das Abstellen auf die Beschaffenheit der Sache wenig zur Entscheidungsfindung beitragen kann bzw. der Anwendungsbereich der Sachmängelhaftung über Beschaffenheitsmerkmale hinaus erweitert ist. Gibt man daher das Beschaffenheitskriterium auf, ist der Umfang der Mängelgewährleistung für die hier zu erörternde Zusicherung einer Eigenschaft auf andere Weise zu begrenzen.

aa) Sachgemäßheit der Gewährleistungshaftung.

Zu fragen ist, inwieweit eine Orientierungshilfe geboten würde, stellte man darauf ab, ob der jewei-

---

62) Palandt/Putzo, § 459 Anm.5 g.

63) BGHZ 52, S.51; BGH, NJW 1972, S.1462.

64) Befürwortend Löwe, DAR 1978, S.288,292; Graf v. Westphalen, NJW 1979, S.838,845.

65) OLG Celle, BB 197o, S.9.

66) BGH, NJW 198o, S.1o97; OLG Düsseldorf, NJW 1971, S.622; s. auch BGH, NJW 198o, S.2127.

lige Sachverhalt durch die §§ 459 ff. BGB eine zweckgerechte Regelung erfahren kann[67]. Zu berücksichtigen ist dabei, daß neben der Gewährleistung heute die Rechtsinstitute der culpa in contrahendo, der positiven Vertragsverletzung und des Wegfalls der Geschäftsgrundlage stehen, die zwar jede Lücke in der Gewährleistung ausfüllen, andererseits aber wegen des Fehlens klarer Konturen einer Gefahr bloßer Interessen- und Billigkeitsjurisprudenz nicht entgegenwirken können. Der Rechtsprechung des BGH zum Fehlerbegriff wird dementsprechend entgegengehalten[68], dieser werde nur deshalb eingeengt, um auf das Rechtsinstitut der c.i.c. zurückgreifen zu können.

Ein Sonderproblem stellt die Haftung beim Unternehmenskauf dar. Hier wird gegen die Rechtsprechung, die an die Sachmängelhaftung anknüpft[69], eingewendet, die Rechtsfolgen der §§ 459 ff. BGB würden der Problematik nicht gerecht[7o]. Da der Unternehmenskauf mehr betrifft als eine Sache, geht es hierbei allerdings um eine analoge Anwendung der Sachmängelvorschriften. Nach Ansicht des BGH können Angaben über Umsatz und Erträge des Unternehmens Gegenstand einer Eigenschaftszusicherung sein, jedenfalls soweit sie sich über einen längeren Zeitraum erstrecken[71].Bei Angaben über einen kürzeren Zeitraum soll dagegen nur ein selbständiges Garantiever-

----

67) Vgl. Fabricius, JZ 197o, S.29.

68) Staudinger/Honsell, § 459 Rdnr. 17 a.E. unter Hinweis auf BGH, NJW 197o, S.653 u. BGH, DB 1977, S.1o42= NJW 1977, S.1538 (jeweils zum Unternehmenskauf) und BGH, NJW 1962, S.1196 (dazu s.oben bei Fn.5o).

69) Grundlegend RGZ 63, S.57; 67, S.86.

7o) Canaris, ZGR 1982, S.395; vgl. auch J. Baur, BB 1979, S.381,384 ff.

71) BGH, NJW 1977, S.1538; 1979 S.33; anders hinsichtlich Umsatzangaben noch BGH, NJW 197o, S.653,655.

sprechen in Betracht kommen[72], mit der Folge, daß im zweiten Fall der weniger aussagekräftigen Angaben die Verjährung nach § 195 BGB und im ersten Fall nach § 477 BGB zu bestimmen wäre[73].

bb) Die Verjährungsregelung des § 477 BGB.

(a) Die Verjährungsfrist.

Eindeutige Schlüsse lassen sich aus der Überlegung einer sachgerechten Verjährungsfrist schon deshalb nicht herleiten, da die kurze Frist des § 477 BGB selbst für eindeutige Sachmängelansprüche als rechtspolitisch verfehlt und reformbedürftig erkannt wird[74]. Zum anderen kann im Einzelfall auch bei Vorliegen eines selbständigen Garantievertrages die Verjährungsfrist nach § 477 BGB zu bestimmen sein[75].

(b) Der Verjährungsbeginn.

Indem § 477 BGB für den Verjährungsbeginn auf den Zeitpunkt des Gefahrübergangs abstellt, kommt darin die Vorstellung der Gesetzesverfasser zum Ausdruck, daß Sachmängel regelmäßig bei Überprüfung der Kaufsache sofort oder doch nach kurzer Zeit erkennbar sind[76]. Für den Unterschied von Sach- und Rechtsmängeln wird vermerkt, daß sich Sachmängel durch ihre Erkennbarkeit von Rechtsmängeln unterscheideten[77]. Nach § 444 BGB ist der Verkäufer zur Auskunft über rechtliche Verhältnisse der Kaufsache verpflichtet. Bei einem Rechtsmangel schadet dem

----

72) BGH, WM 1977, S.999,1ooo.

73) Kritisch Canaris, ZGR 1982, S.395,413.

74) Vgl.nur Peters/Zimmermann, Gutachten Verjährungsfristen, S.77,188.

75) Dazu s. unten 3. Kapitel I 2.

76) Vgl. Mot. II, S.238.

77) Vgl. Enneccerus/Lehmann, § 1o8 IV 6, S.44o; Wiedemann, Festschrift Nipperdey, S.815,827; Staudinger/Köhler, § 434 Rdnr.1o; Grunewald, Grenzziehung, S.25,27.

Käufer nach § 439 Abs.1 BGB nur positive Kenntnis, bei einem Sachmangel dagegen gem. § 46o S.2 BGB grobe Fahrlässigkeit.
Verbindliche Schlußfolgerungen lassen sich aus der Tatsache der Erkennbarkeit eines Mangels für dessen Einordnung als Sachmangel dennoch nicht ziehen[78]. Private Grundstückslasten sind etwa anhand des Grundbuchs ohne weiteres erkennbar, während tatsächliche Verhältnisse, wie etwa die Bodenbeschaffenheit eines Grundstücks, die Einholung eines Gutachtens erfordern können. Was dem Käufer erkennbar ist, hängt davon ab, wie weitgehend er im Einzelfall verpflichtet ist, die Kaufsache zu prüfen oder auch davon, welche Sachkenntnis er besitzt[79]. Aus der Verjährungsregelung und den unterschiedlichen Bestimmungen von Sach- und Rechtsmängelhaftung läßt sich nur soviel herleiten, daß die Sachmängelregelung maßgeblich von der Vorstellung beeinflußt ist, ein Sachmangel sei anhand der Kaufsache selbst ersichtlich. Notwendig für das Eingreifen der Sachmängelhaftung ist daher ein Sachbezug. Dieser ist ohne weiteres gegeben für Umstände, die in der Beschaffenheit selbst begründet sind. Der Anwendungsbereich der Sachgewährleistung hat sich,wie oben dargestellt, aber erweitert.

cc) Zumutbarkeit der Haftung nach § 463 S.1 BGB.

Aussagekräftiger als die Anknüpfung an die Verjährungsregelung erscheint für die Bestimmung des Eigen-

---

78) So weist Landsberg, S.11 Fn.1o zutreffend darauf hin, daß die Rechtsprechung einerseits die Erkennbarkeit betont (RGZ 1o8, S.297,281; BGHZ 67,S. 134,136), sich andererseits aber nicht auf bestimmte Kriterien festlegt (vgl. BGH, NJW 1978, S.37o; 1978, S.1429).

79) Vgl. Landsberg, S.12; ders., JuS 1982, S.335,336.

schaftsbegriffs der Gesichtspunkt, inwieweit es dem Verkäufer zumutbar ist, im Hinblick auf enttäuschte Erwartungen des Käufers ohne Verschulden nach § 463 S.1 BGB einzustehen, oder ob ihn lediglich eine Verschuldenshaftung nach den Grundsätzen der culpa in contrahendo trifft[8o)]. Maßgeblich für die ratio der Gewährleistungshaftung ist, daß der Verkäufer es in der Hand hat, ob die Kaufsache den Erwartungen des Käufers entspricht[81)]. Der Verkäufer kann regelmäßig besser als der Käufer untersuchen, ob der Kaufgegenstand die geforderten und zugesagten Eigenschaften aufweist[82)]. Dieser Grundsatz gilt für die sich aus der Beschaffenheit ergebenden Eigenschaften, ist aber nicht darauf beschränkt. Die Zusage, eine Ware genieße Patentschutz[83)] oder es liege kein (berechtigter oder unberechtigter) Verdacht des Bakterienbefalls von importierten Lebensmitteln vor[84)], ist von dem Verkäufer besser auf ihren Wahrheitsgehalt zu untersuchen, als durch den Käufer. Es bestätigt sich der aus der Rechtsprechung zur Abgrenzung von Zusicherung und Garantievertrag gewonnene Gesichtspunkt, daß im Gegensatz zu dem der

----

8o) Die Rechtsprechung und h.M. gehen davon aus, daß, soweit Eigenschaften der Sache betroffen sind,eine Haftung aus c.i.c. neben der Gewährleistung ausgeschlossen ist; BGHZ 6o, S.319. Zum Meinungsstand s. MK-Westermann, § 459 Rdnr.79 f.; Staudinger/Honsell, § 459 Rdnr.33 f.

81) Keine Hilfe bietet der Beherrschbarkeitsgedanke bei der Abgrenzung von Sach- und Rechtsmängeln schon deshalb, da der Verkäufer wegen Rechtsmängeln nach allgemeinen Regeln haftet. Bei zum Zeitpunkt des Vertragsschlusses vorliegenden Rechtsmängeln ist anfängliches Unvermögen gegeben, für das der Schuldner nach h.M. ohne Verschulden einzustehen hat; vgl. nur BGH, NJW 1983, S.275; MK-Westermann, § 44o Rdnr.8; anderer Ansicht Erman/Weitnauer, § 44o Rdnr.7 jeweils m.w.N.

82) Koller, Risikozurechnung, S.147 ff. spricht von abstrakter Beherrschbarkeit; ihm folgend Grunewald, Grenzziehung, S.25; vgl. auch Wiedemann, Festschrift Nipperdey, S.83o f., der auf § 461 BGB hinweist.

83) BGH, NJW 1973, S.1545,1546.

84) BGHZ 52, S.51; BGH,NJW 1972, S.1462.

Sachgewährleistungsregelung zugrundeliegenden Gedanken abstrakter Beherrschbarkeit Charakteristikum eines selbständigen Garantievertrages ein spielartiges, nicht kalkulierbares Moment ist[85]. Dieser Risikofaktor des Garantievertrages wird auch in der neueren Rechtsprechung des BGH zu Angaben über Unternehmensumsätze und Erträge deutlich. Ertrag und Umsatz sollen nur Eigenschaften des Unternehmens sein, wenn sich die Angaben über einen längeren Zeitraum erstrekken, da nur dann Schlüsse auf die dauernde Ertragsfähigkeit des Unternehmens möglich sind[86]. Ein Schadensersatzversprechen für den Fall der Unrichtigkeit von Umsatz und Ertragsangaben über einen kurzen Zeitraum hat im Hinblick auf die Ertragsfähigkeit des Unternehmens spekulativen Charakter und ist Garantievertrag.

Der Anwendungsbereich des Sachmängelrechts und damit auch der Beherrschbarkeitsgesichtspunkt findet seine Grenze, wenn eindeutig kein Bezug eines Umstandes zur Kaufsache besteht. Auszuschließen von dem Eigenschaftsbegriff sind Umstände, die ihre Ursache in persönlichen Verhältnissen der Vertragsparteien haben. Die Grunderwerbssteuerbefreiung[87] und die Abschreibungsmöglichkeit nach § 7 b EStG[88] etwa können von Umständen, die in der Person des Käufers begründet sind, abhängig sein. Sagt der Verkäufer eines Grundstücks im Hinblick auf nicht von den persönlichen Voraussetzungen des Käufers abhängige Steuervorteile zu, der Käufer sei Ersterwerber, sichert er ebenso eine Eigenschaft zu[89], wie der

----

85) S. oben, III bei Fn.32.

86) BGH, NJW 1977, S.1538,1539; ebenso zu Ertrags-, nicht zu Umsatzangaben, BGH, NJW 197o, S.653,655.

87) S. §§ 3 ff. GrEStG a.F. Durch die Neufassung des GrEStG vom 17.12.1982 sind die Befreiungstatbestände im wesentlichen aufgehoben.

88) S. § 7 b Abs.5, S.2 EStG.

89) Anderer Ansicht OLG Celle, OLGZ 78, S.454.

dieselbe Aussage abgebende Verkäufer eines Kraftfahrzeugs[9o]. Ebenso keinen Bezug zur Kaufsache haben persönliche Verhältnisse des Verkäufers. Einem Grundstück oder Erbbaurecht, das im wesentlichen das ganze Vermögen des Verkäufers ausmacht, fehlt keine vertraglich geschuldete Sacheigenschaft, weil der Käufer nach § 419 BGB haftet[91]. Nichts anderes kann auch für persönliche Verhältnisse Dritter gelten. Die Zahlungsfähigkeit des Mieters eines verkauften Hauses kann nicht Gegenstand der Sachmängelhaftung sein[92].

4. Zwischenergebnis.

Ist der Bezug eines Umstandes zur Kaufsache nicht eindeutig, kann die Feststellung, ob eine Sacheigenschaft betroffen und damit Gewährleistungsrecht anwendbar ist oder ein selbständiger Garantievertrag vorliegt, danach beurteilt werden, ob der jeweilige Umstand von dem Verkäufer generell beherrschbar ist oder die Zusage ein spielartiges, spekulatives Moment aufweist. Von der Sachmängelhaftung ausgenommen sind persönliche Verhältnisse der Vertragsparteien oder Dritter.

V. Die Zusage künftiger Umstände.

Neben der Zusicherung einer Eigenschaft für den Zeitpunkt des Vertragsschlusses, sind Zusagen zu untersuchen, die sich auf zukünftige Umstände beziehen.

9o) So OLG Köln, VersR 1974, S.584.

91) Im Ergebnis BGHZ 7o, S.47.

92) RG, Recht 1912, Nr.38; anders RG, JW 1912, S.91o.

Für die Haftung aus § 463 S.1 BGB ist beim Spezieskauf maßgebend der Zeitpunkt des Vertragsschlusses. § 480 Abs.2 BGB stellt für den Gattungskauf auf den Zeitpunkt des Gefahrübergangs ab, da zuvor der Kaufgegenstand nicht konkretisiert ist und damit nicht als Einzelobjekt, dem die zugesicherte Eigenschaft fehlt, feststeht[93]. Zu unterscheiden ist, ob ein Umstand für einen Zeitpunkt nach Gefahrübergang zugesagt ist, oder, bedeutsam nur für den Spezieskauf, nach Vertragsschluß aber bis zum Zeitpunkt des Gefahrübergangs eintreten soll.

1. Zusicherung bei modifiziertem Haftungszeitpunkt.

Zu fragen ist, ob eine, die Haftung nach § 463 S.1 (§480 Abs.2) BGB auslösende Zusicherung schon begrifflich ausgeschlossen ist, wenn eine Vereinbarung zwischen den Vertragsparteien das vom Verkäufer zu tragende Risiko über den Zeitpunkt der gesetzlichen Haftung hinaus erstreckt. Sieht man in der Zusicherung notwendig ein Haftungsversprechen, so könnte die gesetzliche Regelung die Funktion haben, die Grenzen des Anwendungsbereichs der gewährleistungsrechtlichen Schadensersatzhaftung verbindlich festzulegen. Für derartige Schlußfolgerungen ist bereits die Systematik der Zusicherungshaftung zu wenig konsequent. Hatte die Kaufsache bei Vertragsschluß die zugesicherten Eigenschaften, fehlen diese aber bei Gefahrübergang, haftet der Verkäufer auf Wandlung und Minderung. In diesem Fall bezieht sich die "Garantie" also auf den Gefahrübergang. Die Einschränkung der Haftung nach § 463 S.1 BGB wird nun damit erklärt, der Erklärungs-

----

93) Mot. II, S.243.

gehalt der Garantie sei dahingehend abgeschwächt[94].

Wie oben[95] dargestellt, gingen die Gesetzesverfasser nicht davon aus, der Verkäufer habe ein Schadensersatzversprechen zu erklären, sondern sie haben für den Fall der Zusicherung ein solches unterstellt. Diese Unterstellung hielt man nur für zum Zeitpunkt des Vertragsschlusses fehlende Eigenschaften dem Verkäufer zumutbar. Ausgeschlossen ist damit nicht, daß der Verkäufer durch eine vertragliche Vereinbarung die Haftung für einen späteren Zeitpunkt übernimmt. Eine Begrenzung des Anwendungsbereichs des Gewährleistungsrechts muß sich aus anderen Gesichtspunkten ergeben.

2. Die Zusage des Eintritts von Sacheigenschaften nach Gefahrübergang.

a) Rechtsprechung.

Erklärt der Verkäufer in Abweichung von der gesetzlichen Haftung für eine Eigenschaft einstehen zu wollen, die erst nach Gefahrübergang zur Entstehung gelangen soll, wird die Schadensersatzpflicht einhellig als Gegenstand eines selbständigen Garantievertrages gesehen. Die Rechtsprechung beschränkt sich im wesentlichen auf Fälle der Bebaubarkeit von Grundstücken. Die Einstandsverpflichtung für die künftige, nach Gefahrübergang entstehende Bebaubarkeit sei Inhalt eines selbständigen Garantievertrages[96]. Die Zusage, nach bestehenden Bauvorschriften

----

94) Larenz,SchR II, § 41 II c 1, S.54, kritisch dazu Herberger, S.127, der schon daraus folgert, die Zusicherung sei keine Garantie.

95) S. oben, 1. Abschnitt, 2. Kapitel I 1.

96) RGZ 52, S.429; RG WarnR 1911, S.183 Nr.172; BGH, WM 1978, S.554; WM 1977, S.118; vgl. auch BGH, NJW 1979, S.34.

dürfe ein Nachbargrundstück nicht bebaut werden, könne dagegen eine Haftung nach § 463 S.1 BGB auslösen[97]. Die Versicherung des Verkäufers eines Bauplatzes, auf dem Nachbargrundstück werde kein Kiosk mit Getränke-Shop gebaut, betreffe keine Eigenschaft des Bauplatzes[98], kann also auch keine Haftung nach § 463 S.1 BGB begründen.
Zur Verdeutlichung sei auf eine neuere Entscheidung des Bundesgerichtshofs[99] eingegangen. Die Parteien schlossen einen Kaufvertrag über ein Grundstück. In dem Kaufvertrag verpflichtete sich der Verkäufer gegen Provision zur Vermittlung eines Bauvertrages mit einer Baufirma zu einem Festpreis. Im Anschluß daran hieß es in dem Vertrag: "Mit dem Bau soll 1974 begonnen werden". Der Bauantrag wurde von der Baubehörde Anfang 1974 abschlägig beschieden, da die Erschließung nicht gesichert sei. Das Berufungsgericht nahm an, der Verkäufer habe für die Bebaubarkeit einstehen wollen. Daraus folgerte es einen Schadensersatzanspruch aus § 463 S.1 BGB. Der BGH verneinte den Gewährleistungsanspruch, da die Erwartung, ein Grundstück werde demnächst bebaubar sein, keine Eigenschaft des Grundstücks begründe. Eine Sachmängelhaftung scheide aus, wenn eine vorausgesetzte Eigenschaft weder zum Zeitpunkt des Vertragsschlusses, noch zum Zeitpunkt der Übergabe vorliegen sollte. Die gegenwärtige Eigenschaft des Grundstücks sei dann die Qualität als Bauerwartungsland, nicht die erst künftig eintretende Bebaubarkeit[1oo].

----

97) RGZ 161, S.33o,333 ff.

98) OLG Frankfurt, MDR 1982, S.667.

99) BGH, WM 1978, S.554.

1oo) Ebenso BGH, WM 1977, S.118; vgl. auch schon RGZ 52, S.429,431; ebenso Erman/Weitnauer, I 459 Rdnr.36; MK-Westermann, § 459 Rdnr.67; Staudinger/Honsell, § 459 Rdnr.88.

b) Abgrenzung nach dem Eigenschaftsbegriff.

aa) Beschaffenheitsgesichtspunkt der Rechtsprechung.

Das Reichsgericht hat den Ausschluß des Gewährleistungsrechts für nach dem Gefahrübergang liegende Umstände auf den Eigenschaftsbegriff zu stützen versucht. Aus ungewissen Möglichkeiten ergebe sich keine für den Eigenschaftsbegriff beachtliche Beziehung, es fehle an einem gerade der Kaufsache anhaftenden Umstand[lo1)]. Im Ergebnis beruht die Begründung in dem fehlenden Bezug eines Umstandes zu der Beschaffenheit der Kaufsache[lo2)]. Dieser Gesichtspunkt erfaßt allerdings die Fälle der Sachmängelhaftung nicht erschöpfend[lo3)].

bb) Eingeschränkte Eignung des Eigenschaftsbegriffs als Abgrenzungsmerkmal.

Ohne weiteres auszuscheiden von der Sachmängelhaftung sind solche Umstände, die auch dann nicht Eigenschaft der Kaufsache wären, hätte der Verkäufer diese für den Zeitpunkt des Vertragsschlusses zugesagt. Ist eine solchermaßen zusicherungsfähige Eigenschaft betroffen, etwa die Bebaubarkeit eines Grundstücks, kann im übrigen die Abgrenzung von Zusicherung und Garantievertrag nicht nach einem "natürlichen" Eigenschaftsbegriff erfolgen. Die erst in Zukunft eintretende Bebaubarkeit ist nicht weniger Eigenschaft des Grundstücks wie die gegenwärtige. Der Mietertrag ist nicht deshalb weniger

----

lo1) RGZ 161, S.193,195.

lo2) So deutlich RGZ 52, S.429,431.

lo3) S. oben IV.

Eigenschaft des verkauften Hauses, nur weil er noch in Zukunft erzielt werden muß und nicht bereits erzielt wurde[1o4]. Die Unanwendbarkeit des Sachmängelrechts folgt nicht aus dem Eigenschaftsbegriff als solchem[1o5]. Das deutet auch der BGH an, indem er auf die Gegenwärtigkeit der Eigenschaft abstellt[1o6].

c) Der Gesichtspunkt der kurzen Verjährung nach § 477 BGB.

Für den Ausschluß des Gewährleistungsrechts hinsichtlich der Zusage des Eintritts von Sacheigenschaften nach Gefahrübergang, zieht der Bundesgerichtshof die Verjährungsregelung des § 477 BGB heran. Nur für zum Zeitpunkt des Gefahrübergangs vorhandene Eigenschaften könne "sinnvollerweise eine kurzfristige Abwicklung des Vertragsverhältnisses gewollt sein"[1o7].
Aus der Verjährungsfrist lassen sich keine eindeutigen Schlüsse herleiten[1o8]. Für den Beginn der Verjährungsfrist stellt § 477 BGB allerdings eindeutig auf den Gefahrübergang ab[1o9]. Für die Frage, ob sich die Haftung für die Zusage des Eintretens von Sacheigenschaften nach Gefahrübergang nach Gewährleistungsrecht bestimmen kann, ist aber nicht auf die nach der gesetzlichen Regelung maßgeblichen Zeitpunkte abzustellen, sondern darauf, inwieweit

---

1o4) So allerdings Erman/Weitnauer, § 459 Rdnr.5.

1o5) BGH, WM 1977, S.118; MK-Westermann, § 459 Rdnr.67; ungenau RGZ 148, S.286,295.

1o6) BGH, WM 1978, S.554; WM 1977, S.118.

1o7) BGH, WM 1977, S.118 = BGH, LM Nr.83 zu § 242 BGB (Bb).

1o8) S. oben IV 3 b bb (a).

1o9) Eine Einschränkung des Gesetzeswortlaut ist selbst in bezug auf nach positiver Vertragsverletzung wegen schuldhafter Schlechtlieferung begründete Ansprüche nicht möglich, selbst wenn ein Mangelfolgeschaden erst nach Ablauf der Verjährungsfrist entsteht; h.M.; vgl. BGHZ 77, S. 215,22o ff. m.Nachweisen.

eine abweichende Vereinbarung des Beginns der Verjährungsfrist den Zweck des Gewährleistungsrechts beseitigt. Eine, die Regelung des § 477 BGB modifizierende Vereinbarung auch hinsichtlich des Beginns der Verjährungsfrist, ist im Rahmen des Gewährleistungsrechts jedoch möglich. Neben der Verlängerung der Verjährungsfrist können die Parteien etwa für nach § 463 S.1 BGB zu ersetzende Mangelfolgeschäden einen anderen Verjährungsbeginn festlegen[llo)]. Ein Beispiel für die Verschiebung des Verjährungsbeginns nach § 477 BGB sind allgemein die sogenannten unselbständigen Garantien in Form von Garantiefristen als Haltbarkeitsgarantien[111)].

d) Der Gesichtspunkt der Erfüllung.

Es wird auch darauf hingewiesen, eine über den Zeitpunkt des Gefahrübergangs hinausreichende Verpflichtung könne nur Gegenstand eines selbständigen Garantievertrages sein, da der Kaufvertrag erfüllt sei[112)]. Damit ist aber nicht dargelegt, weshalb es den Parteien verwehrt sein soll, den Erfüllungszeitpunkt auf den Eintritt des künftigen Umstandes hinauszuschieben.

e) Berücksichtigung der vertragstypischen Leistungspflicht.

Die §§ 459 ff. BGB sind beschränkt auf kaufvertragliche Pflichtverstöße in Form mangelhafter Lieferung.

----

llo) Vgl. BGHZ 77, S.215,224.

111) S. dazu unten 2. Kap. I 1.

112) Soergel/Ballerstedt, § 459 Rdnr.34.

Für die Abgrenzung des Anwendungsbereichs der Sachmängelvorschriften ist daher auszugehen von der Frage, welche Pflichten noch Gegenstand des Vertragstypus Kauf sind. Die Pflicht des Verkäufers ist es, die Kaufsache in ihrer Ist- oder Sollbeschaffenheit zu übereignen. Eine Herstellungs- oder Nachbesserungspflicht trifft ihn nicht. Eine besonders vereinbarte Nachbesserungsverpflichtung ist Gegenstand des Kaufvertrages, soweit dadurch die Kaufsache in den vertragsgemäßen Zustand, den sie bei Übergabe haben sollte, zu versetzen ist[113].
Im Hinblick auf eine Verpflichtung des Verkäufers, nach Gefahrübergang einen bestimmten Zustand der Sache herzustellen[114], den also die Parteien bei Vertragsschluß oder Gefahrübergang als noch nicht gegeben ansahen, ist zu berücksichtigen, daß Erfüllung des Kaufvertrages regelmäßig mit der Übergabe der Kaufsache eintritt. Die Übergabe ist der Zeitpunkt der Eigentumsverschaffung gem. § 929 BGB und kann im Einzelfall vorverlegt sein (§§ 93o,931 BGB). Eine Ausnahme gilt insoweit lediglich beim Kauf unter Eigentumsvorbehalt (§§ 455, 158 Abs.1 BGB). Mit der Übergabe hat der Käufer gem. § 446 Abs.1 BGB die Gefahr zu tragen, ausnahmsweise bei Grundstükken gem. § 446 Abs.2 BGB, beim Versendungskauf gem. § 447 BGB, beim Annahmeverzug nach § 3oo Abs.2 BGB vor diesem Zeitpunkt. Mit der Übergabe ist die Kaufsache daher dem Käufer zugeordnet und kann nicht mehr Gegenstand einer kaufvertraglichen Verschaffungspflicht sein. Daran knüpft § 477 BGB an, indem

----

113) S. dazu unten 2. Kap. III 1 b.

114) Etwa, wenn der Verkäufer eines Autos, das neue Kotflügel erhalten soll, dem Käufer erklärt, die Reparatur könne erst später vorgenommen werden, der Käufer könne das Fahrzeug bisweilen benutzen.

er den Verjährungsbeginn eindeutig auf den Zeitpunkt des Gefahrübergangs festlegt und nicht etwa darauf abstellt, wann die Kaufsache die dem Käufer zugesagten Eigenschaften haben sollte. Die Zusage, bestimmte Umstände werden nach Gefahrübergang eintreten, eine Eigenschaft der Kaufsache entstehen, kann, soweit der Verkäufer eine solche Herstellungspflicht übernimmt, Gegenstand eines Werkvertrags sein[115]. Übernimmt er eine Herstellungspflicht nicht, sondern will nur für den Fall des Nichteintritts haften, ist dementsprechend dieses Schadensersatzversprechen nicht kaufvertragstypisch.
Der Kaufvertrag ist also dadurch typisiert, daß die Übergabe der Sache regelmäßig der Erfüllungszeitpunkt ist, in diesem Zeitpunkt die Vertragsmäßigkeit der Leistung festzustellen sein muß[116] und bei ordnungsgemäßer Lieferung die Vertragsbeziehungen abgewickelt sind. Für die Festlegung des Eigenschaftsbegriffs gilt demzufolge, daß hierfür nur solche Umstände in Betracht kommen, die existent sind und nicht erst nach Gefahrübergang entstehen sollen.
Als Ergebnis dieser Überlegungen kann festgehalten werden, daß sich die Zusage des Eintretens von Eigenschaften der verkauften Sache nach Gefahrübergang nicht nach Kaufgewährleistungsrecht beurteilt. Deshalb können nur solche Umstände einen Mangel gem. § 459 BGB begründen, die zum Zeitpunkt des Gefahrübergangs den nötigen Sachbezug aufweisen. Die Notwendigkeit der Feststellung eines Sachbezugs bei

----

115) S. unten 3. Kap. III. 1 b.

116) Tatsächliche Hindernisse, wie ein Mangel eines technischen Gerätes zeigt sich erst nach längerem Gebrauch, bleiben selbstverständlich außer Betracht.

Gefahrübergang läßt sich nicht aus der Verjährungsregelung herleiten, sondern aus dem Vertragstypus Kauf.

3. Eigenschaften, die bis zum Gefahrübergang entstehen sollen.

a) Anwendbarkeit des § 463 S.1 BGB.

Erklärt der Verkäufer für eine Eigenschaft einstehen zu wollen, die nicht zum Zeitpunkt des Vertragsschlusses vorliegt, aber bis zur Übergabe eintreten soll, ist nach fast allgemeiner Ansicht § 463 S.1 BGB entsprechend anzuwenden[117)], etwa für die Nichteinhaltung der Zusage, ein Grundstück werde bis zu einem bestimmten Zeitpunkt nach Vertragsschluß aber noch vor Gefahrübergang bzw. Auflassung bebauungsfähig sein[118)], oder ein verkauftes Kraftfahrzeug werde bis zur Lieferung betriebsbereit sein[119)].

b) Begründung.

Geht man davon aus, die Schadensersatzhaftung nach § 463 S.1 BGB rechtfertige sich nur für solche Umstände, die der Verkäufer bei Begründung des Leistungsversprechens nachprüfen könne, nicht aber für künftige Entwicklungen[12o)], wäre es konsequent, auch hier die Verlagerung des maßgeblichen Zeitpunkts für die Gewährleistung in die Zukunft als

----

117) RG, Gruchot 67, S.311 = RG, Recht 1924, Nr.526; vgl. auch BGH, WM 1978, S.554; BGH, LM Nr.3o zu § 463 BGB; BGB-RGRK-Mezger, § 463 Rdnr.2; Staudinger/Honsell, § 463 Rdnr.7; Palandt/Putzo, § 463 Anm. 3 a; G.Müller, ZIP 1981, S.7o7,7o9.

118) BGH, LM Nr.3o zu § 463 BGB; vgl.auch BGH, NJW 1979, S.22oo,22o1 linke Sp.

119) RG Gruchot 67, S.311.

12o) So Mot. II, S.479 f. für die vom Kaufrecht abweichende Regelung der Zusicherungshaftung beim Werkvertrag; Staudinger/Honsell, § 459 Rdnr.88 führt lediglich aus, künftige Umstände seien Gegenstand eines selbständigen Garantievertrages.

Inhalt eines selbständigen Garantievertrages zu qualifizieren[121].

Ein Versprechen im Hinblick auf Umstände, die erst nach Gefahrübergang Eigenschaften der Kaufsache begründen sollen, beurteilt sich nicht nach Gewährleistungsrecht, da hier der zum Zeitpunkt des Gefahrübergangs festzustellende Sachbezug fehlt[122]. Der Gesichtspunkt greift bei der Zusage, eine Sacheigenschaft werde nach Vertragsschluß bis Gefahrübergang vorhanden sein, nicht ein. Sagt der Verkäufer zu, die Kaufsache werde bis zur Übergabe an den Käufer die vertraglichen Eigenschaften aufweisen, kann,sofern eine Herstellungspflicht übernommen wird, ein Werklieferungsvertrag gegeben sein. Tritt die zugesagte Eigenschaft nicht ein, haftet der Werklieferer nach Gewährleistungsrecht, wobei zwischen kauf- und werkvertraglicher Gewährleistung nur danach zu unterscheiden ist, ob eine vertretbare oder unvertretbare Sache hergestellt werden soll (§ 651 Abs.1 S.2 BGB). Übernimmt der Verkäufer eine solche Verpflichtung nicht, sondern haftet auf Grund der Zusage lediglich auf Schadensersatz, ist es nur folgerichtig, diese Zusage als Zusicherung und nicht als Gegenstand eines selbständigen Garantievertrages zu begreifen. In diesem Fall liegt eine Vereinbarung der Parteien über die Änderung des für das Vorliegen der zugesicherten Eigenschaft maßgeblichen Zeitpunkts vor. Ein vertragliches Schadensersatzversprechen ist auch hier nicht zu fordern, sondern darauf abzustellen,

----

121) So vermutlich MK-Westermann, § 459 Rdnr.67, der allerdings nicht von Garantievertrag, sondern davon spricht, die Voraussetzungen einer Garantie müßten vorliegen.

122) S. oben unter 2.

ob der Käufer über die Erwartung vertragsgemäßer Leistung hinaus auf das Vorliegen der Sacheigenschaft bei Gefahrübergang in besonderem Maße vertrauen durfte[123].

Sagt der Verkäufer zu, eine Sacheigenschaft werde bis zum Gefahrübergang entstehen, bestimmt sich ein Schadensersatzanspruch des Käufers im Falle des Nichteintretens nach § 463 S.1 BGB.

VI. Die "Fortbestandsgarantien".

Eine weitere Gruppe stellen solche Eigenschaften der Kaufsache dar, die zum Zeitpunkt des Gefahrübergangs vorhanden sind, deren Fortdauer zudem über diesen Zeitpunkt hinaus zugesagt wird.

1. Rechtsprechung und Literatur.

Das Reichsgericht hat in früheren Entscheidungen die Zusage, eine gegenwärtig erlaubte Bebauung werde auch in Zukunft noch zulässig sein[124] oder die, der Umbau des verkauften Hauses werde baurechtlich Bestand haben[125], als Gegenstand eines selbständigen Garantievertrages gesehen. Angesichts der Übereinstimmung im Ergebnis zu den Fällen der Zusage künftiger Bebaubarkeit wird teilweise vermerkt, daß Umstände, die sich auf die Zukunft beziehen, zukünftige Entwicklungen der Kaufsache nicht Gegenstand einer Zusicherung, sondern nur eines selbständigen

----

123) Dazu s. oben 1. Abschnitt. Das hat allerdings zur Folge, daß der Werklieferer einer unvertretbaren Sache (§651 Abs.1, 2.HS.), der nach Werkvertragsrecht haftet, ohne Verschulden nur bei Übernahme einer sog. unselbständigen Garantie auf Schadensersatz haftet. Die praktischen Unterschiede werden aber nicht ins Gewicht fallen. So ist vorgeschlagen worden, jede Zusicherung des Werkunternehmers als unselbständige Garantie aufzufassen (Eimer, NJW 1973, S.59o).

124) RG, JW 19o6, S.712 Nr.8; vgl. auch RGZ 161, S.193.

125) RG, WarnR 19o9, S.19o Nr.2o1.

Garantievertrages sein könnten[126]. Es wird also nicht zwischen der Zusage des Entstehens einer künftigen Eigenschaft und dem Fortbestand bei Gefahrübergang vorhandener Eigenschaften unterschieden. Andere Stimmen in der Literatur unterscheiden beide Fallgruppen, wollen diese ebenfalls im Ergebnis gleichstellen[127]. Eine Differenzierung deutet Westermann[128] an. Die Übernahme der Einstandspflicht für zukünftige Entwicklungen deute auf einen Garantievertrag, insbesondere wenn keine der Parteien darauf Einfluß habe. Dagegen liege in der Regel eine Zusicherung vor, wenn der Fortbestand gegenwärtiger Eigenschaften und der Funktionstauglichkeit behauptet werde. Eine Begründung wird allerdings nicht gegeben.

Die Gleichstellung der Übernahme der Gewähr für Umstände, die erst nach Gefahrübergang als Eigenschaft der Kaufsache zur Entstehung gelangen sollen und der Zusage, die Kaufsache werde ihre bei Gefahrübergang vorhandenen Eigenschaften behalten, geht maßgeblich auf eine entsprechende Aussage des Reichsgerichts zurück. Dieser Grundsatz sei in der Rechtsprechung des Gerichts anerkannt[129]. Dabei lagen den in bezug genommenen Entscheidungen ausnahmslos Fälle zugrunde, in denen der Verkäufer die Fortdauer der Bebaubarkeit für die Zukunft[13o] und die erst später eintretende Bebaubarkeit[131] zugesagt hatte.

----

126) Vgl. Erman/Weitnauer, § 459 Rdnr.36; Staudinger/Honsell, § 459 Rdnr.88.

127) V.Götz,S.63 f.; G. Müller, ZIP 1981, S.7o7,712 f.; Tengelmann, NJW 1966, S.2195,2198; Soergel/Ballerstedt, Vor § 459 Rdnr.23; BGB-RGRK-Mormann, Vor § 765, Rdnr.7; MK-Pecher, Vor § 765 Rdnr.7; Zillich, S.11o.

128) MK-Westermann, § 459 Rdnr.87.

129) RGZ 146, S.12o,125.

13o) RG, JW 19o6, S.712 Nr.8; RG, WarnR 19o9, S.19o Nr.2o1.

131) RG,WarnR 1911, S.183 Nr.172; ebenso RGZ 52, S. 429.

Keine Erwähnung findet eine nur kurz zuvor ergangene Entscheidung[132]. In dem zugrundeliegenden Fall hatte der Verkäufer einer Rechenmaschine die Verpflichtung zur Beseitigung auftretender Mängel übernommen. Die Erklärung sollte beinhalten, daß die vorhandene Leistungsfähigkeit der Maschine auch in Zukunft fortdauere. Das Reichsgericht sah sich hier angesichts der Entscheidungen zur Zusage künftiger Bebaubarkeit zu der Bemerkung veranlaßt, daraus, daß die Zusicherung,eine bei Gefahrübergang vorhandene Eigenschaft werde auch in Zukunft fortdauern, als Gegenstand eines selbständigen Garantievertrags gewertet worden sei, folge nicht, daß hier die Gewährleistungsansprüche ausgeschlossen seien. In einer früheren Entscheidung, in der es um die Zuchttauglichkeit eines Deckhengstes ging, hatte das Reichsgericht die vorgetragene Ansicht, es liege ein selbständiger Garantievertrag vor, da die Fortdauer der Zuchttauglichkeit über den Zeitpunkt des Gefahrübergangs hinaus zugesagt sei, aus tatsächlichen Erwägungen zurückgewiesen. Der Verkäufer habe nur die Zuchttauglichkeit für den Zeitpunkt des Gefahrübergangs zugesichert[133]. In dem nunmehr entschiedenen Fall[134], ging es um folgenden Sachverhalt: Verkauft waren 498o Kuxe einer 5ooo-teiligen Gewerkschaft "J-Grube". Weitere, als die im Vertrag aufgeführten Schulden der Gewerkschaft sollten zum Zeitpunkt des Kaufs nicht bestehen. Eineinhalb Jahre später wurde vom Finanzamt eine Steuernachforderung festgesetzt. Die Ersatzansprüche des Käufers stützte das Reichsgericht auf einen selbständigen Garantievertrag. Die Garantie habe sich über den Zeitpunkt des Gefahrübergangs hinaus erstreckt, da sie den Inhalt gehabt

----

132) RG, LZ 1931, Sp.174 ff.

133) RG,WarnR 1914, S.2o8 Nr.154.

134) RGZ 146, S.12o.

habe, den Käufer werden keine weiteren, künftigen Verbindlichkeiten treffen.

Von einem Umstand, der erst nach Gefahrübergang begründet worden wäre, kann entgegen der Ansicht des Reichsgerichts jedoch nicht gesprochen werden. Die Steuerschuld bestand schon zum Zeitpunkt des Kaufs und wurde erst später festgesetzt. Die Unentdeckbarkeit eines Mangels kann aber die Gewährleistung nicht ausschließen[135]. Die Entscheidung des Reichsgerichts stützt G. Müller mit dem Hinweis, daß nach dem Inhalt der Garantie die Eigenschaft (Schuldenfreiheit) auch noch nach Gefahrübergang existent sein sollte[136]. Dagegen ist einzuwenden, daß eine nach dem Gefahrübergang begründete Verbindlichkeit sicherlich nicht von dem Verkäufer getragen werden sollte. Hinsichtlich der Beurteilung der Steuerverpflichtung als Mangel ist dagegen nicht auf den Zeitpunkt des behördlichen Festsetzungsbescheides, sondern darauf abzustellen, daß der Steuertatbestand vor Gefahrübergang gegeben war[137]. Anlaß für die Bejahung eines Garantievertrages sah das Reichsgericht offensichtlich in der für den Fall unpassenden Verjährungsfrist des § 477 BGB. Zur Herbeiführung eines sachgerechten Ergebnisses bedarf es hier aber weder der Unterstellung einer vertraglichen Abänderung des § 477 BGB[138], noch einer Oberdehnung des Anwendungsbereichs des selbständigen Garantievertrages. Beim Kauf eines Unternehmens haf-

----

135) Gegen die Entscheidung auch:Hommelhoff, S.55 ff.; Stötter, DB 1971, S.2145,2147 Fn.15.

136) G. Müller, ZIP 1981, S.7o7,7o9.

137) Vgl. BGH, NJW 1979, S.34: Einem Grundstück fehlt zum Zeitpunkt die Eigenschaft als Bauland, auch wenn eine Baugenehmigung zunächst erteilt, nach Gefahrübergang jedoch rechtmäßig widerrufen wird.

138) So aber Stötter, DM 1971, S.2145,2147 Fn.15.

tet der Erwerber für die Verbindlichkeiten des Verkäufers gegenüber den Gläubigern gem. § 25 HGB. Im Innenverhältnis zwischen Verkäufer und Käufer ist im Grundsatz davon auszugehen, daß für die bis zum Zeitpunkt der Übergabe begründeten Verbindlichkeiten der Verkäufer einzustehen hat, der Unternehmenserwerber also im Wege des Gesamtschuldnerausgleichs Rückgriff[139] nehmen kann, u.U. auch nach § 812 BGB[14o].

2. Folgerungen.

Eindeutige Schlußfolgerungen lassen sich aus der dargestellten Rechtsprechung dahingehend, die Zusage des Fortbestandes von Sacheigenschaften über den Gefahrübergang hinaus sei generell Gegenstand eines selbständigen Garantievertrages, noch nicht herleiten.
Für den Ausschluß des Kaufgewährleistungsrechts bei der Zusage von nach Gefahrübergang entstehenden Sacheigenschaften sprach, daß bei Gefahrübergang die Vertragsmäßigkeit der Sache feststellbar i.S. von gegeben sein muß. Dieser Gesichtspunkt steht der Einordnung der Zusage, bei Gefahrübergang vorhandene bzw. vertraglich bedungene Eigenschaften werden über diesen Zeitpunkt hinaus fortdauern, nicht entgegen.
Für die Annahme eines selbständigen Garantievertrages spricht, daß nach der Übergabe der Verkäufer die Möglichkeit der Einflußnahme auf die Sache verliert[141]. Dieser Umstand deutet darauf, daß hier die Einstandsverpflichtung für den Fortbestand der Sacheigenschaft das für den Garantievertrag charakteristische spielartige, spekulative Moment aufweist. Dagegen ist der

----

139) Hommelhoff, S.56 f.
14o) Vgl. dazu OLG Karlsruhe, DB 1975, S.1262.
141) G. Müller, ZIP 1981, S.7o7,712 f.

für den Eigenschaftsbegriff notwendige Sachbezug eines Umstandes zur Kaufsache danach zu ermitteln, inwieweit dieser Umstand von dem Verkäufer generell beherrschbar ist[142]. Stellte man aber bei zukünftigen Umständen jeweils darauf ab, inwieweit der Verkäufer die Möglichkeit der Einflußnahme zur Herbeiführung des zugesagten Erfolges hat, könnte dies zu unsachgemäßen Differenzierungen führen. Das läßt sich demonstrieren anhand der Fälle künftiger Bebaubarkeit. Ist Verkäuferin eines Grundstücks die planungszuständige Gemeinde, wäre eine mögliche Einflußnahme auf die Entwicklung des Baurechtszustandes nicht generell zu verneinen[143]. Stellt man einseitig auf die mögliche Einflußnahme ab, wäre absurderweise aber folgerichtig die Zusage des Fortbestandes eines Baurechtszustandes einerseits nach Gewährleistungsrecht zu beurteilen und,soweit sie von einer Privatperson abgegeben würde, ein selbständiger Garantievertrag anzunehmen.
Auszugehen ist davon, daß für die Qualifizierung einer Zusage als Zusicherung eine inhaltliche Beziehung zur Kaufsache bestehen muß. Für das Vorliegen eines selbständigen Garantievertrages spricht im Fall der Zusage der Fortdauer eines Baurechtszustandes, daß der Verkäufer die Gewähr für eine Sacheigenschaft übernimmt, deren Fortbestand maßgeblich

----

142) S. oben IV. 3 b cc.

143) Wird etwa ein Bebauungsplan wegen umfassender Regionalplanung durch den Regierungspräsidenten nicht rechtzeitig genehmigt (BGH, LM Nr. 3o zu § 463 BGB),hängt die Herbeiführung der Baureife zwar nicht von der Gemeinde allein ab. Dieser Umstand beruht aber auf der Kompetenzverteilung zwischen öffentlich-rechtlichen Körperschaften, die sich hier zivilrechtlich nicht auswirken kann. Zur Bestätigung kann auf eine neuere Entscheidung des BGH verwiesen werden, nach der es für die Frage, welche Eigenschaft ein als bebauungsfähig verkauftes Grundstück besitzt, nicht darauf ankommen kann, ob mit der Genehmigung des noch nicht rechtswirksamen Bebauungsplans durch die Aufsichtsbehörde zu rechnen ist; BGH, NJW 1979, S.22oo,22o1.

von außerhalb der Kaufsache liegenden Faktoren, nämlich den zukünftigen Entscheidungen des Planungsträgers abhängig ist.

2. Kapitel: Die Haltbarkeitsgarantien.

Der von der herrschenden Meinung vertretene Grundsatz, daß die Zusage der Fortdauer zum Zeitpunkt des Gefahrübergangs vorhandener oder vertraglich bedungener Sacheigenschaften einen selbständigen Garantievertrag darstellt[1)], ist weiter zu untersuchen anhand der Gruppe sog. Haltbarkeitsgarantien bzw. Garantiefristen. Gegenstand solcher Zusagen ist die Übernahme der Gewähr durch den Verkäufer für die Haltbarkeit der Sache, zumeist die Funktionstüchtigkeit eines technischen Gerätes für einen bestimmten Zeitraum.

I. Auslegung von Haltbarkeitsgarantien.

Da Haltbarkeitsgarantien im Wirtschaftsverkehr häufig keine detaillierte Regelung erfahren, diese auch nur etwa mit dem Wort "Garantie" unter Angabe einer Frist erteilt werden, stellt sich zuerst die Auslegungsfrage, für welchen Zeitpunkt der Verkäufer die Mangelfreiheit verspricht. Die Erteilung einer Garantiefrist kann die Bedeutung haben, daß die Sache bei Gefahrübergang fehlerfrei ist und lediglich die Frist zur Geltendmachung von Gewährleistungsansprüchen modifiziert wird. Andererseits kann der Verkäufer auch die Gewähr dafür übernommen haben, daß während der Garantiefrist kein Fehler an der zum Gefahrübergang mangelfreien Sache entsteht.

1. Verjährung bei unselbständiger Garantie.

Ausgangspunkt der Überlegungen über die Bedeutung von Garantiefristen ist § 477 BGB[2)], der eine Verlänge-

----

1) S. oben 1. Kap. VI.

2) Vgl. Mot. II, S.24o f.

rung der Verjährungsfrist für Gewährleistungsansprüche (§ 477 Abs.1, S.2 BGB) zuläßt und auch eine Verkürzung (s. § 255 S.2 BGB) nicht ausschließt.

a) Rechtsprechung.

Bereits das Reichsgericht[3] hatte ausgeführt, daß die Vereinbarung einer Garantiefrist, die nicht über die gesetzliche Verjährungsfrist hinausgeht, also auch kürzer als diese ist, die Verjährungsfrist grundsätzlich unberührt lasse.
Die Erklärung, wenn auch für einen die Verjährungsfrist unterschreitenden Zeitraum "Garantie" zu leisten, wird der Käufer nicht als Einschränkung der Gewährleistungsrechte verstehen. Die Einräumung einer kurzen Garantiefrist läßt daher regelmäßig nicht auf eine Verkürzung der Verjährungsfrist schließen. Nicht sollte daraus allerdings gefolgert werden, daß durch eine Garantiefrist die Verjährungsfrist generell unberührt bleibe[4]. Das zeigt sich in Fällen einer über § 477 BGB hinausgehenden Garantiefrist. Ist die Garantiefrist länger als die gesetzliche Verjährungsfrist, wird damit die Verjährungsfrist verlängert, denn anderenfalls wäre die Einräumung der Garantiefrist sechs Monate nach Gefahrübergang wertlos[5].
Bis auf eine Entscheidung des Reichsgerichts aus dem Jahre 1896 zu Art. 349 ADHGB[6] geht der Grundsatz

----

3) RGZ 128, S.211,213; vgl. auch RGZ 91, S.3o5,3o6 f.; ebenso BGH, BB 1962, S.228.

4) Ob das RG (RGZ 91, S.3o5,3o6 f.; 128, S.211,213) und der BGH (BGH, BB 1962, S.228) so verstanden werden wollten, steht nicht fest. Die Entscheidungen deuten darauf hin, daß nur eine Verkürzung derVerjährungsfrist ausgeschlossen werden sollte. Anders GK-HGB-Brüggemann, § 377 Rdnr.154.

5) So schon RGZ 37, S.69,81; s. auch RGZ 128, S.211, 213; jetzt BGH, NJW 1979, S.654.

6) RGZ 37, S.79,81.

zurück und ist seitdem vom Reichsgericht[7)] und neuerdings vom Bundesgerichtshof[8)] bestätigt worden, daß bei einer über die gesetzliche Verjährungsfrist hinausgehenden Garantiefrist sich die Verjährungsfrist nicht an die Garantiefrist anschließt, sondern mit dem Entdecken des Mangels beginnt[9)]. Maßgeblich hierfür ist die Erwägung, daß auch die Einräumung einer längeren Garantiefrist das Interesse des Verkäufers auf schnelle Mitteilung und Abwicklung des Schadensfalles unberührt läßt.

b) Stellungnahme.

Die Differenzierung zwischen "Garantiefrist" und Verjährungsfrist wird dem Laien meist nicht geläufig sein, doch dürfte im Regelfall ebensowenig die Vorstellung herrschen, im Fall etwa zweijähriger Garantiefrist könne man als Käufer mit der Geltendmachung von Ansprüchen wegen eines etwa kurz nach Übergabe entdeckten Mangels bis zum Ende der Garantiefrist warten[1o)].

----

7) RGZ 65, S.119,121; s. auch OLG Posen, OLGE 38,S.12o.

8) BGH, NJW 1979, S.645; ebenso schon BGH, DB 1965, S.1736; BGH, BB 1962, S.234.

9) Nicht erörtert wird allerdings von dem RG (RGZ 65, S.119,121), daß Art.349 ADHGB eine Verlängerung der Verjährungsfrist nicht zuließ und dementsprechend lediglich ein Hinausschieben des Verjährungsbeginns in Betracht kam (vgl. Schulze, S.23 f.).

1o) Für eine bloße Verlängerung der Verjährungsfrist durch die Garantiefrist spricht sich Tengelmann, NJW 1966, S.2195,22oo aus. Gegen eine solche Parallelität spricht aber, daß dann ein am letzten Tag der Garantiefrist entdeckter Mangel wegen unmittelbar eintretender Verjährung nicht mehr geltend gemacht werden könnte. Zu Unrecht beruft sich Tengelmann auf eine Entscheidung des Reichsgerichts (RGZ 128, S.211 ff.). Dort ist nur gesagt, daß eine über sechs Monate hinausgehende Garantiefrist die Verjährungsfrist verlängert, weil anderenfalls der Käufer den Mangel nach Ablauf der Verjährungsfrist nicht geltend machen könnte. Keine Aussage enthält die Entscheidung darüber, wie die Verlängerung der Verjährungsfrist konkret auszulegen ist, ab welchem Zeitpunkt der Verkäufer also die Verjährungseinrede erheben kann.

Die Garantiefrist ist, soweit keine entgegenstehenden Anhaltspunkte ersichtlich sind, im Sinne einer der gewährleistungsrechtlichen Verjährungsregelung nahekommenden Weise unter Berücksichtigung des Zwecks der Verjährungsfrist des § 477 BGB auszulegen. Zu berücksichtigen ist dabei, daß in Fällen der Einräumung von Garantiefristen der Mangel zum Zeitpunkt des Gefahrübergangs regelmäßig nicht erkennbar war[11]. Es ist der Rechtsprechung und der ihr fast einmütig folgenden Literatur[12] zuzustimmen, daß die Einräumung einer über § 477 BGB hinausgehenden Garantiefrist den Beginn der Verjährungsfrist bis zur Entdeckung des Mangels hinausschiebt.
Der Gesichtspunkt der mangelnden Erkennbarkeit bei Gefahrübergang gilt ebenso bei Garantiefristen, die kürzer oder ebenso lang wie die gesetzliche Verjährungsfrist sind. Unterschiedliche Auslegungsgrundsätze, je nachdem, ob die Garantiefrist kürzer, länger oder ebenso lang wie die gesetzliche Verjährungsfrist ist, rechtfertigen sich nicht[13]. Die Einräumung einer Garantiefrist hat daher regelmäßig den Inhalt, daß der Beginn der gesetzlichen Verjährungsfrist bis zur Entdeckung des Mangels hinausgeschoben ist[14].

----

11) Staudinger/Honsell, § 459 Rdnr.91; V.Götz, S.1o8.

12) Vgl. MK-Westermann, § 477 Rdnr.22; Staudinger/ Honsell, § 459 Rdnr.91; Enneccerus/Lehmann, § 111 II 2, S.45o; V. Götz, S.1o6 ff.

13) V. Götz, S.11o ff.; Staudinger/Honsell,§ 459 Rdnr.91.

14) Eine abweichende Vereinbarung ist selbstverständlich möglich, es müssen dafür aber bestimmte Anhaltspunkte sprechen (BGH, NJW 1979, S.645). Ein solcher ist entgegen OLG Hamm (MDR 198o, S.399) nicht gegeben, wenn während der Garantiefrist für ein KFZ. wiederholt ein Mangel auftritt und der Verkäufer vergeblich versucht, den Mangel zu beheben (KG, MDR 1981, S.4o3; Palandt/Putzo, § 477 Anm. 4 b bb. Der Fall ist nicht durch Auslegung der Garantiefrist, sondern durch analoge Anwendung des § 639 Abs.2 BGB zu entscheiden (KG, a.a.O.).

2. Weitere Bedeutung von Haltbarkeitsgarantien.

a) Rechtsprechung.

Der Bedeutungsinhalt einer Garantiefrist erschöpft sich -vorbehaltlich anderslautender ausdrücklicher Regelung- nicht in der Abänderung der gesetzlichen Verjährungsfrist[15]. Den möglichen Bedeutungsinhalt einer Garantiefrist hat der Bundesgerichtshof in mehreren Entscheidungen erörtert[16].
Nach einer Entscheidung aus jüngster Zeit ist eine Garantiefrist dahin auszulegen, "daß alle während der Garantiefrist auftretenden Mängel Gewährleistungsansprüche auslösen können"[17]. Keine Aussage wird allerdings darüber getroffen, ob sich die bejahten Gewährleistungsansprüche aus einer Zusage der Haltbarkeit für den Zeitraum nach Gefahrübergang ergeben oder ob Gewährleistungsansprüche nur dann in Betracht kommen, wenn die Kaufsache bei Gefahrübergang bereits fehlerhaft war. Der BGH führt lediglich aus, der Käufer sei bei der Garantiefrist des Nachweises, daß die Sache bei Gefahrübergang mangelhaft war, enthoben. Dem ist im Ergebnis zuzustimmen. Der nach den Regeln der Beweislast dem Käufer obliegende Nachweis, ein Mangel habe schon bei Gefahrübergang vorgelegen[18], wird destoweniger gelingen, je später der Mangel nach Gefahrübergang auftritt. Die Garantiefrist, insbesondere wenn sich

----

15) Das gilt ebenso für die Herstellergarantie; vgl. Graf v. Westphalen, NJW 198o, S.2227,2228.

16) Vgl. auch BGH, NJW 198o, S.831, wo der Verkäufer unter der Bezeichnung "1oo% Vollgarantie" ein Nachbesserungsrecht für sechs Monate erteilt hatte.

17) BGH, NJW 1979, S.645; ähnlich schon BGH, DB 1962, S.367.

18) Vgl. nur MK-Westermann, § 459 Rdnr.89.

diese über einen längeren Zeitraum erstreckt, wäre für den Verkäufer häufig wertlos. Garantiefristen sind daher regelmäßig dahin auszulegen, daß der Verkäufer auch für die Haltbarkeit der Sache Gewähr bietet[18a]. Dabei kommen, worauf der Bundesgerichtshof in einer früheren Entscheidung hingewiesen hat, zwei rechtliche Wege in Betracht. Die Vereinbarung einer Haltbarkeitsgarantie könne einerseits die Bedeutung haben, daß, wenn sich während ihrer Dauer ein Mangel zeige, vermutet werden soll, daß der Mangel bereits bei Gefahrübergang vorhanden war. Andererseits könne sie zum Inhalt haben, daß der Verkäufer über § 459 BGB hinaus auch für die Mängel, die während ihres Laufs entstehen, Gewähr leisten und Ersatz liefern soll[19].

b) Zusammenhang zwischen Auslegung und Abgrenzungsfrage.

Die Unterscheidung beruht also darauf, ob sich die Zusage der Mangelfreiheit über den Zeitpunkt des Gefahrübergangs hinaus erstreckt. Berücksichtigt man, daß nach herrschender Meinung die Zusage der Fortdauer von Sacheigenschaften über den Gefahrübergang

----

18a) Nicht überzeugend Baumgärtel, § 459 Rdnr.15, der nach Dauer der Frist differenzieren will: Decke sich die Garantiefrist mit der Verjährungsfrist des § 477 BGB, sei der Käufer des Nachweises der Mangelhaftigkeit bei Gefahrübergang enthoben, da anderenfalls die Garantiefrist wertlos sei. Sei allerdings die Garantiefrist länger als die gesetzliche Verjährungsfrist, erfordere es der Zweck der Zusage nicht, den Käufer auch hinsichtlich der Beweislastverteilung besser zu stellen. Gegen die Unterscheidung spricht, daß auch bei einer der Verjährungsfrist entsprechenden Garantiefrist der Käufer besser steht, als nach gesetzlicher Regelung, denn an die Garantiefrist schließt sich die gesetzliche Verjährungsfrist an; s. auch BGH, NJW 1979, S.645.

19) BGH, BB 1961, S.228.

hinaus Inhalt eines selbständigen Garantievertrages ist[2o], deutet die Differenzierung in der Entscheidung darauf hin, der BGH sehe auch in der Zusage des Verkäufers für die Haltbarkeit der bei Gefahrübergang mangelfreien Sache den Abschluß eines selbständigen Garantievertrages[21]. In einer darauffolgenden Entscheidung zeigte sich der BGH unentschieden. Es ging um die Erklärung: "Garantie für beste Funktion und Haltbarkeit = 1o Jahre" für einen Heizkessel. Entgegen der recht deutlichen Formulierung in dem zuvor zitierten Urteil, führt der BGH aus, es könne dahinstehen, ob ein selbständiger Garantievertrag vorliege, wenn die Zusicherung "nicht nur Mängel im Zeitpunkt des Gefahrübergangs umfassen sollte"[22].
Zu erwähnen ist auch eine vorangegangene Entscheidung, bei der es darum ging, ob eine Garantie - 25 Jahre für die Haltbarkeit der Federkerne von Matratzen- Zugabe gem. § 1 ZugabeVO sei. Der BGH führte aus, eine selbständige Garantie, die unter § 1 ZugabeVO falle, liege nicht vor. Die Garantie decke nicht Mängel normaler Benutzung oder Abnutzung oder sonstige Schäden, sondern nur zum Zeitpunkt des Gefahrübergangs vorhandene Material- und Fertigungsmängel[23]. Die Entscheidung deutet darauf hin, daß der BGH in der Übernahme der Gewähr für nach Gefahrübergang entstehende Mängel einen selbständigen Garantievertrag sieht, auch wenn dadurch lediglich das Risiko normaler Benutzung oder Abnutzung übernommen wurde. Eindeutige Schlußfolgerungen lassen sich aber nicht ziehen, da die Formulierung an der wettbewerbsrechtlichen Frage ausgerichtet ist.

2o) S. oben 1. Kap. VI.

21) G. Müller, ZIP 1981, S.7o7,712 folgert im Gegenteil, der BGH sehe auch in dem Einstandsversprechen für nach Gefahrübergang begründete Mängel möglicherweise ein unselbständiges Gewährschaftsversprechen (wohl auch Loebell, BB 1973, S. 1237,1238). Wie hier Niederländer, Rechtsvergleichung, S.289,296 Fn.34.

22) BGH, DB 1962, S.367,368.

23) BGH, NJW 1958, S.789.

Für die Frage, ob eine Haltbarkeitsgarantie unselbständige Gewährleistungsvereinbarung oder ein selbständiger Garantievertrag ist, sind also zwei Gesichtspunkte näher zu untersuchen. Zunächst ist zu fragen, ob die Interessen der Kaufvertragsparteien die Auslegung der Haltbarkeitsgarantie i.S. der Übernahme der Gewähr für die Fortdauer der Mangelfreiheit für eine Zeit nach Gefahrübergang nahelegen oder ob es den Interessen der Parteien entspricht, den Inhalt einer Haltbarkeitsgarantie allein in einer Beweiserleichterung zugunsten des Käufers dafür zu sehen, ob ein später aufgetretener Mangel bereits bei Gefahrübergang vorgelegen hat[24]. Danach ist zu fragen, ob die Zusage der Fortdauer der Mangelfreiheit Gegenstand der Gewährleistung und damit einer Zusicherung oder nur eines selbständigen Garantievertrages sein kann.

----

24) Nach heute fast einhellig vertretener Auffassung ist für die Beweislast hinsichtlich des Vorhandenseins von Mängeln bei Vertragsschluß bzw. Gefahrübergang danach zu unterscheiden, ob der Käufer die Kaufsache als Erfüllung angenommen hat oder nicht. Hat er sie angenommen, hat er damit zum Ausdruck gebracht, die vertragsgemäße Leistung erhalten zu haben, also einen Rechtsschein dahin gesetzt, die Sache sei mangelfrei gewesen. Diesen Rechtsschein hat er zu entkräften und das Vorhandensein von Mängeln bei Gefahrübergang bzw. bei Vertragsschluß zu beweisen. (Vgl. RGZ 2o, S.5; 57, S.399; 66 S.279,281; 95, S.117,119; 1o6, S.294,299; BGH, LM Nr.1 zu § 377 HGB; BGH, NJW 1965, S.127o; neuerdings BGH, NJW 1981, S.24o3, 24o4; Baumgärtel, § 459 Rdnr.4; MK-Westermann, § 459 Rdnr.89; Staudinger/Honsell, § 459 Rdnr.95; GK-HGB-Brüggemann, § 377 Rdnr.125). Hat dagegen der Käufer die Abnahme unter Berufung auf die Mangelfreiheit abgelehnt, trägt der Verkäufer die Beweislast für die Mangelfreiheit. Beim Gattungskauf läßt sich das Ergebnis mit § 363 BGB begründen, beim Spezieskauf allerdings nur, wenn man die Mangelfreiheit zur Erfüllungspflicht des Verkäufers rechnet (Graue, S.215 f.; Herberger, S.151 f.). Verneint man eine Leistungspflicht des Verkäufers, ist dementsprechend auch § 363 BGB nicht einschlägig (Rosenberg, § 27 II 2 a, S. 353; Meeske, S.167; Neumann-Duesberg, BB 1967, S.1457, 1459; Faber, S. 15 ff.,21). Eine sachgerechte Verteilung der Beweislast beim Spezieskauf kann aber nicht darauf beruhen, welche Meinung man hinsichtlich der Rechtsnatur der Sachmängelansprüche vertritt (Baumgärtel, § 459 Rdnr. 1; MK-Westermann, § 459 Rdnr.89).

3. Stellungnahme in der Literatur.

Hinsichtlich der Auslegung einer Garantiefrist wird in der Literatur vertreten, der Verkäufer übernehme die Gewähr für die Vertragsmäßigkeit der Leistung während der Frist. Die Garantiefrist solle die "Vertragsmäßigkeit der Leistung in eine zeitliche Dimension erstrecken"[25]. Von anderen wird die Garantiefrist zwar als Ausweitung der Haftung über den Zeitpunkt des Gefahrübergangs hinaus bezeichnet, gleichzeitig aber lediglich auf solche Mängel bezogen, die während der Frist "auftreten"[26] oder "sich herausstellen"[27]. Ebenso auf zum Zeitpunkt des Gefahrübergangs vorhandene oder im Keim begründete Mängel beschränkt wird die Haltbarkeitsgarantie, wenn dem Verkäufer generell die Möglichkeit eingeräumt wird, sich durch den Nachweis mangelfreier Lieferung zu entlasten[28].

4. Sachgerechte Auslegung von Haltbarkeitsgarantien.

Die Garantiefrist ist, wie schon die Auswertung der Rechtsprechung ergeben hat[29] und die überwiegende Literatur deutlich aufzeigt, regelmäßig dahingehend zu verstehen, daß dem Käufer während des angegebenen Zeitraums der ungestörte Sachgebrauch gewährleistet sein soll.

a) Die Lösung über die Beweislast.

Der Unterschied zwischen der Zusage der Fortdauer

----

25) V. Götz, S.99; im Ergebnis auch Staudinger/Honsell § 459 Rdnr.91; Loebell, BB 1973, S.1237,1238; Niederländer, Rechtsvergleichung, S.289,3o1 ff.;

26) Palandt/Putzo, § 477 Anm. 4 b.

27) Erman/Weitnauer, § 459 Rdnr.38.

28) Graf v. Westphalen, in Löwe/Graf v.Westphalen/Trinkner, 1. Aufl. Anhang § 11 Nr.1o Rdnr.16; die Bemerkung ist nicht mehr enthalten in der 2. Auflage; s. dort § 11 Nr.1o Rdnr.25 und § 11 Nr.11 Rdnr.44.

29) S. oben 2 a.

der bei Gefahrübergang vorhandenen vertraglichen Eigenschaften und der Beschränkung des Inhalts einer Haltbarkeitsgarantie auf eine Beweiserleichterung zugunsten des Käufers besteht darin, daß im letzteren Fall dem Verkäufer die Möglichkeit des Nachweises der Vertragsmäßigkeit der Ware zum Zeitpunkt des Gefahrübergangs eröffnet ist. Damit wird also die Haftung des Verkäufers nicht über den gesetzlichen Zeitpunkt hinaus ausgedehnt. Zu unterschiedlichen Ergebnissen wird die Möglichkeit des Nachweises mangelfreier Lieferung in der Vielzahl der Fälle allerdings nicht führen. Haltbarkeitsgarantien werden gerade bei Waren eingeräumt, bei denen ein Mangel oder eine Mangelanlage bei Gefahrübergang nicht ohne weiteres feststellbar ist und erst nach gewisser Gebrauchsdauer auftritt. Hinzu kommt die auch für den Käufer bejahte, in § 477 BGB zum Ausdruck gekommene, allein durch den Fristablauf bedingte Schwierigkeit, die Mangelhaftigkeit bzw. -freiheit bei Gefahrübergang nachzuweisen. Einen Nachweis der Mangelfreiheit der Sache zum Zeitpunkt des Gefahrübergangs wird der Verkäufer daher bei Auftreten eines Mangels während einer Garantiefrist kaum führen können.

b) Nachweis unsachgemäßer Benutzung.

Auszunehmen von einer Garantiezusage, was in der Praxis auch zumeist ausdrücklich geschieht, sind Mängel bzw. Schäden, die während der Garantiezeit auf unsachgemäße, der vertraglichen Bestimmung nicht entsprechenden Benutzung der Kaufsache zurückzuführen sind. Wertet man die Haltbarkeitsgarantie als Zeitraumgarantie, hat der Käufer als anspruchsbegründende Tatsache das Entstehen des Mangels innerhalb der Frist zu beweisen. Wendet der Verkäufer dagegen ein, den Käufer treffe ein Verschulden an der Entstehung des Mangels, hat er die Voraussetzungen dieser rechtshindernden Einrede zu beweisen[30]. Voraussetzung für die Qualifizierung als rechtshindernde Einrede ist, daß man das Verschulden als Ausnahmetatbestand wertet. Das wird man regelmäßig bejahen können[31], es sei denn, der Gebrauch einer Sache erfordert besondere Übung oder Sorgfalt mit der Folge, daß eine auf den Benutzer zurückzuführende Mangelentstehung wahrscheinlich ist.

c) Mangelanlage bei Gefahrübergang.

Die Rückbeziehung der Haltbarkeitsgarantie auf den Zeitpunkt des Gefahrübergangs und eine die Lösung über eine Beweiserleichterung zugunsten des Käufers stützende tatsächliche Vermutung könnte sich dann rechtfertigen lassen, wenn für alle während der Garantiefrist im Rahmen des vertragsgemäßen Gebrauchs entstehenden Mängel der Rückschluß möglich ist, die Mangelentstehung habe bereits eine als Mangel zu qualifizierende Mangelanlage bei Gefahrübergang als Ursache gehabt.

aa) Mangelanlage als Mangel.

In der Rechtsprechung wurde ein bereits bei Gefahrübergang vorliegender Mangel darin gesehen, daß

3o) Limbach, MDR 1967, S.87; im Ergebnis, aber mit abweichender Begründung Niederländer, Rechtsvergleichung, S.289,3o7; anderer Ansicht, allerdings im Ergebnis unzutreffend OLG Köln, MDR 1966, S.673: Der Käufer eines gebrauchten PKW, der mit einer Garantie für 1o.ooo km Laufleistung oder sechs Monate verkauft war, aber nach 2ooo km Motorschaden hatte, habe zu beweisen, daß ihn kein Verschulden treffe (zustimmend BGB-RGRK-Mezger,§ 459 Rdnr.28). Das Ergebnis ließe sich mit dem Gesichtspunkt des Anscheinsbeweises für ein Verschulden des Käufers halten, denn der Motorschaden war auf Grund Wasser- und Ölmangels und demzufolge Überhitzung der Maschine entstanden.(Loebell, BB 1973, S.1237,1238).

31) Anders Niederländer, Rechtsvergleichung, S.289,3o7.

Fleischkonserven während der Garantiefrist verdarben[32] oder Farbe für einen Brückenanstrich sich als wenig haltbar erwies[33]. Die Zuchttauglichkeit eines Deckhengstes konnte sich in einem weiteren Fall auch erst nach Gefahrübergang beim Käufer herausstellen[34].

Zeigt sich bei technischen Geräten ein Mangel bei erster Inbetriebnahme, kann ein bei Gefahrübergang gegebener Mangel ohne weiteres bejaht werden[35], soweit keine Anhaltspunkte für eine Beschädigung nach Gefahrübergang vorliegen. Nach einiger Gebrauchszeit wird ein solcher Rückschluß selten möglich sein, denn das Gerät hat einige Zeit ohne Beanstandung funktioniert. Zwar wird die Einräumung einer Haltbarkeitsgarantie für die Bestimmung der Vertragsmäßigkeit der Ware auch die Bedeutung haben, daß diese nicht nur bei Gefahrübergang voll funktionstüchtig ist, sondern auch die Konstruktion- sowie Material- und Verarbeitungsqualität aufweist, die sie für eine Mindestzeit vertragsgemäß erhält. Nach dem herrschenden subjektiven Fehlerverständnis ist es nicht ausgeschlossen, Mangelhaftigkeit auch dann zu bejahen, wenn ein Gerät zwar noch funktioniert, sich eine Unregelmäßigkeit am Material aber demnächst auswirken und zu einer Funktionsstörung führen kann[36]. Ist etwa bei einem Kraftfahrzeug die Gefahr eines Schadens an Lenkung, Radaufhängung o.ä. gegeben, ist

----

32) RGZ 91 S.3o5,3o6; BGH, LM Nr.2 zu § 48o BGB.

33) OLG München, HRR 194o, Sp.15o Nr.151.

34) Vgl. RG, WarnR 1914, S.2o8 Nr.154.

35) Vgl. RG, LZ 1931, Sp.173 Nr.3: 1 Jahr Garantie für Rechenmaschine. Auf die Garantie kam es hier nicht an. Unzutreffend Tengelmann, NJW, S.2195, 2197, der die Entscheidung dahin deutet, das RG habe hier die Garantiezusage als Zusicherung einer Eigenschaft gewertet.

36) Anderer Ansicht Niederländer, Rechtsvergleichung, S.289,3o2.

ein Mangel zu bejahen, und kann nicht der Käufer darauf verwiesen werden, möglicherweise werde sich die Materialunregelmäßigkeit oder ein Verarbeitungsfehler nicht auswirken. Ist eine Benzinpumpe eines neuen Kraftfahrzeuges nach kurzem Gebrauch verrostet, liegt ein Mangel bei Gefahrübergang schon darin, daß nicht die entsprechenden Vorkehrungen gegen Rostbefall getroffen wurden[37]. Hat eine Ware eine die Garantiefrist unterschreitende Haltbarkeit, ist sie in Anbetracht ihrer Material- und Verarbeitungsqualität nicht geeignet, eine bestimmte aus dem Vertrag herzuleitende Mindestgebrauchszeit zu überstehen, wird man einen Mangel bei Gefahrübergang bejahen können.

bb) Mangelentstehung während der Garantiezeit.

Tritt während der Garantiezeit ein Mangel ein, kann dieser nicht nur auf einem Verarbeitungsfehler, sondern ebenso auf außergewöhnlichen Abnutzungs- und Verschleißerscheinungen beruhen. Treten bei der überwiegenden Mehrzahl der Fahrzeuge eines Automodells innerhalb der Garantiezeit keine Rostschäden auf, können die Rostschäden im Einzelfall auf intensiver Nutzung beruhen, etwa darauf, daß ein Fahrzeug im Winter häufig in frühen Morgenstunden, wenn die Straßen mit Salz gestreut wurden, gefahren wird. Diese intensive Nutzung muß, wie das Beispiel zeigt, den Rahmen bestimmungsgemäßen Gebrauchs nicht überschreiten. Daneben ist es nicht unrealistisch zu berücksichtigen, daß etwa aus Werbe- und Konkurrenzgründen bei der Fristfestlegung einer Haltbarkeitsgagantie in Kauf genommen wird, daß bei einer verhält-

----

37) Vgl. AG Tecklenburg, DAR 1982, S.13o.

nismäßig geringen Zahl von Fällen besonders intensiver Nutzung oder Belastung innerhalb der Garantiezeit bei einer mittleren Art und Güte entsprechenden Ware ein Mangel auftreten kann, der dennoch von der Garantiezusage gedeckt ist. Einen Mangel bei Gefahrübergang wird man zudem umsoweniger in einer Verarbeitungs- oder Materialunregelmäßigkeit sehen können, je länger dennoch ein Gerät voll funktionstüchtig ist, etwa bei einem Fahrzeug, das häufig mit hoher Geschwindigkeit über schlechte Straßen gefahren wird und nach monatelangem Gebrauch ein Stoßdämpfer defekt oder die Karosserie undicht ist[38]. Daneben ist denkbar, daß die Einräumung einer Haltbarkeitsgarantie keinen Einfluß auf die Beurteilung der Vertragsmäßigkeit der Sache bei Gefahrübergang hat, etwa dann, wenn der Verkäufer für ein wenig erprobtes Gerät, bei dem für beide Parteien erkennbar die Haltbarkeit unbestimmt ist, das Risiko frühzeitigen Mängeleintritts übernimmt. Die Tatsache, daß sich aus der Beschaffenheit der Sache im Rahmen bestimmungsgemäßer Benutzung ein Mangel entwickelt, läßt daher nicht notwendig auf einen Mangel bei Gefahrübergang schließen[39].

Entsteht ein Mangel während der Garantiezeit, kann im Einzelfall eine tatsächliche Vermutung der Mangelhaftigkeit bei Gefahrübergang bestehen. Als generelle Lösung aller Fälle von Haltbarkeitsgarantien geht die Konstruktion über die, im Ergebnis, Umkehrung der Beweislast aber an der Sache vorbei. Denn wegen der bestehenden Beweisschwierigkeiten für den Verkäufer, führt diese Lösung ebenso zu dem praktischen

----

38) Das Beispiel benutzt Niederländer, Rechtsvergleichung, S.289,3o3.

39) Im Ergebnis auch Niederländer, a.a.O., S.3o2; Bydlinski, RIW/AWD 1981, S.149,15o.

Ergebnis, daß der Verkäufer für alle während der Garantiezeit auftretenden Mängel einzustehen hat, soweit sie nicht auf unsachgemäßer Benutzung oder Beschädigung der Sache durch den Käufer beruhen. Es entspricht somit dem materiellen Inhalt einer Haltbarkeitsgarantie, diese regelmäßig dahin auszulegen, daß der Verkäufer nicht nur für die Mangelfreiheit bei Gefahrübergang einzustehen verspricht, sondern auch dafür, daß während der Frist kein Mangel entsteht.

II. Rechtliche Qualifizierung der Haltbarkeitsgarantie.

Bedenken gegen die Auslegung der Haltbarkeitsgarantie als Zeitraumgarantie könnten bestehen, wenn diese notwendig zu einer Qualifizierung als selbständiger Garantievertrag führte.

1. Stellungnahmen in der Literatur und Kritik.

In der Kommentarliteratur wird -ohne nähere Begründung- für die Haltbarkeitsgarantie einerseits vertreten, diese sei, auch wenn damit die Haftung für einen bestimmten Zeitraum nach Gefahrübergang übernommen werde, unselbständiges Gewährleistungsversprechen[4o]. Nach anderer Ansicht liegt ein selbständiger Garantievertrag vor, wenn der dauerhafte Bestand von Eigenschaften zugesagt werde[41]. Auch in der Spezialliteratur gehen die Ansichten auseinander. Überwiegend wird hier vertreten, die Anwendung von Gewährleistungsrecht sei auf den Zeitpunkt bis zur Übergabe beschränkt.

4o) Staudinger/Honsell, § 459 Rdnr.91; MK-Westermann, § 459 Rdnr.89, s. auch § 476 Rdnr.3.

41) Soergel/Ballerstedt, Vor § 459 Rdnr.23.

Nach Ansicht von V. Götz erfaßt das Gewährschaftsversprechen nicht künftige, sondern sich künftig herausstellende Mängel[42]. Dabei stellt er darauf ab, daß in Zukunft entstehende Umstände nicht Eigenschaft der Kaufsache sein können. Bei der Haltbarkeitsgarantie geht es allerdings nicht um das Entstehen zukünftiger, sondern um den Fortbestand gegenwärtiger, vertraglicher Eigenschaften.

Genauere Ausführungen, die einen vergleichbaren Ansatzpunkt haben, finden sich bei Tengelmann. Die Zusicherung der Fortdauer einer Eigenschaft, die bei Gefahrübergang unstreitig vorlag, ist nach Ansicht von Tengelmann Gegenstand eines selbständigen Garantievertrages[43]. Der Verkäufer habe dann das seinerseits Erforderliche getan, so daß eine darüber hinausgehende Verpflichtung eine andere und selbständige sein müsse. Hiergegen ist von Heiseke eingewendet worden, daß Tengelmann eine Erweiterung der Haftung nach §§ 459 ff. BGB auf einen späteren Zeitpunkt nicht berücksichtige[44]. Es ist allerdings über diesen Einwand hinaus zu fragen, ob die Erweiterung der kaufrechtlichen Sachmängelhaftung dogmatisch möglich ist. Bei der Zusage des Eintritts von Sacheigenschaften nach Gefahrübergang wurde dargelegt, daß sich der Ausschluß des Kaufrechts daraus ergibt, daß auch -ohne die Übernahme einer Herstellungspflicht- die Übernahme einer Schadensersatzverpflichtung für den Nichteintritt des späteren Umstandes als Sacheigenschaft nicht kaufvertragstypisch ist. Die vertragli-

----

42) V. Götz, S.64.

43) Tengelmann, NJW 1966, S.2195,2198.

44) Heiseke, NJW 1967, S.238.

chen Eigenschaften müssen bei Gefahrübergang vorhanden sein[45]. Bei der Zusage der Fortdauer von Sacheigenschaften sind diese nach dem Vertrag bei Gefahrübergang vorhanden und sollen lediglich über diesen Zeitpunkt erhalten bleiben. Eine Aufschiebung des Erfüllungszeitpunktes ist damit nicht notwendig verbunden. Konstruktiv läßt sich die Erfüllungswirkung an die auflösende Bindung knüpfen, daß während der Garantiefrist kein Mangel entsteht. Gegen das Beispiel von Tengelmann, ein Mangel liegt bei Gefahrübergang unstreitig nicht vor, spricht zudem, daß es die typischen Fälle von Haltbarkeitsgarantien nicht erfaßt, nämlich daß es nicht ohne weiteres nachprüfbar ist, ob eine Sache bei Gefahrübergang zu Beanstandungen keinen Anlaß gibt. Von diesem Fall und dem Argument der Erfüllung des Kaufvertrages folgert Tengelmann weiter das Vorliegen eines Garantievertrages in folgenden Abwandlungen: Wenn der Verkäufer erklärt, für nach Gefahrübergang auftretende Mängel einzustehen, ohne daß der Käufer den Nachweis der Mangelhaftigkeit bei Gefahrübergang zu erbringen hat und zweitens, daß bei einem nachträglich auftretenden Mangel der Beweis als erbracht gelten soll[46]. Unterstellt, solche Vertragsbestimmungen seien für die Praxis bestimmend, zeigt die ausdrückliche Rückbeziehung der Mangelhaftigkeit auf den Zeitpunkt des Gefahrübergangs, daß die Parteien Gewährleistungsrecht angewendet wissen wollten.

Auch Boetius[47] sieht in der Zusage der Fortdauer von Sacheigenschaften über den Gefahrübergang hinaus

----

45) S. oben 1 Kap. V 2 e.

46) Tengelmann, a.a.O., S.2198; ihm folgend Fikentscher, SchR, § 92 II 2, S.543.

47) Boetius, S.9.

einen selbständigen Garantievertrag. Seine Ansicht stützt er allein auf die Abgrenzungsformel des Reichsgerichts, wonach ein Garantievertrag vorliege, wenn die Zusage über die Vertragsmäßigkeit hinausgehe. Auf die mangelnde Aussagekraft der Abgrenzungsformel wurde bereits hingewiesen[48]. Festzustellen ist gerade, was Inhalt der kaufvertraglichen Verpflichtung ist.

Nach einem Beitrag von G. Müller aus jüngster Zeit, ist die Gewährleistung auf die Obernahme des Beschaffenheitsrisikos zum Zeitpunkt des Gefahrübergangs begrenzt. Nur das sei interessengerecht, da mit der Obergabe der Verkäufer seinen Einfluß auf die Kaufsache verliere. Insoweit bestünden keine Unterschiede zwischen der Zusage des Fortbestandes gegenwärtiger und des Entstehens zukünftiger Eigenschaften[49].

Eindeutig gegen die Qualifizierung der Zusage der Fortdauer von Sacheigenschaften als selbständigen Garantievertrag, hat sich bereits vor vierzig Jahren A. Schulze ausgesprochen. Während der Garantievertrag den Eintritt eines künftigen Ereignisses beinhalte, solle bei der "Erhaltungsklausel" nichts geschehen. Die Garantie habe dementsprechend eine Beziehung zur Gegenwart[5o]. Die Begründung kann allerdings nicht überzeugen. Auch in letzterem Fall liegt das maßgebliche Ereignis,für das der Verkäufer einzustehen verspricht, in der Zukunft, nämlich in dem Wegfall der vorhandenen Eigenschaft.

----

48) S. oben 1. Kap. I.

49) G. Müller, ZIP 1981, S.7o7,712 f.

5o) A. Schulze, S.17,29 ff.; im Ergebnis auch, allerdings ohne nähere Begründung,Witschi, S.29.

Auch nach Ansicht von Niederländer ist die Zeitraumgarantie nicht ein selbständiger Garantievertrag, sondern Abwandlung der gesetzlichen Gewährleistung. Mit der Warengarantie übernehme der Verkäufer nur das Beschaffenheitsrisiko, während der Garantievertrag ein warenfremdes Risiko beinhalten müsse[51].

2. Folgerungen.

Anhand der in der Rechtsprechung entschiedenen Fälle weiterhin bestehender Bebaubarkeit, wurde festgestellt, daß für das Vorliegen eines selbständigen Garantievertrages der Gesichtspunkt spricht, daß ein zukünftiger Umstand im wesentlichen von außerhalb der Kaufsache liegenden Faktoren abhängig ist. Der Gesichtspunkt läßt sich auf andere Fälle übertragen. Sagt der Verkäufer einer Gastwirtschaft zu, der Bierkonsum werde auch in Zukunft die gegenwärtige Höhe erreichen, ist ein selbständiger Garantievertrag gegeben. Der Bierumsatz ist wesentlich von dem künftigen Verhalten der Gäste, wie allgemein von den Besucherzahlen und damit von außerhalb der Kaufsache liegenden Umständen abhängig.
Bei der Haltbarkeitsgarantie wird dagegen regelmäßig nur das Risiko übernommen, daß im Rahmen vertragsgemäßer Benutzung ein Mangel an der Kaufsache entsteht[52]. Dabei kommt es nicht darauf an, ob eine spätere Funktionsstörung der Sache auf eine als Mangel zum Zeitpunkt des Gefahrübergangs zu wertende Mangelanlage zurückgeführt werden kann. Diese,auch auf dem

----

51) Niederländer, Rechtsvergleichung, S.289,3oo ff.;

52) Beispiele von Garantiebestimmungen s. V.Götz, S.47 ff.,51.

Gesichtspunkt mangelnder Aufklärungsmöglichkeit beruhende Gleichstellung, hieße es aber wiederum aufzugeben, wenn man die Anwendung des Gewährleistungsrechts auf bei Gefahrübergang zu wertende Mangelanlagen beschränkte. Richtig ist, daß die Gewährleistungsregelung wesentlich auf der Erwägung beruht, daß das Risiko mangelfreier Lieferung für den Verkäufer generell beherrschbar ist, er es also in der Hand hat, ob die Sache vertragsgemäß ist oder nicht[53]. Dieser Gesichtspunkt spricht aber nicht dafür, daß der Verkäufer mit der Übergabe der Sache an den Käufer nicht mehr für danach entstehende Mängel nach Gewährleistungsrecht haften kann. Die Gewährleistung ist ausgeschlossen, soweit die Einstandsverpflichtung des Verkäufers ein für den Garantievertrag bestimmendes spielartiges, spekulatives Moment aufweist. Eine Haltbarkeitsgarantie hat einen solchen Charakter nicht, soweit, wie regelmäßig, damit die Gewähr für die Funktionstauglichkeit der Sache im Rahmen bestimmungsgemäßer Benutzung übernommen wird. Nur durch einen selbständigen Garantievertrag gedeckt sind Mängel bzw. Schäden, die auf eine "Fremdeinwirkung" zurückgehen, etwa auf unsachgemäßen, der vertraglichen Bestimmung nicht entsprechenden Gebrauch oder sonstige, mit der Benutzung nicht unmittelbar zusammenhängende äußere Einwirkung.

----

53) S. oben 1. Kap. IV 3 b cc).

3. Kapitel: Rechtsfolgenunterschiede zwischen Gewährleistung und selbständigem Garantievertrag.

Die Untersuchung hat bisher ergeben, daß sich ein Ausschluß des Gewährleistungsrechts nicht schon notwendig daraus ergibt, daß die Gewähr für den Fortbestand von Sacheigenschaften über den Gefahrübergang hinaus übernommen wird. Dagegen wurde für die Bejahung eines selbständigen Garantievertrages darauf abgestellt, ob der Fortbestand der Sacheigenschaften maßgeblich von außerhalb der Kaufsache liegenden Umständen abhängig ist. Abschließend ist darauf einzugehen, inwieweit zwischen Gewährleistung und selbständiger Garantie Rechtsfolgenunterschiede bestehen und von daher Folgerungen für die Qualifizierung einer Zusage als Gewährleistungsvereinbarung oder Garantievertrag möglich sind.

I. Verjährung.

1. Unterschiedliche Verjährungsfristen.

Augenfälligster und deshalb zuerst genannter Unterschied zwischen Gewährleistung und Garantievertrag, ist die Verjährung[1]. Kaufvertragliche Gewährleistungsansprüche unterliegen der kurzen Verjährungsfrist des § 477 Abs.1 BGB, die mit dem Zeitpunkt

----

1) Aus der Rechtsprechung vgl. BGH, WM 1977, S. 365; BGH, BauR 197o, S,1o7; BGH, NJW 1969, S.787,788; RG, JW 1921, S.828; 1919, S.241 Nr.6; RGZ 71, S.173; RG,WarnR 19o9, S.19o Nr.2o1.

der Ablieferung der Kaufsache beginnt[2]. Da der selbständige Garantievertrag keine gesetzliche Regelung erfahren hat, richtet sich die Verjährung von Garantieansprüchen nach der allgemeinen Vorschrift des § 195 BGB[3].
Bei einer Haftung für nach Gefahrübergang aus der Beschaffenheit der Kaufsache im Rahmen bestimmungsgemäßer Benutzung sich entwickelnde Mängel, wäre eine von § 477 BGB abweichende dreißigjährige Verjährungsfrist nicht gerechtfertigt. Zu diesem Ergebnis kommt auch die herrschende Meinung, indem sie die Bedeutung von Haltbarkeitsgarantien auf die Vertragsmäßigkeit der Kaufsache bei Gefahrübergang beschränkt, im übrigen dem Verkäufer den praktisch kaum zu führenden Nachweis mangelfreier Lieferung auferlegt[4].

2. Anwendung des § 477 BGB bei Herstellergarantie.

Aufschlußreich ist in diesem Zusammenhang ein Urteil des Bundesgerichtshofs aus jüngster Zeit, das die Haltbarkeitsgarantie eines Warenherstellers betraf[5]. Der Hersteller hatte für die von ihm produzierten Dämmelemente, die aus neuartigem Material

----

2) Versuchen, den Beginn der Verjährung von Schadensersatzansprüchen wegen Mangelfolgeschäden auf den Zeitpunkt der Erkennbarkeit des Mangels hinauszuschieben, ist der BGH eindeutig entgegengetreten; BGHZ 77, S.215; BGH, WM 1981, S.525; ablehnend Littbarski, NJW 1981, S.2332; zustimmend Köhler, JuS 1982, S.13,16.

3) BGH, WM 1977, S.356,366; MK-Westermann, § 459 Rdnr.86; BGB-RGRK-Mezger, § 477 Rdnr.15; Staudinger/Honsell, § 459 Rdnr.88.

4) S. oben 2. Kap. I 4.

5) BGH, NJW 1981, S.2248.

gefertigt waren, eine zehnjährige Garantie für die Beibehaltung der Funktionstüchtigkeit und die zugesicherten Eigenschaften übernommen. Kurz nach Fertigstellung zeigten sich an den Hausdächern, wo die Elemente verwendet wurden, Risse in der Außenhaut, die auf temperaturbedingte Bewegungen der Dämmelemente zurückzuführen waren. Die an sich begründeten Ansprüche hat der Bundesgerichtshof unter Heranziehung des § 477 BGB für verjährt angesehen. Zu seiner Lösung gelangt der BGH durch die Auslegung des Garantieversprechens, obwohl über die Verjährung nichts vereinbart wurde. Der BGH begründet die Heranziehung des § 477 BGB mit dem engen wirtschaftlichen Zusammenhang zwischen Garantievertrag und Kauf und der beiderseitigen Interessenlage. Mit der Garantieerklärung verstärke der Hersteller die Gewährleistungsrechte des Endabnahmers, habe aber auch ein berechtigtes Interesse, in angemessener Frist zu erfahren, welche Ansprüche der Käufer wegen der Mängel geltend mache.

In den Entscheidungsgründen wendet sich der BGH gegen eine Heranziehung der Grundsätze zur Unterscheidung von selbständiger und unselbständiger Garantie. Dabei ist sicherlich richtig, daß die Garantie des Herstellers,unabhängig von ihrem Inhalt, wegen des Fehlens kaufvertraglicher Beziehungen selbständig ist. Für die Anwendung des § 477 BGB spricht aber,daß keine unterschiedliche Verjährungsfrist gelten kann, je nachdem, ob die Garantieerklärung vom Hersteller oder Verkäufer stammt. Hätte der Verkäufer die Haltbarkeitszusage erteilt, wäre kein selbständiger Garantievertrag, sondern ein unselbständiges Gewährleistungsversprechen zu bejahen. Das übernommene Risiko bestand nur darin, daß sich auf Grund der Beschaffenheit der Sache kein Mangel entwickelte. Da sich schon kurz nach Einbau die Risse zeigten, wird man hier die Dämmelemente schon bei Gefahrübergang als mangelhaft, da für die vertragliche Verwendung nicht geeignet, anzusehen haben. Auf solche Mängel war die Garantiezusage aber nicht beschränkt. Wären die Risse etwa erst kurz vor Ablauf der Frist von zehn Jahren entstanden, wird man die Dämmelemente nicht schon als bei Gefahrübergang mangelhaft bezeichnen können. Die Haltbarkeitszusage erstreckte sich hier also nicht nur auf die Fehlerfreiheit bei Gefahrübergang, sondern auch darauf, daß innerhalb der Garantiefrist kein Mangel entstand. Auf diese Zusage der Fortdauer der vertragsgemäßen Beschaffenheit ist § 477 BGB ebenfalls anzuwenden. Daher deutet auch die Entscheidung des BGH darauf hin, daß die Zusage der Haltbarkeit der Sache über den Gefahrübergang hinaus ein unselbständiges Garantieversprechen darstellt, soweit der Verkäufer keine außerhalb der Kaufsache liegenden Risiken übernimmt.

II. Schadensersatz bei fehlender Kausalität für den Kaufentschluß.

Bei der selbständigen Garantie kommt es auf die Ursächlichkeit der Garantiezusage für den Kaufentschluß nicht an. Das folgt schon daraus, daß der Garantievertrag ein vom Kaufvertrag rechtlich selbständiges Leistungsversprechen ist.

Ob auch ein Anspruch aus § 463 S.1 BGB unabhängig von der Ursächlichkeit der Zusicherung für die Kaufentscheidung besteht, wird nicht einheitlich beantwortet. Nach einer Ansicht[6] soll der Anspruch

----

6) Palandt/Putzo, § 463 Anm.2 d.

aus § 463 BGB entfallen, wenn der Verkäufer beweist, daß die Zusicherung für den Kaufentschluß bedeutungslos war.

Dieser Nachweis steht dem Verkäufer im Fall der Arglist gem. § 463 S.2 BGB nach heute allgemeiner Ansicht offen[7]. Liegt in der Zusicherung des Verkäufers ein Schadensersatzversprechen für den Fall des Fehlens der Eigenschaft, ist der Ersatzanspruch, wie beim selbständigen Garantievertrag, von der Ursächlichkeit der Zusage für den Kauf unabhängig[8]. Nimmt man eine Zusicherung entsprechend der hier vertretenen Ansicht auch an, wenn der Käufer auf die Zusage einer Sacheigenschaft vertrauen durfte[9], stellt sich das Problem nicht. Unabhängig von einem Personenvertrauen, wird der Käufer, der besonderen Wert auf eine Eigenschaft der Kaufsache legt, den Kaufabschluß von der Zusage des Verkäufers abhängig gemacht haben.
Unterschiede zwischen Zusicherung und selbständigem Garantievertrag bestehen insoweit nicht.

III. Anspruchsinhalt.

Ein weiterer, zu erörternder Punkt ist der Inhalt des sich aus einem selbständigen Garantievertrag ergebenden Anspruchs. Unterschiede zur Gewährleistung könnten sich hinsichtlich eines Rechts auf Nachbesserung der Kaufsache ergeben, während andererseits Wandlung bzw. Rücktritt vom Kaufvertrag ausge-

----

7) BGH, BB 1969, S.1412; RGZ 1o2, S.394; MK-Westermann, § 463 Rdnr.3; Staudinger/Honsell, § 463 Rdnr.11; Soergel/Ballerstedt, § 463 Rdnr.7.

8) MK-Westermann, § 463 Rdnr.3; Staudinger/Honsell, § 463 Rdnr.11; Erman/Weitnauer, § 463 Rdnr.9.

9) S. oben 1. Abschnitt, insbes. 2. Kap. III 4 c.

schlossen sein könnte[1o).]

1. Erfüllungsanspruch bei Garantieversprechen.

Ein Nachbesserungsanspruch wird beim Spezies- wie Gattungskauf nach nahezu allgemeiner Ansicht verneint[11)]. Im Hinblick darauf wurde in einer Entscheidung des Bundesgerichtshofs die Unterscheidung von Zusicherung und selbständiger Garantie dafür erheblich erachtet, ob der Verkäufer von Stahlbetondachdielen für die Deckenkonstruktion einer Fabrikhalle verpflichtet war, entsprechend der Zusicherung -die Dielen böten Schutz gegen Kondenswasser- die Bedachung der Halle in klimasicheren Zustand zu versetzen[12)].

a) Rechtsprechung und Literatur.

Allgemein wird in Zusammenhang mit einem selbständigen Garantievertrag bemerkt, daß hieraus ein Erfüllungsanspruch erwachse[13)]. Zu fragen ist, ob dieser sich aus dem Garantievertrag ergebende Erfüllungsanspruch auf Herbeiführung des garantierten Umstandes, Herstellung der garantierten Eigenschaft bzw. Nachbesserung gerichtet sein kann, oder ob Erfüllungsan-

----

1o) Ohne praktische Bedeutung ist, daß dem Garantiebegünstigten bei Nichteintritt des garantierten Umstandes kein Minderungsrecht nach § 462 BGB zusteht. Eine Kaufpreisherabsetzung läßt sich im Ergebnis über die Schadensersatzleistung erreichen. Der Käufer eines Grundstücks,dem künftige Baulandqualität garantiert wurde, der das Grundstück dennoch behalten möchte, kann den im Hinblick auf die erwartete Baulandqualität im Vergleich zu landwirtschaftlicher Fläche gezahlten Mehrpreis als Schaden geltend machen.

11) Vgl. nur MK-Westermann, § 462 Rdnr.7 ff.; V. Götz, S.45; anders:Brox, Einrede S.84 f.; Korintenberg, Abschied, S.69,8o; neuerdings Peters, JZ 1978, S.92 ff.

12) BGH, BB 1957, S.1195.

13) MK-Westermann, § 459 Rdnr.86; V. Götz, S.65 ff.; Graue, S.66.

spruch bei dem Garantievertrag nur soviel besagt, daß sich die Schadensersatzverpflichtung unmittelbar und originär und nicht als Sekundäranspruch ergibt[14].
Dafür, daß der Garantievertrag auch auf Herbeiführung des zugesagten Erfolges gerichtet sei, spricht sich ausdrücklich, allerdings ohne nähere Begründung, Niederländer[15] aus. Auch Süß nimmt an, auf Grund eines Garantievertrages habe der Verkäufer nicht nur Gewähr zu leisten, sondern darüber hinaus die Mängelfreiheit durch Nachbesserung herbeizuführen. Beim Garantievertrag liege ein Rechtsgeschäft mit Erfüllungspflicht vor, entweder den garantierten Zustand herzustellen oder sonst einen Ausgleich zu schaffen[16]. Darauf deuten auch Bemerkungen des Reichsgerichts und der Literatur hin, beim Garantievertrag seien insbesondere §§ 325,326 BGB anwendbar[17] bzw. die aus einem selbständigen Garantievertrag abgeleiteten Erfüllungsansprüche stünden neben der kaufrechtlichen Gewährleistung[18]. Bezug genommen wird in der Literatur auf eine Entscheidung des Reichsgerichts[19]. In dem zugrundeliegenden Fall war eine

----

14) Soweit vermerkt wird, der Garant habe nie für die Erfüllung einzustehen bzw. der Anspruch gehe auf Schadloshaltung (vgl. BGH, WM 1968, S.977,978; Baumbach/Duden/Hopt, § 349 Anm.4 C; Erman/Seiler Vor § 765 Rdnr.27; Palandt/Thomas, Vor § 765 Anm. 3 c), ist in Abgrenzung zu Bürgschaft, Schuldbeitritt und abstraktem Schuldversprechen die hier nicht näher interessierende Leistungsgarantie angesprochen.

15) Niederländer, Rechtsvergleichung, S.289,297.

16) Süß, S.224 f.,185.

17) RG, WarnR 19o9, S.19o Nr.2o1; RG, LZ 1931 Sp.173 Nr.3; GK-HGB-Brüggemann, § 377 Rdnr.48; GK-HGB-Ratz, § 349 Rdnr.94; Staudinger/Honsell, § 459 Rdnr.88; Tengelmann, NJW 1966, S.2195,2196.

18) MK-Westermann, § 459 Rdnr.88.

19) RG, LZ 1931, Sp.173 Nr.3 = WarnR 193o, S.264 Nr.133= HRR 193o, Nr.133.

Rechenmaschine unter einer "einjährigen Garantie" verkauft und in der Folgezeit Instandsetzungen an der als funktionsuntauglich gerügten Maschine vorgenommen worden. Eine auf Grund der "Garantie" bestehende Verpflichtung zur kostenlosen Beseitigung von Störungen ordnete das RG einem selbständigen Garantievertrag zu[2o]. Der rechtlichen Wertung ist nicht zuzustimmen. Die Verpflichtung des Verkäufers ging hier nicht über eine als unselbständiges Gewährleistungsversprechen zu qualifizierende Haltbarkeitsgarantie hinaus. Im Ergebnis bejahte das RG einen Gewährleistungsanspruch, der durch den Garantievertrag nicht ausgeschlossen sei.

Eine Verpflichtung des Garantierenden auf Herbeiführung des garantierten Umstandes ist nach Boetius[21] nicht Inhalt eines selbständigen Garantievertrages. Bei Vorliegen eines selbständigen Garantievertrages hänge der Erfolg von verschiedenen Umständen außerhalb des Vertragsgegenstandes ab. Daher habe der Garant keinen Einfluß auf die Verwirklichung des garantierten Interesses. Der Garantiegeber wolle daher von vornherein nur Schadensersatz leisten.

b) Stellungnahme.

Eine Verpflichtung des Verkäufers zur Nachbesserung

2o) Dabei wird auf eine frühere Entscheidung (RG, WarnR 19o9, S.19o Nr.2o1) verwiesen. Hier ging es um die Zusage des Verkäufers eines Hausgrundstücks, das Gebäude nach den Wünschen des Käufers umzubauen. Diese Verpflichtung legte das RG dahin aus, es sei gleichzeitig die Garantie übernommen worden, den Veränderungen stünden keine künftigen baurechtlichen Beschränkungen entgegen. Gegenstand des Garantievertrages war also lediglich die Übernahme des Risikos künftiger Bebaubarkeit, nicht die Herstellung des Bauzustandes.

21) Boetius, S.21 ff; im Ergebnis ebenso Larenz, SchR II, § 53 II c 3, S.293; s. auch BGH, WM 1976, S.977,978.

ist Teil des Kaufvertrages. Beim Gattungskauf, bei dem Erfüllung nur bei Lieferung einer mangelfreien Sache eintritt, gehört die Nachbesserungsvereinbarung zu diesem Haupterfüllungsanspruch auf mangelfreie Leistung. Die Nachbesserungsvereinbarung dient einer ersatzweisen Verwirklichung des vertraglichen Erfüllungsanspruchs[22]. Verneint man mit der Gewährleistungstheorie[23] einen Erfüllungsanspruch beim Spezieskauf auf mangelfreie Leistung, ist anzunehmen, daß im Fall der Nachbesserungsvereinbarung die Mangelfreiheit vertraglich zum Gegenstand der Erfüllungspflicht erhoben ist[24].
Bei der Haltbarkeitsgarantie kann eine während der Garantiefrist aufgetretene Störung als zum Zeitpunkt des Gefahrübergangs vorhandener Mangel anzusehen sein[25], die Ware ist hier nicht vertragsgemäß gewesen. Eine während der Garantiefrist aufgetretene Störung ist aber nicht notwendig auf einen Mangel bei Gefahrübergang zurückzuführen. Wegen der Abgrenzungsschwierigkeiten und der in beiden Fällen gleichen Interessenlage, ist die Verpflichtung des Verkäufers zur Beseitigung eines nach der Übergabe der Sache aus der Beschaffenheit der Sache entstehenden Mangels ebenfalls als auf dem Kaufvertrag beruhend anzusehen[26]. Der Erfüllungsgesichtspunkt steht dieser Wertung nicht entgegen. Die Erfüllung des Kaufvertrages ist hier an die auflösende Bedingung geknüpft, daß während der Garantiefrist kein Mangel entsteht.
Erstreckt sich die "Garantie" des Verkäufers auf eine erst nach Gefahrübergang nach dem Vertrag eintreten-

---

22) V. Götz, S.59 ff.,65.

23) S. oben 1. Abschnitt, 2. Kap. III 1 a.

24) V. Götz, S. 69.

25) S. oben 2. Kap. I 4 c.

26) Im Ergebnis auch Kornmeier, NJW 1982, S.793,794.

de Sacheigenschaft, beruht eine daraus folgende Verpflichtung nicht auf dem Kaufvertrag[27], sondern es ist eine selbständige Vereinbarung neben den Kaufvertrag getreten. Sicher ist, daß der Verkäufer eine Verpflichtung übernehmen kann, nach Gefahrübergang eine Eigenschaft der Kaufsache herzustellen. Eine derartige Verpflichtung wird man aus einer "Garantie" nur entnehmen können, wenn die Herstellung der Einflußnahme durch den Verkäufer unterliegt. Diese Verpflichtung ist aber nicht Gegenstand eines selbständigen Garantievertrages, dessen Kennzeichen gerade ein spielartiges, von den Parteien nicht beherrschbares Moment ist. Vielmehr ist ein Werkvertrag[28] anzunehmen, dessen Erfüllung sich zeitlich an den Kaufvertrag anschließt. Eine Schadensersatzverpflichtung folgt aus § 635 BGB. Hat die "Garantie" die Bedeutung, entgegen § 635 BGB Schadensersatz auch dann zu leisten, wenn die Nichtherstellung des garantierten Zustandes nicht zu vertreten ist, liegt eine unselbständige Garantievereinbarung im Rahmen des Werkvertrages[29] vor.
Ein Anspruch aus einem selbständigen Garantievertrag ist somit originär und ausschließlich auf eine

----

27) S. oben V. 2.

28) Vgl. Enneccerus/Lehmann, § 197 III 6, S.8o9. Dort findet sich die Bemerkung, daß mit der Übernahme einer Garantie die Ausführung eines Unternehmens versprochen werden könne, dann aber kein reiner Garantie- sondern teilweise auch ein Dienst- oder Werkvertrag vorliege. Der Hinweis bezieht sich allerdings nur auf die Leistungsgarantie, etwa der Garantie eines Dritten für die Leistung im Rahmen eines Werkvertrages. Habe der Garant das Recht oder die Pflicht, für den Schuldner die Leistung zu erbringen, enthalte die Garantie auch Komponenten des gegenseitigen Vertrages. Bei dieser Fallkonstruktion wird man allerdings eher einen Schuldbeitritt anzunehmen haben.

29) Vgl. nur Jauernig/Schlechtriehm, § 633 Anm.3 a.

Schadensersatzleistung gerichtet.
Für die Auslegung, ob wegen einer nicht näher präzisierten "Garantie" des Verkäufers Nachbesserung oder Herstellung der zugesagten Eigenschaft verlangt werden kann, ist die Wertung als Nachbesserungsvereinbarung im Rahmen des Kaufvertrages oder des Werkvertrags unerheblich. Die über die normale Gewährleistung hinausgehende Verpflichtung des Verkäufers ist vom Käufer jeweils darzulegen und zu beweisen.

2. Rücktritt vom Vertrag.

Das Reichsgericht hielt die Alternative zwischen Gewährleistung und Garantievertrag dafür entscheidungserheblich, ob der Garantiebegünstigte bei Nichteintritt des zugesagten Umstandes zur Wandlung[3o] bzw. zum Rücktritt[31] vom Hauptvertrag berechtigt sei. Ein solches Recht wurde unter Bejahung eines Garantievertrages verneint, da dieser auf Schadensersatz gerichtet sei.

Der Anspruch aus einem Garantievertrag ist, soweit keine anderslautende Bestimmung getroffen wurde[32], auf Schadensersatz wegen Nichterfüllung gerichtet[33], beinhaltet also die Rechtsfolge wie § 463 BGB,den Ersatz des positiven Interesses. Sein Erfüllungsinteresse kann der Käufer nach § 463 BGB in der Form des "großen" oder des "kleinen" Schadensersatzes verwirklichen, also gegebenenfalls auch die Kaufsache zur Verfügung stellen, den Kaufpreis zurückfordern und

----

3o) RG, JW 19o6, S.712 Nr.8.

31) RG, WarnR 1925, S.27 Nr.21.

32) Vgl. RGZ 165, S.41,51 f.

33) BGH, WM 1978, S.554,555.

für einen darüber hinausgehenden Schaden Ersatz verlangen. Auf den Wegfall des Interesses an der mangelhaften Leistung kommt es nicht an. Eine Analogie zu §§ 28o Abs.2, 286 Abs.2, 325 Abs.1 S.2 BGB wird von der herrschenden Meinung abgelehnt, da die endgültig mangelhafte Sache nicht mit der teilweise unmöglichen Leistung gleichgestellt werden könne[34]. Für den selbständigen Garantievertrag wird dagegen § 325 BGB für anwendbar gehalten[35], mit der Folge, daß gem. § 325 Abs.1 S.2 BGB der Garantiebegünstigte zum Rücktritt nur bei Wegfall des Interesses an der Hauptleistung berechtigt ist. Eine unmittelbare Anwendung des § 325 BGB kommt allerdings nicht in Betracht. Unmöglichkeit der Leistung aus dem Kaufvertrag liegt bei Nichteintritt des garantierten Umstandes nicht vor. Der Kaufvertrag ist unabhängig von der Garantie erfüllt. Für die Frage, in welcher Form der auf Grund der selbständigen Garantie geschuldete Schadensersatz wegen Nichterfüllung zu erbringen ist, ist allerdings auf den allgemeinen Rechtsgedanken der §§ 28o Abs.2, 286 Abs.2, 325 Abs.1 S.2 BGB abzustellen. Zu erwähnen ist in diesem Zusammenhang eine Entscheidung des Bundesgerichtshofs. In dem zugrundeliegenden Fall stand der Nichteintritt des garantierten Umstandes noch nicht endgültig fest. Hierzu hat der BGH ausgeführt, bei Verzögerung des Eintritts des garantierten Umstandes sei es eine Frage der Auslegung im Einzelfall, ob sich der Garantiebegünstigte von dem Kaufvertrag lösen könne oder ob ihm ein weiteres Festhalten am Vertrag zumutbar sei. Daß auf Grund einer selbständigen Garantie Rückgängig-

----

34) Vgl. Erman/Weitnauer, Vor § 459 Rdnr.45 a; MK-Westermann, § 463 Rdnr.2o ff.; abweichend Fikentscher, SchR, § 7o III 2 d, S.39o.

35) RG, WarnR 19o9, S.19o Nr.2o1; GK-HGB-Brüggemann, § 377 Rdnr.48.

36) BGH, WM 1978, S.554,555.

machung des Hauptvertrages verlangt werden kann, wird also nicht in Frage gestellt.

Der Unterschied zwischen Gewährleistung und selbständiger Garantie besteht also darin, daß nach Gewährleistungsrecht ein Wandlungsrecht sowie Rückgängigmachung des Kaufvertrages in Form des "großen" Schadensersatzes nach § 463 BGB geltend gemacht werden kann, ohne daß das Interesse des Käufers an der Sache entfallen sein muß. Beim selbständigen Garantievertrag ist dagegen auf den Rechtsgedanken der §§ 28o Abs.2, 286 Abs.2, 325 Abs.1 S.2 BGB abzustellen.

Die Möglichkeit des Käufers, auf Grund eines auch unerheblichen Mangels Wandlung verlangen zu können, ist rechtspolitisch sicher überdenkenswert. Von deren Bestehen ist aber auszugehen. Von daher besteht kein Interessenunterschied, ob im Rahmen einer Haltbarkeitsgarantie ein bei Gefahrübergang vorhandener Mangel während der Garantiefrist auftritt oder erst im Rahmen üblicher Verwendung der Sache entsteht. Für eine Einordnung der sich auf den Zeitraum nach Gefahrübergang erstreckenden Haltbarkeitsgarantie spricht also, daß Unterschiede hinsichtlich der Notwendigkeit des Interessefortfalls für ein Wandlungs- bzw. Rücktrittsrecht vom Kaufvertrag vermieden werden.

IV. Kaufmännische Untersuchungs- und Rügeobliegenheit.

Ein weiterer Unterschied zwischen Gewährleistung und Garantievertrag ergibt sich beim beiderseitigen Handelskauf in bezug auf die Anwendung der §§ 377,378 HGB. Eine Untersuchungs- und Rügeobliegenheit besteht beim selbständigen Garantievertrag nicht[37]. Der Bundesgerichtshof hat zur Begründung auf den engen Zusammenhang zwischen Gewährleistung und der Vorschrift des

---

37) BGH, WM 1977, S.365,366; Baumbach/Duden/Hopt, § 377 Anm.1 A; GK-HGB-Ratz, § 349 Rdnr.93; GK-HGB-Brüggemann, § 377 Rdnr.48; Staudinger/Honsell, § 459 Rdnr.88.

§ 377 HGB hingewiesen[38)].

Im Fall der Haltbarkeitsgarantie als unselbständiges Gewährleistungsversprechen greift § 377 HGB mit der Maßgabe ein, den Mangel unverzüglich nach dessen Auftreten rügen zu müssen[39)]. Insoweit wird die Qualifizierung der über den Gefahrübergang hinausreichenden Haltbarkeitsgarantie als Gewährleistungsvereinbarung den Bedürfnissen des kaufmännischen Verkehrs gerecht.

V. Klauselverbote für Allgemeine Geschäftsbedingungen.

Zu untersuchen ist, inwieweit sich zwischen Gewährleistung und selbständigem Garantievertrag hinsichtlich der Beschränkbarkeit der Rechte des Käufers in allgemeinen Geschäftsbedingungen Unterschiede ergeben[4o)].

----

38) BGH, WM 1977, S.365,366.

39) Vgl. Baumbach/Duden/Hopt, § 377 Anm.1 E.

4o) Gegenstand der Darstellung ist hier nur der Garantievertrag im Verhältnis Verkäufer-Käufer, nicht die Herstellergarantie. Für die Anwendbarkeit des AGBG auf "Garantiekartenverträge" spricht sich Bullinger, NJW 1979, S.2555 aus mit der nicht einleuchtenden Begründung, die Garantie des Herstellers gegenüber dem Letzterwerber sei ein Vertrag über die Lieferung neu hergestellter Sachen gem. § 11 Nr.1o AGBG. Dabei ist für Bullinger bestimmend, daß dem Händler die eigene Gewährleistung durch die Garantieerklärung abgenommen werde. Nach allgemeiner Ansicht bestehen Garantieansprüche aber neben den Gewährleistungsansprüchen gegen den Verkäufer. Eine anderslautende Klausel in den AGB des Verkäufers wäre auch gem. § 11 Nr.1o a AGBG unwirksam. Eine weitere, in Zusammenhang mit der Herstellergarantie in letzter Zeit kontrovers diskutierte Frage betrifft das Verhältnis des Herstellers zum Händler und hier die Garantiekostenregelung, also inwieweit der Hersteller sich durch AGB gegenüber dem Händler von Nachbesserungskosten, die dem Händler wegen Reparaturen an der Kundensache entstanden sind, freizeichnen kann; vgl. dazu Graf v. Westphalen, NJW 198o, S.2227; Nickel, NJW 1981, S.149o.

1. § 11 Nr.11 AGBG.

Zu fragen ist, ob § 11 Nr.11 AGBG auf den Fall der Zusicherung beschränkt ist oder auch selbständige Garantieverträge erfaßt. Der Wortlaut,der ausdrücklich und ausschließlich Ansprüche wegen Fehlens zugesicherter Eigenschaften nach §§ 463, 48o Abs.2 und 635 BGB erwähnt, zeigt die Unanwendbarkeit der Vorschrift beim selbständigen Garantievertrag[41]. Teilweise wird dagegen eine entsprechende Anwendung der zu § 11 Nr.11 AGBG entwickelten Grundsätze bejaht[42]. Das kann aber nur heißen, daß eine Begrenzung der Haftung aus einem selbständigen Garantievertrag durch AGB an den allgemeinen Vorschriften § 4 und § 9 AGBG zu messen ist und dabei der Rechtsgedanke des § 11 Nr.11 AGBG berücksichtigt werden kann. Der Ausschluß oder die Einschränkung von Schadensersatzansprüchen aus einem selbständigen Garantievertrag verstößt insbesondere gegen § 9 Abs.2 Nr.1 AGBG[43]. Ein formularmäßiger Ausschluß oder eine Begrenzung von Schadensersatzansprüchen ist daher bei Zusicherung und selbständigem Garantievertrag gleichermaßen unwirksam. Unterschiedliche Ergebnisse können insoweit nicht auftreten.

a) Grundsatz.

Weniger eindeutig erscheint die Frage, welche Auswirkungen § 11 Nr.1o AGBG auf die Möglichkeit der Begrenzung der Gewährleistungsansprüche im Fall der Haltbarkeitsgarantie hat. Vom Wortlaut betrifft § 11

----

41) Coester-Waltjen, in Schlosser/Coester-Waltjen/ Graba, § 11 Nr.11 Rdnr.12; MK-Kötz, § 11 AGBG Rdnr.122; Staudinger/Schlosser, § 11 Nr.11 AGBG Rdnr.7; AK-Reich, § 476 Rdnr.38.

42) Palandt/Heinrichs, § 11 AGBG Anm.11.

43) Staudinger/Schlosser, § 11 Nr.11 AGBG Rdnr.7; Graf v. Westphalen, in Löwe/Graf v. Westphalen/ Trinkner, § 11 Nr.11 Rdnr.48; Hensen, in Ulmer/ Brandner/Hensen, § 11 Nr.11 Rdnr.2.

Nr.1o lit. a-d AGBG allgemein Gewährleistungsansprüche. Lediglich in § 11 Nr.1o lit. e und f ist von gesetzlicher Gewährleistung die Rede. Andererseits ist die Begrenzung einer über die gesetzliche Gewährleistung hinausgehenden Haftung dem Käufer zumutbar, möglicherweise auch gerade zugunsten des Käufers anzunehmen, um nicht das Interesse des Verkäufers an der Gewährung von Haltbarkeitsgarantien von vornherein zu beseitigen.

Im Fall des § 11 Nr.1o lit. c AGBG, der die Kosten für Nachbesserungen gem. § 476 a BGB betrifft, ergibt sich der Geltungsbereich des Klauselverbots aus § 476 a BGB. Die Vorschrift betrifft nach allgemeiner Auffassung nicht Kosten für Nachbesserungen, die der Verkäufer auf Grund einer die gesetzlichen Gewährleistungspflichten erweiternden "Garantie" vornimmt[44]. Im übrigen sind die Haltbarkeitsgarantien von den Klauselverboten des § 11 Nr.1o AGBG zur Vermeidung einer Umgehung nach § 7 AGBG erfaßt. Ein Umgehungstatbestand liegt nur soweit vor,als die gesetzlichen Gewährleistungsrechte eingeschränkt werden. Bei einer Haltbarkeitsgarantie gelten die Klauselverbote in § 11 Nr.1o AGBG also nicht für die Gewährleistungsansprüche des Käufers, die ihm nach gesetzlicher Regelung nicht zustünden. Eine Beschränkung der Gewährleistungsansprüche durch AGB ist daher

----

44) Coester-Waltjen, a.a.O., § 11 Nr.1o Rdnr.49; Hensen, a.a.O., § 25 Rdnr.1o; MK-Kötz, § 11 Nr. 1o AGBG Rdnr.61. Die Bemerkungen bei Bullinger, NJW 1979, S.2555 f.; AK-Reich, § 476 a Rdnr.4; MK-Westermann, § 476 a Rdnr.3; Staudinger/Honsell, § 476 a Rdnr.3; Palandt/Putzo, § 476 a Anm. 2 b, § 476 a BGB sei nicht auf die gesetzliche Gewährleistung beschränkt, betreffen den Fall, daß der Kaufvertrag den Käufer wegen der Nachbesserung an den Hersteller verweist.

über § 11 Nr.1o AGBG hinaus möglich, im Fall des Entstehens eines Mangels nach Gefahrübergang und bei einer die gesetzliche Verjährungsfrist des § 477 BGB überschreitenden Garantiefrist für den Zeitraum nach Ablauf der gesetzlichen Verjährungsfrist[45].

b) Klarheitsgebot.

Dieser Grundsatz, daß die Klauselverbote des § 11 Nr.1o AGBG auf eine Haltbarkeitsgarantie, soweit sie die gesetzlichen Gewährleistungsrechte erweitert, keine Anwendung finden, ist jedoch nach einer neuen Entscheidung des Bundesgerichtshofs erheblich einzuschränken. § 11 Nr.1o AGBG soll dann auf eine die Gewährleistungsrechte erweiternde Garantie Anwendung finden, wenn der Käufer als juristischer Laie die Begrenzung der Garantieansprüche als Einschränkung auch der gesetzlichen Gewährleistungsansprüche verstehen könne. Wegen der vieldeutigen Verwendung des Begriffs Garantie, kann der AGB-Verwender die Geltung der Klauselverbote für die Einschränkung der Garantierechte also nur umgehen, wenn er für den juristisch Ungeschulten eindeutig klarstellt, daß neben den einzelnen Garantierechten gesetzliche Gewährleistungsansprüche bestehen, die durch die AGB insoweit nicht berührt werden[46].

Konkret ging es in der Entscheidung um § 11 Nr.1o b, c und f AGBG. § 11 Nr.1o f AGBG war berührt durch die Bestimmung, daß eine Garantieleistung die Garantiezeit nicht verlängere. Nicht be-

---

45) Im kaufmännischen Verkehr kann die Verkürzung der gesetzlichen Verjährungsfrist unter gleichzeitiger Einräumung einer Haltbarkeitsgarantie kompensiert sein; vgl. BGH, BB 1979, S.185,186 (insoweit in BGH, NJW 1979, S.645 nicht abgedruckt).

46) BGHZ 79, S.117,123 f.

rücksichtigt wird hier die durch entsprechende Anwendung des § 639 Abs.2 BGB bewirkte Verlängerung der Verjährungsfrist. Nach der AGB-Klausel sollte die Garantiezeit, nicht der Zeitraum der Verjährung von Garantieansprüchen, eingeschränkt werden. § 11 Nr.1o f AGBG meint -entgegen seinem Wortlaut- nicht die Gewährleistungsfrist, denn eine solche besteht nach den §§ 459 ff.BGB nicht, sondern die Verjährungsfrist[47]. Die Prämisse des BGH ist aber nicht die direkte Anwendung der Vorschrift auf die Haltbarkeitsgarantie, sondern der Gesichtspunkt, ob ein juristisch ungeschulter Käufer die Klausel als Einschränkung seiner Gewährleistungsrechte verstehen konnte und demzufolge davon abgehalten werden konnte, diese geltend zu machen.
Die Unterscheidung von Gewährleistungs-, und Verjährungsfristen wird dem Käufer regelmäßig nicht geläufig sein, zumal selbst der Gesetzgeber in § 11 Nr.1o AGBG unrichtig formulierte. Insoweit ist der Entscheidung, wie auch in den folgenden unproblematischen Punkten zuzustimmen[48]. § 11 Nr.1o lit. b AGBG war tangiert, da als Garantieleistungen lediglich Nachbesserung und Ersatzlieferung vorgesehen waren, ein Wandlungs- und Minderungsrecht dagegen keine Er-

----

47) Vgl. Palandt/Putzo, § 11 AGBG, Anm.1o f; Staudinger/Schlosser, § 11 Nr.1o AGBG Rdnr.82; MK -Kötz, § 11 AGBG Rdnr.114; Graf v. Westphalen, in Löwe/Graf v. Westphalen/Trinkner, § 11 Nr.1o f. Rdnr.3; unklar ders. noch in NJW 198o, S.2227,2228.

48) A.A. Kornmeier, NJW 1982, S.793,795 ff. für die Verjährungsfrist nicht unterschreitende Garantiefristen. Die Verlängerung solcher Garantiefristen entsprechend § 639 Abs.2 dürfe nicht berücksichtigt werden, da § 639 Abs.2 BGB durch die Klausel trotz § 11 Nr.1o f AGBG wirksam ausgeschlossen sei.

wähnung fanden. Im Lichte des § 11 Nr.1o lit. c AGBG war die in der Garantie enthaltene Kostentragungsregelung zu sehen, nach der erforderliche Ersatzteile und die Arbeitszeit nicht berechnet, bei vereinbarten Garantiezeiten von über sechs Monaten ab dem 7. Monat eine Fahrtkostenpauschale und Portokosten berechnet wurden. Insgesamt, so nahm der BGH an, konnte dadurch bei dem Käufer die Vorstellung erweckt werden, er habe während der Garantiefrist anfallende, andere, nicht genannte Kosten, wie Transportkosten, zu tragen[49].

Ob in casu eine unselbständige oder selbständige Garantie vorlag, hat der BGH zutreffend nicht erörtert. Die mangelnde Distinktionsfähigkeit des Käufers zwischen gesetzlicher Gewährleistung und zusätzlichen Garantierechten besteht unabhängig von der rechtlichen Wertung als unselbständiges Gewährleistungsversprechen oder Garantievertrag. So kann sich die Problematik auch bei entsprechenden Klauseln in den Regelungen einer Garantie des Herstellers ergeben[5o].

Schlußfolgerungen für die Einordnung der über den Gefahrübergang hinausreichenden Haltbarkeitsgarantie als Gewährleistungsversprechen oder selbständiger Garantievertrag sind daher nicht möglich.

VI. Haftpflichtversicherungsdeckung.

Auswirkungen könnte die Differenzierung zwischen Zusicherung und Garantievertrag bei der Frage haben, inwieweit eine Schadensersatzverpflichtung des Verkäufers von dem Schutz einer Haftpflichtversicherung

----

49) Insoweit zustimmend auch Kornmeier, a.a.O.

5o) Vgl. Graf v. Westphalen, DAR 1982, S.51 ff.

gedeckt ist. Maßgebliche Vorschriften sind hier §§ 1 Nr.1,4 I 1 und 4 I 6 Abs.3 der Allgemeinen Haftpflichtversicherungsbedingungen. Nach § 1 Nr.1 AHB besteht Versicherungsschutz des Versicherungsnehmers für Ersatzverpflichtungen, die sich auf gesetzliche Haftpflichtbestimmungen gründen. Das wird in § 4 I 1 AHB ohne inhaltliche Einschränkung[51)] dahingehend verdeutlicht, daß Versicherungsschutz nicht für solche Haftpflichtansprüche besteht, die "auf Grund Vertrages oder besonderer Zusage über den Umfang der gesetzlichen Haftpflicht des Versicherungsnehmers hinausgehen". Daneben schließt § 4 I 6 Abs.3 AHB Erfüllungsansprüche und an ihre Stelle tretende Ansprüche auf Ersatzleistung von der Haftpflichtversicherung aus. Danach sind zwar nicht vertragliche Schadensersatzansprüche ausgeschlossen, wohl aber solche, die sich aus einer besonderen Zusage ergeben[52)].

Ein selbständiger Garantievertrag ist eine neben den Kaufvertrag tretende, durch privatautonomes Versprechen des Verkäufers begründete Verpflichtung zur Leistung von Schadensersatz. Ein Versicherungsschutz für solche Garantieübernahmen besteht nicht[53)]. Umstritten ist dagegen die Frage, ob ein wegen Fehlens einer zugesicherten Eigenschaft begründeter Schadensersatzanspruch nach § 463 S.1, § 48o Abs.2 BGB eine Versicherungsdeckung haben kann. Nach § 4 I 6 Abs.3 AHB sind Ersatzverpflichtungen, die das Erfüllungsinteresse des Käufers betreffen, nicht von der Haftpflichtversicherung gedeckt. Die Problemstellung beschränkt sich daher auf Mangelfolgeschäden[54)] und die

----

51) § 4 I 1 AHB hat demnach nur deklaratorischen Charakter; vgl. Diederichsen, VersR 1971, S.1o77, 1o84; Hartung, S.57; Wussow, § 1 Anm.63.

52) Allg.Meinung. Vgl. BGHZ 23,S.349,351; BGH,NJW 1961, S.269; 1962, S.21o6; 1964, S.1o25; Diederichsen, VersR 1971, S.1o77,1o84.

53) Vgl. Diederichsen, VersR 1971, S.1o77,1o9o.

54) Für Mangelfolgeschäden im Rahmen des § 635 BGB s. BGH, NJW 1981, S.178o:Kein Ausschluß nach § 4 I 6 Abs.3 AHB.

Frage, ob es sich hierbei um eine Ersatzverpflichtung auf Grund besonderer Zusage handelt, für die eine Versicherungsdeckung nach § 1 I 1, § 4 I 1 AHB ausgeschlossen ist.
Das Reichsgericht hatte darauf abgestellt, daß die Haftung auf Grund einer Zusicherung im Rahmen der gesetzlichen Haftung nicht von der Versicherungsdeckung excludiert sein könne[55)]. Dabei wird allerdings nicht berücksichtigt, daß sich der Umfang der Haftung nach §§ 463 S.1, 48o Abs.2 BGB nach der Tragweite bzw. dem Zweck-Schutz-Bereich der Zusicherung bemißt, also entweder auf einer privatautonomen Fixierung der Schadensersatzpflicht[56)] oder zumindest einer über das kaufvertragliche Leistungsversprechen hinausgehenden besonderen Erklärung des Verkäufers beruht[57)]. Eine Ansicht nimmt daher an, daß alle nach §§ 463 S.1, 48o Abs.2 BGB zu ersetzenden Schäden, also auch Mangelfolgeschäden, nicht von der Haftpflichtversicherung gedeckt sind[58)]. Eine entgegengesetzte Ansicht[59)] wendet ein, daß dieser Gesichtspunkt nicht ausreiche, von einer hergebrachten Auslegung der Versicherungs-

----

55) RGZ 16o, S.48; KG, JR 1938, S.31o; Brockmann, VersR 1955, S.374.

56) Baumann, Festschrift Sieg, S.15,41.

57) S. oben 1. Abschnitt 2. Kap III 5 c aa.

58) Maßgeblich Diederichsen VersR 1971, S.1o77,1o92; J. Prölls, VersR 1967, S.432,433 f.; vgl. auch A. Grunow, S.75,8o; Prölls/Martin, § 1 AHB Anm.2; Schlechtriehm, VersR 1973, S.581,594 Fn.176; Schmidt-Salzer, BB 1972, S.18: ders., Produkthaftung, S.299 ff.; Todt, S.191 ff.; Hönig, VersR 197o, S.975,979.

59) Erman/Weitnauer, Vor § 459 Rdnr.51; MK-Westermann, § 463 Rdnr.3o; Staudinger/Honsell, § 463 Rdnr.41.

bedingungen abzuweichen[6o].
Der Meinungsstreit bedarf hier keiner Entscheidung. Folgt man der Auffassung, nach Gewährleistungsrecht zu ersetzende Mangelfolgeschäden seien von der Betriebshaftpflicht nicht gedeckt, ergeben sich zum Garantievertrag keine Unterschiede. Folgt man der entgegengesetzten Auffassung, so kann, um ein Argument dieser Ansicht zu benutzen, die Versicherungsdeckung nicht von der dogmatischen Einordnung abhängen[61]. Entscheidend ist, inwieweit eine Ersatzverpflichtung auf einer willkürlichen Begründung einer Schadensersatzhaftung beruht[62]. Für den Fall der Haltbarkeitsgarantie, mit der die Haftung des Verkäufers über den Gefahrübergang hinaus ausgedehnt wird und die gleichzeitig eine Schadensersatzverpflichtung des Verkäufers für Mangelfolgeschäden nicht ausschließt, ist ein derartiger willkürlicher Charakter regelmäßig zu bejahen.
Für die Einordnung der über den Gefahrübergang hinausreichenden Haltbarkeitsgarantie als Gewährleistungsversprechen oder Garantievertrag, können sich insoweit keine Unterschiede ergeben.

6o) Erman/Weitnauer, Vor § 459 Rdnr.51, Hönig, VersR 197o, S.975,979; nach dem HUK-Modell für die Versicherung der Produkthaftpflicht im Rahmen der Betriebshaftpflichtversicherung (Versprax 1973, S.134 ff.) sollen Mangelfolgeschäden infolge von Eigentumsverletzungen mitversichert sein (vgl. Staudinger/Honsell, § 463 Rdnr.41; Erman/Weitnauer, Vor § 459 Rdnr.51).

61) MK-Westermann, § 463 Rdnr.3o.

62) Unter diesem Gesichtspunkt spricht sich Baumann, Festschrift Sieg, S.15,41, allerdings ohne genauere Darlegung, für eine differenzierte Lösung aus.

VII. Zusammenfassung.

Die Unterscheidung von gewährleistungsrechtlicher Zusicherung bzw. einer Haltbarkeitsgarantie als unselbständiges Gewährleistungsversprechen und einem selbständigen Garantievertrag kann erheblich sein hinsichtlich der Verjährung der kaufmännischen Untersuchungs- und Rügeobliegenheit gem. §§ 377,378 HGB sowie für ein Rücktrittsrecht vom Kaufvertrag. Im letzteren Fall beschränkt sich der Unterschied darauf, daß der Garantiebegünstigte ein Rücktrittsrecht nicht grundsätzlich, sondern nur hat, wenn das Interesse an der Kaufsache infolge des Nichteintritts des garantierten Umstandes entfallen ist. Praktische Unterschiede werden sich insoweit kaum ergeben.

Gewährleistungsrecht ist auf eine Haltbarkeitsgarantie anwendbar, wenn man den Inhalt der Zusage auf die Mangelfreiheit der Kaufsache beschränkt und im übrigen dem Verkäufer den Nachweis auferlegt, ein während der Garantiefrist aufgetretener Mangel habe bei Gefahrübergang noch nicht vorgelegen. Über solche Fälle hinaus, in denen sich aus einer bei Gefahrübergang als Mangel zu beurteilende Mangelanlage eine Störung während der Garantiefrist entwickelt, ist Gewährleistungsrecht auch anzuwenden, wenn mit der Haltbarkeitsgarantie das Risiko zukünftigen Entstehens eines Sachmangels übernommen wird, daß sich dieser im Rahmen vertragsgemäßer Benutzung aus der Kaufsache entwickelt. Unterschiedliche Ergebnisse zur "normalen" Gewährleistung hinsichtlich der Verjährung, der Anwendbarkeit der §§ 377,378 HGB sowie den Voraussetzungen zur Rückgängigmachung des Kaufvertrages können, abgesehen von den mit der Einräumung einer Gewährleistungsfrist verbundenen Besonderheiten hinsichtlich des Beginns der Verjährung nicht bestehen.
Hängt das Fortbestehen einer Sacheigenschaft maßgeblich von außerhalb der Kaufsache liegenden Umständen

ab, wird also von dem Verkäufer ein warenfremdes Risiko übernommen, sind die an die Gewährleistung anknüpfenden Rechtsfolgen der kurzen Verjährung, der Rügeobliegenheit des Handelskäufers sowie die Möglichkeit eines ohne weiteres bei Nichteintritt des garantierten Umstandes bestehenden Rücktrittsrechts vom Kaufvertrag nicht angebracht.

Ein selbständiger Garantievertrag liegt vor, wenn die Haftung für das Vorliegen eines Umstandes in bezug auf die Kaufsache übernommen wird, der keine Sacheigenschaft darstellt. Kennzeichen eines selbständigen Garantievertrages ist ein spielartiges, spekulatives Moment, während die Zusicherungshaftung des Verkäufers von dem Kriterium abstrakter Beherrschbarkeit des Risikos für den Verkäufer getragen ist. Generell auszuscheiden von dem Eigenschaftsbegriff sind persönliche Umstände der Vertragsparteien oder Dritter.
Eine Zusicherung liegt auch beim Spezieskauf in der Zusage des Verkäufers, eine Sacheigenschaft werde bis Gefahrübergang entstehen. Dagegen ist Kaufgewährleistungsrecht ausgeschlossen, wenn der Verkäufer das Entstehen einer Sacheigenschaft für einen Zeitpunkt nach Gefahrübergang zusagt. Für die Zusage, eine Sacheigenschaft werde über den Gefahrübergang hinaus erhalten bleiben, ist zu differenzieren, ob die Zusage lediglich das Risiko des Entstehens eines Sachmangels innerhalb bestimmungsgemäßer Benutzung umfaßt oder auch außerhalb der Kaufsache und deren Benutzung liegende Risiken deckt. Lediglich im letzteren Fall liegt ein selbständiger Garantievertrag vor.

3. Abschnitt: Garantie zugunsten Dritter.

I. Die Herstellergarantie.

Ihren wirtschaftlichen Stellenwert erhält die Haltbarkeitsgarantie maßgeblich auch durch die von dem Hersteller gegenüber dem Endabnehmer einer mehrstufigen Absatzkette abgegebene Erklärung, für die Qualität und die Haltbarkeit seines Produkts einstehen zu wollen.

1. Inhalt.

Der Hersteller verspricht, daß seine Ware die vertraglichen Eigenschaften aufweist und innerhalb einer bestimmten Frist behält bzw. keine Mängel entstehen. Die Rechte des Käufers sind dabei regelmäßig auf Nachbesserung oder Ersatzlieferung beschränkt[1)].

2. Abschluß des Garantievertrages.

Der Abschluß des Garantievertrages erfolgt zumeist unter Verwendung sogenannter Garantiekarten. Diese enthalten ein entsprechendes Vertragsangebot an den Letztabnehmer. Wenn nicht die Rücksendung der Karte gefordert wird, ist die Erklärung der Annahme des Angebots gem. § 151 S.1 BGB nicht erforderlich. Nicht die bloße Entgegennahme der Ware,aber die bewußte Empfangnahme der Garantiekarte bzw. deren Aufbewahrung stellt die Annahme dar[2)].

Die Verwendung von an den Endabnehmer durch den Zwischenhändler ausgehändigten Garantiekarten ist nur eine (gängige) Form des Vertragsangebots. Dieses kann unter Umständen auch auf der Warenverpackung abge-

----

1) Vgl. Diederichsen, Haftung, S.4o; Nickel, NJW 1981, S.149o; Larenz,SchR II, § 62 III, S.435.

2) Bader, NJW 1976, S.2o9,211 Fn.23.

druckt sein, wobei es nicht notwendig einer ausdrücklichen Hervorhebung der Garantieerklärung bedarf[3].

3. Garantieansprüche und Verkäufergewährleistung.

Die Herstellergarantie tritt grundsätzlich neben die Gewährleistungsansprüche des Endabnehmers gegen den Zwischenhändler[4]. Einer Garantieerklärung des Warenherstellers kann nicht ohne ausdrückliche Bestimmung eine Entlastungsfunktion zugunsten des Zwischenhändlers beigemessen werden[5]. Vorrangiges Ziel der Abgabe von Garantieerklärungen ist für den Hersteller, die Qualität seines Produkts zu belegen und dadurch werbewirksam hervorzutreten[6]. Der Bundesgerichtshof hat jetzt auch entsprechend der in der Literatur durchgängig vertretenen Ansicht[7] klargestellt, daß der Produzent durch Garantiekartenverträge selbst unmittelbare Vertragspflichten übernehme. In dem entschiedenen Fall enthielt

----

3) Vgl. BGH, NJW 1981, S.16o6,16o7 (Apfelschorf; in BGHZ 8o, S.199 insoweit nicht abgedruckt).

4) Vgl. MK-Westermann, § 459 Rdnr.88; MK-Kötz, § 11 AGBG Rdnr.87; Palandt/Putzo, Vor § 459 Anm.4 h; Bader, NJW 1976, S.7o9,713; Reinel, NJW 198o, S.161o; s. auch BGH, NJW 1981, S.2248,2249; anders ohne Begründung Bullinger, NJW 1979, S.2555.

5) Nach § 11 Nr.1o a AGBG kann durch AGB der Zwischenhändler Gewährleistungsansprüche nicht einmal von der vorherigen, erfolglosen Inanspruchnahme des Herstellers abhängig machen,aber doch insoweit, daß kein Zwang zur gerichtlichen Geltendmachung der Garantie besteht; vgl. MK-Westermann, § 459 Rdnr.88; MK-Kötz, § 11 AGBG Rdnr.87.

6) Vgl. Reinel, NJW 198o, S.161o.

7) Vgl. MK-Mertens, § 823 Rdnr.283; Larenz,SchR II, § 62 III, S.435; Bader, NJW 1976,S.2o9,211; weitere Nachweise s. BGHZ 78, S.369,372.

die Garantieerklärung zusätzlich die Bemerkung, daß Garantieansprüche nur bei Vertragsunternehmen (Vertragshändlern eines Automobilunternehmens) geltend gemacht werden könnten. Hierdurch werde, wie der BGH ausführt, der Wille des Herstellers deutlich, die Garantiearbeiten nicht selbst auszuführen. Das ändere aber nichts daran, daß der Hersteller Anspruchsgegner bleibe, er lediglich den Garantieberechtigten wegen der Ausführung der Arbeiten an ein Vertragsunternehmen, als etwa seinen Vertreter oder erfüllungsbereiten Dritten, verweisen könne[8].

4. Rechtliche Qualifizierung.

Eine Haltbarkeitsgarantie, die der Hersteller gegenüber dem Endabnehmer erklärt, ist notwendig Gegenstand eines selbständigen Garantievertrages, wenn neben der Garantieverpflichtung keine kaufvertragliche Bindung besteht. Daß aber eine,unzweifelhaft einen selbständigen Garantievertrag darstellende Herstellergarantie nicht unabhängig von der Gewährleistungsregelung betrachtet werden kann, wurde bereits hinsichtlich der Anwendbarkeit des § 477 BGB dargestellt[9].

II. Herstellergarantie zugunsten des Endabnehmers.

1. Die Isolierglas-Entscheidung des BGH.

Garantierechte soll nach einem Urteil des Bundesgerichtshofs[1o] der Endabnehmer auch geltend machen können, wenn er nicht selbst den Garantievertrag

----

8) BGHZ 78, S.369,374.

9) S. oben 2. Abschnitt 3. Kap. I 2.

1o) BGHZ 75, S.75.

mit dem Hersteller geschlossen hat, dieser aber zwischen Hersteller und Zwischenhändler zustandegekommen ist. Der BGH stützt seine Auffassung auf das Rechtsinstitut des Vertrages zugunsten Dritter.

In dem der Entscheidung zugrundeliegenden Fall hatte ein Hersteller von Isolierglas in Werbeprospekten mit der Überschrift "Garantie" versichert, daß -gerechnet vom Tage der ersten Lieferung an- für fünf Jahre die Durchsichtigkeit des Isolierglases durch Staubeinlagerungen etc. nicht beeinträchtigt sein werde. Diese Werbeprospekte gelangten nur an Zwischenhändler, nicht dagegen an Endabnehmer. Dem Endabnehmer war die Garantie auch nicht durch den Zwischenhändler mitgeteilt worden. Jener hatte von der Garantie erst fünf Jahre nach dem Zeitpunkt erstmaliger Auslieferung der Glaseinhaiten an einen Zwischenhändler erfahren. Nach einer erfolglosen Klage gegen seinen Vertragspartner nahm der Endabnehmer den Hersteller aus der Garantie auf Ersatzlieferung und, nachdem er die Glaseinheiten hatte auswechseln lassen, auf Ersatz der Materialkosten in Anspruch. Der Bundesgerichtshof nahm an, zwischen dem Hersteller und dem ersten Zwischenhändler sei ein berechtigender Vertrag zugunsten des Endabnehmers gem. § 328 BGB geschlossen worden.

Das Berufungsgericht hatte einen solchen Vertrag verneint. Der Hersteller habe durch die Garantieerklärung dem Endabnehmer Rechte einräumen wollen, nicht aber einem Zwischenhändler erster Stufe. Da dieser mit dem Endabnehmer nicht vertraglich verbunden war, hätten weder Hersteller noch Zwischenhändler den Willen gehabt, dem Endabnehmer insoweit Vorteile zu gewähren[11].

----

11) Die Lieferung erfolgte durch einen Werkunternehmer, der die Glasarbeiten bei dem Endabnehmer durchführte.

Der Bundesgerichtshof führt dagegen aus, die Anknüpfung der Garantie an den Tag der ersten Lieferung lege einen vertraglichen Bindungswillen zu diesem Zeitpunkt (also gegenüber dem Erstabnehmer und Zwischenhändler) nahe. Das Interesse des Erstabnehmers sei darauf gerichtet gewesen, den Garantievertrag unmittelbar zu begründen und somit von der Unabwägbarkeit der Kenntnisnahme der Folgeabnehmer von der Garantiezusage unabhängig zu machen. Weiterhin sei das Interesse darauf gerichtet gewesen, die Garantierechte dem Endabnehmer zukommen zu lassen, um sich damit im Verhältnis zu seinem Vertragspartner von der Haftung freimachen zu können, soweit die Garantieleistung von dem Hersteller erbracht werde. Die Interessenlage spreche damit für einen entsprechenden Vertragsschluß.

2. Stellungnahme in der Literatur.

Die Entscheidung ist in der Literatur fast kritiklos aufgenommen worden[12]. Näher auseinandergesetzt mit ihr hat sich lediglich M. Lehmann[13], ohne allerdings im Ergebnis zu widersprechen.An der Begründung übt auch Lehmann Kritik. Insbesondere die Annahmeerklärung des Erstabnehmers habe der BGH unterstellen müssen und sei dabei an eine rechtliche Fik-

----

12) Palandt/Thomas, § 823 Anm.B a, aa; Jauernig/Vollkommer, § 328 Anm. 3 a; Graf v. Westphalen, NJW 198o, S.2227; ders., in Löwe/Graf v. Westphalen/Trinkner, § 11 Nr.1o a Rdnr.6o; Staudinger/Horn, Vor § 765 Rdnr.86.

13) M. Lehmann, BB 198o, S.964 ff.; kritisch ohne nähere Begründung wohl auch Larenz, SchR II, § 62 III, S.435 Fn.1; ders., SchR I, § 17 I a, S.2o4 Fn.5.

tion gefährlich nahe herangerückt. Bedenken an der Konstruktion eines Vertrages zugunsten Dritter hat Lehmann, da hier ein typisches Valutaverhältnis, also ein Rechtsgrund dafür, daß der Erstabnehmer (Versprechensempfänger) dem Dritten (Endabnehmer) die Leistung des Herstellers (Versprechender) zukommen lassen wollte, nicht vorgelegen habe. Das von dem BGH herangezogene Freistellungsinteresse habe nicht bereits vorgelegen, sondern resultiere erst aus der Garantiehaftung, also dem Abschluß des Vertrages zugunsten Dritter[14]. Vorrangiges Interesse daran, die Garantieansprüche in der Person des Endabnehmers zu begründen, habe der Hersteller selbst gehabt, nicht aber, wie typischerweise beim Vertrag zugunsten Dritter, der Erstabnehmer als Versprechensempfänger. Nach der Garantieerklärung sollte nicht lediglich ein Endabnehmer Garantierechte geltend machen können, sondern jeder Erwerber, also auch etwa ein Zwischenhändler, bei dem vor Weiterveräußerung die Glaseinheiten ihre Eigenschaft verlören. Darüber hinaus habe der Erstabnehmer lediglich die Funktion gehabt, als Hilfsperson die Garantieansprüche begründen zu helfen. Lehmann spricht daher von einer Garantiehaftung "für den es angeht", wendet sich aber nicht dagegen, daß die Institution des Vertrages zugunsten Dritter "um eine weitere Erscheinungsform bereichert" worden sei[15].

3. Eigene Stellungnahme.

a) Interessenlage.

Die für den Vertrag zugunsten Dritter atypische Fall-

----

14) M. Lehmann, a.a.O., S.968.
15) M. Lehmann, a.a.O., S.968.

konstellation spricht noch nicht gegen die Heranziehung des § 328 BGB aber verstärkt die Bedenken gegen das Vorliegen einer entsprechenden Willenserklärung sowohl auf Seiten des Herstellers wie des Erstabnehmers. Für die Entscheidung spricht, daß der Hersteller eine Garantieerklärung abgegeben hat, die nach ihrem Erklärungswert, wie auch nach der Interessenlage nicht nur dem Erstabnehmer, sondern jedem weiteren Zwischenhändler und ebenso dem Endabnehmer Garantierechte zuerkennen wollte. Derjenige in der Absatzkette sollte Garantierechte geltend machen können, der durch den Verlust der Eigenschaften des Isolierglases einen Schaden erleiden würde. In erster Linie angesprochen war allerdings der Endabnehmer, bei dem die Glaseinheiten in ein Gebäude eingesetzt werden würden, da die Bildung von Staubeinlagerungen und Trübungen des Isolierglases eine längere Gebrauchsdauer voraussetzt. Damit ist allerdings noch nicht der Wille des Herstellers dargelegt, die Garantieleistung gegenüber demjenigen zu erbringen, der die Glaseinheiten ohne Wissen der Garantieerklärung kaufte. Der Grund für die Einräumung von über das Gewährleistungsrecht hinausgehenden Haltbarkeitsgarantien liegt vornehmlich in der Werbewirksamkeit solcher Erklärungen. Deshalb ist aus der Sicht des Garantiegebers eine solche zusätzliche bzw. erweiterte Haftung wirtschaftlich nur dann sinnvoll, wenn sie auch ursächlich für den Kaufentschluß war. Von daher kann nicht ohne weiteres unterstellt werden, weil sich die Garantieerklärung im Grundsatz an jeden Abnehmer auf einer Stufe der Absatzkette richtete, sei die Erklärung auch dahin auszulegen, jeder dieser Abnehmer könne, wenn er nicht selbst Kenntnis von der Haltbarkeitsgarantie hatte, diese Rechte von einer anderen Person in der Absatzkette herleiten.

b) Rechtscharakter der Garantiezusage.

Bedenken gegen die Konstruktion des Garantievertrages zugunsten des Endabnehmers erheben sich weiter auf Grund der Frage, ob hier überhaupt im Verhältnis des Herstellers zu dem Erstabnehmer, gegenüber dem die Garantiezusage abgegeben war und der Kenntnis davon hatte, ein selbständiger Garantievertrag vorlag. Die Zusage,innerhalb von fünf Jahren werde die Durchsichtigkeit nicht beeinträchtigt, betrifft die Haltbarkeit der Kaufsache, die, neben den notwendig vorhandenen Witterungseinflüssen, allein von der Beschaffenheit des Isolierglases abhing. Darauf weist auch ein Zusatz in der Garantieerklärung hin, wonach die Garantie nur "unter normalen Bedingungen" gelte. Warenfremde Risiken wurden durch die Zusage nicht übernommen. Es lag daher im Verhältnis zwischen Hersteller und dessen Kaufvertragspartner eine die Gewährleistung modifizierende, unselbständige Garantiezusage und kein selbständiger Garantievertrag vor[16]. Eine Bestätigung findet dieses Ergebnis in den Ausführungen des BGH zur Verjährung der Ansprüche aus dem von ihm angenommenen selbständigen Garantievertrag. Den Beginn der Verjährung sah der BGH in der Entdeckung des Mangels durch den Endabnehmer. Einer besonderen Begründung hätte es dafür nicht bedurft, denn der Anspruch auf die Garantieleistung kann erst ab dem Zeitpunkt seines Entstehens verjähren, also mit dem Eintritt des Garantiefalles, der hier zwangs-

----

16) S. oben 2. Abschnitt 2. Kap. II.

läufig mit dem Entdecken der beeinträchtigten Durchsichtigkeit der Fenster zusammenfiel.
Zur Begründung bezieht sich der BGH[17] aber auf seine Rechtsprechung zum Verjährungsbeginn bei der unselbständigen Garantie[18]. Bei der unselbständigen Garantie ist die rechtliche Ausgangslage aber eine andere als beim selbständigen Garantievertrag. Die unselbständige Garantie ist dahin auszulegen, inwieweit das Gewährleistungsrecht, speziell § 477 BGB mit der Folge des Verjährungsbeginns ab Gefahrübergang, modifiziert ist. Auf den zutreffenden Ansatzpunkt weisen auch die Ausführungen des BGH zur Verjährungsfrist selbst. Es wird dargelegt, der Garantieanspruch sei nicht verjährt, da hier die werkvertragliche Verjährungsfrist von fünf Jahren auch für die Garantie gelte. Das Gericht sieht also eine grundsätzlich kürzere Verjährungsfrist durch die Frist des § 638 Abs.1 S.1 BGB ersetzt. Diesem Ergebnis ist nicht zu widersprechen. Allerdings hätte, wie in der nachfolgenden Entscheidung des Bundesgerichtshofs zur Verjährung bei der Herstellergarantie[19], dargelegt werden müssen, weshalb entgegen der grundsätzlich für den selbständigen Garantievertrag geltenden dreißigjährigen Verjährung nach § 195 BGB hier eine kürzere Frist gelte.
Die Zusage fünfjähriger unbeeinträchtigter Durchsichtigkeit seitens des Herstellers gegenüber seinem Abnehmer war daher, und wurde von dem BGH im Ergebnis auch als solche behandelt, eine unselbständige Haltbarkeitsgarantie im Rahmen der kaufrecht-

----

17) BGHZ 75, S.75,81.
18) BGH, NJW 1979, S.645.
19) BGH, NJW 1981 S.2248; s. oben 2. Abschnitt 3. Kap. I 2.

lichen Sachmängelgewährleistung.

c) § 328 BGB bei Gewährleistungsansprüchen.

Zu fragen ist also, inwieweit Ansprüche aus einer unselbständigen Garantie als Gewährleistungsansprüche über § 328 BGB einem Nachfolgeabnehmer der Kaufsache zustehen können.

aa) Kaufvertrag zugunsten Dritter.

§ 328 BGB spricht von einer Leistung, die an einen Dritten bedungen werden kann, umfaßt somit gem. § 241 BGB schuldrechtliche Ansprüche[2o]. Nicht erfaßt sind dagegen Gestaltungsrechte wie Anfechtung oder Rücktritt[21]. Das folgt daraus, daß der Dritte lediglich den Anspruch, nicht aber die Stellung eines Vertragspartners erwirbt. Gestaltungsrechte stehen auf Gläubigerseite dem Versprechensempfänger zu, deren Ausübung -mit Ausnahme der Anfechtung wegen Irrtums oder nach § 123 BGB- lediglich von der Zustimmung des Dritten abhängig sein kann, wenn dessen Rechtsstellung unwiderruflich ist[22]. Für die Ansprüche aus der Sachmängelgewährleistung ergibt sich hinsichtlich deren Ausübung durch den Dritten Folgendes: Einen Anspruch auf Schadensersatz nach § 463, § 48o Abs.2 BGB, ein Nachlieferungsrecht gem. § 48o Abs.1 BGB bzw. ein vertragliches Recht auf Ersatzlieferung oder auf Nachbesserung kann der Dritte geltend machen. Diese Rechte treten an die Stelle seines Lieferungsanspruchs und beeinträchti-

----

2o) Vgl. nur MK-Gottwald, § 328 Rdnr.16.

21) Heilmann, NJW 1968, S.1853,1854.

22) Vgl. MK-Gottwald, § 335 Rdnr.5 f.; Staudinger/ Kaduk, § 334 Rdnr.34 f.; ausführlich Papanikolaou, S.56 ff.

gen nicht die Vertragsstellung des Versprechensempfängers. Dagegen kann der Dritte nicht Wandlung oder Minderung verlangen, da deren Durchführung Gestaltungswirkung hat, den Vertrag ganz oder teilweise auflöst[23].

bb) Haltbarkeitsgarantie zugunsten Dritter.

Im Unterschied zum Kaufvertrag zugunsten Dritter, bei dem der Dritte den Lieferungsanspruch erhält und auf Grund dieser Position Mängelgewährleistungsrechte geltend machen kann, geht es im Fall der Haltbarkeitsgarantie zugunsten des Folgeabnehmers nur darum, die Garantie-Gewährleistungsansprüche isoliert von dem vertraglichen Lieferungsanspruch in der Person des Dritten zu begründen. Auch hier gilt,daß Gestaltungsrechte und die bei Durchführung Gestaltungswirkung entfaltenden Rechte auf Wandlung und Minderung über § 328 BGB nicht in der Person des Dritten begründet werden können. Insoweit kommt für die wirksame Übertragung nur eine Abtretung in Betracht[24], die der Annahme durch den Begünstigten bedarf.
Haltbarkeitsgarantien sind häufig auf ein Recht auf Nachbesserung oder Ersatzlieferung beschränkt. Zwingend ist eine solche Einschränkung in der Praxis nicht. Bei Baustoffen erstreckt sich die Garantiezusage zumeist sogar auf Schadensersatz[25]. Schließt der Verkäufer aber Wandlung und Minderung nicht für den Fall aus, daß nach Übergabe ein Mangel entsteht, könnten bei Heranziehung der Gesichtspunkte des BGH

----

23) Vgl. MK-Gottwald, § 335 Rdnr.8; Staudinger/Kaduk, § 334 Rdnr.44; Erman/Westermann, § 328 Rdnr.7; Papanikolaou, S.77 ff.

24) Heilmann, NJW 1968, S.1853,1854.

25) Vgl. die Fälle BGH, NJW 1979, S.645; 1981, S.2248.

im Isolierglas-Fall weitere Probleme auftreten. Aus der Erwähnung eines Wandlungs- und Minderungsrechts des Käufers in den Garantiebestimmungen könnte gefolgert werden, daß Ansprüche aus der Haltbarkeitsgarantie, auch soweit sie auf Nachbesserung, Ersatzlieferung oder evtl. Schadensersatz gerichtet sind, nicht einem Nachfolgeabnehmer zustehen sollen. Voraussetzung für eine Begründung von Garantierechten in der Person eines Nachfolgeabnehmers ist in diesem Fall aber eine Differenzierung der Kaufvertragsparteien zwischen den bei dem ersten Abnehmer verbleibenden Ansprüchen aus der Haltbarkeitsgarantie und solchen, die auch dem weiteren Abnehmer in der Absatzkette zustehen sollen. Dem wirtschaftlichen Interesse der Parteien würde eine solche Unterscheidung entsprechen. Bedenken erheben sich bei dieser Konstruktion aus dem Gesichtspunkt einer Überstrapazierung des Parteiwillens. In anderem Zusammenhang, bei der Frage der Berücksichtigung der Klauselverbote des § 11 Nr.1o AGBG auf eine über die gesetzliche Gewährleistung hinausgehende "Garantie", hat der Bundesgerichtshof selbst dargelegt, daß dem juristisch ungeschulten Laien die Unterscheidung von gesetzlichen Gewährleistungsansprüchen und weitergehenden Garantierechten nicht geläufig sein wird[26].

Die Entscheidung des Bundesgerichtshof im Isolierglas-Fall läßt sich mit diesen Erwägungen nicht zwingend widerlegen. Die Garantierechte beschränkten sich hier auf eine Ersatzlieferung. Es verstärkt sich aber der Eindruck, daß die für die Konstruktion notwendigen Erklärungen, nämlich daß die Garan-

----

26) S. dazu oben 2. Abschnitt 3. Kap. V 2 b.

tiezusage an den Erstabnehmer und Zwischenhändler gerichtet war,wie auch die Annahme dieser Zusage durch den Erstabnehmer zugunsten eines Folgeabnehmers, in dem Willen der Parteien keine Grundlage haben.

4. Vertrag mit Schutzwirkung zugunsten Dritter.

Die Zubilligung von Vertragsansprüchen an einen außerhalb des Vertrages stehenden Dritten setzt nicht notwendig einen Willensentschluß der Vertragsparteien voraus. Eine solche Vertragsvereinbarung kann nach heute ganz überwiegender Auffassung[27)] durch das Rechtsinstitut des Vertrages mit Schutzwirkung zugunsten Dritter ersetzt sein. So ist M. Lehmann der Ansicht, der Bundesgerichtshof habe seine Entscheidung im Isolierglas-Fall auch auf dieses Rechtsinstitut stützen können[28)].

Die ursprüngliche Ableitung des Rechtsinstituts aus § 328 BGB unter Zuhilfenahme einer auf den angeblichen Parteiwillen zurückgeführten ergänzenden Vertragsauslegung[29)], kann als überholt bezeichnet werden. Der Erstreckung des Vertragsschutzes wird heute zutreffend Normqualität zuerkannt[3o)]. Notwen-

----

27) Vgl. Esser/Schmidt, SchR AT 2, § 34 IV 2, S.214 ff.; MK-Gottwald, § 328 Rdnr.6o ff.; Larenz, SchR I, § 17 II, S.2o8 ff.

28) M. Lehmann, BB 198o, S.964,967 Fn.22.

29) So die ältere Rechtsprechung. Vgl. RGZ 87, S.64; 87, S.289; 91, S.21; 1o2, S.231; 152, S.175; 16o, S.153; BGH, LM Nr.2,6,11,18 zu § 328 BGB; BGHZ 33, S.247.

3o) Vgl. v. Caemmerer, Festschrift Wieacker, S.311, 317; Esser/Schmidt, SchR AT 2, § 34 IV 2.1.,S. 215; Flume, Allg.Teil, § 16.5 d.,S.331; Gernhuber, JZ 1962, S.553,555; Larenz, SchR I, § 17 II, S.21o.

dig ist nicht ein und sei es nur hypothetischer Parteiwille, sondern die Einbeziehung Dritter in den vertraglichen Schutzbereich bestimmt sich letztlich nach Treu und Glauben[31)].

a) Garantievertrag.

Im Unterschied zum Vertrag zugunsten Dritter gem. § 328 BGB wird durch die Rechtsfigur des Vertrages mit Schutzwirkung dem Dritten kein Anspruch auf die Primärleistung vermittelt, sondern der Dritte wird in das vertragliche Schutzpflichtverhältnis einbezogen[32)].
Der aus einem selbständigen Garantievertrag folgende Anspruch auf die Garantieleistung ist Erfüllungsanspruch, nicht lediglich Folge einer Schutzpflichtverletzung. Ein Erfüllungsanspruch liegt auch vor, wenn die Garantie Mangelfolgeschäden umfaßt, also das Erhaltungsinteresse[33)] des Garantiebegünstigten

----

31) Vgl. BGHZ 49, S.353; BGH, NJW 1975, S.344; NJW 1977, S.22o8,22o9; Larenz, a.a.O.; MK-Gottwald, § 328 Rdnr.62; GK-HGB-Canaris, Bankvertragsrecht, Rdnr.21; ders.,Vertrauenshaftung, S.478; Stud-Komm-Lüderitz, § 328 Anm. IV.2; Papanikolaou, S.3o f.; offengelassen von BGHZ 56, S.269,273; BGH, NJW 1975, S.867,868 f.; vgl. auch BGHZ 69, S.82,86; 7o, S.327,33o.

32) Die scharfe Grenzziehung zwischen § 328 BGB und dem Vertrag mit Schutzwirkung wird allerdings von Fikentscher (SchR, § 37 IV 1, S.154) und v. Caemmerer (Festschrift Wieacker, S.311,315) abgelehnt. § 328 BGB decke auch Fälle, in denen der Dritte nur Schadensersatz beanspruchen könne. Dabei wird darauf hingewiesen, daß die Fälle der Drittberechtigung hinsichtlich der vertraglichen Hauptpflicht und der Verletzung einer Schutzpflicht,wie etwa bei einem Vertrag zwischen Arzt und Eltern über die Behandlung des Kindes, nahe beieinanderliegen können und deshalb eine Einengung des § 328 BGB zugunsten eines selbständigen Vertragstyps nicht notwendig sei. Es geht also darum, ob bei einer Schutzpflichtverletzung der übereinstimmend bejahte Ersatzanspruch dem Dritten gem.§ 328 BGB oder aus einem eigenen Rechtsinstitut des Vertrages mit Schutzwirkung zusteht.

33) Vgl. BGH, NJW 1962, S.9o8,9o9(Autoscooter).

betrifft. Ein Anspruch aus einem selbständigen Garantievertrag kann daher nicht unter Heranziehung des Gedankens der Drittwirkung von Schutzpflichten in der Person eines Dritten entstehen. Soweit Interessen Dritter in den Garantievertrag einbezogen werden, liegt eine Drittbegünstigung gem. § 328 BGB vor.

b) Zusicherung.

aa) Drittschutz von Integritätsinteressen.

Bei der Zusicherung von Eigenschaften kann das Interesse eines Dritten in den Schutzbereich des Kaufvertrages einbezogen sein, soweit es um den Schutz des Integritätsinteresses geht, etwa wenn ein Hotelier für einen Gast spezielle Diätkost einkauft und der Gast wegen unrichtiger Lieferung nach dem Verzehr erkrankt[34)]. Zu verweisen ist auch auf die beim Kaufvertrag in Zusammenhang mit der Figur des Vertrages mit Schutzwirkung zugunsten Dritter erörterten Fälle, etwa die mittlerweile überholte Diskussion im Rahmen der Produzentenhaftung, den Endabnehmer in die Schutzwirkung des Kaufvertrages zwischen Hersteller und Händler einzubeziehen [35)]. Hier geht es allein darum, inwieweit der Endabnehmer für die durch die mangelhafte Ware erlittenen Körper- und Sachschäden vom Produzenten Ersatz verlangen kann. Um Körperschäden ging es in den Fällen, in denen der BGH einen aus dem Kaufvertrag hergeleiteten Ersatzanspruch des Dritten bejahte, etwa bei betriebsunsicherem Arbeitsgerät[36)] oder fehlerhafter Arbeitsanweisung für ein Rostschutzmittel[37)] und dadurch

----

34) Bsp. von v.Caemmerer, Festschrift Wieacker, S.311,317.

35) Vgl. nur BGHZ 51, S.91,96; BGH, NJW 1975, S. 15o3; Diederichsen,Haftung, S.97 ff.

36) BGH, NJW 1956, S.1193.

37) BGH, NJW 1959, S.1676.

bedingter Verletzung des Arbeitnehmers des Käufers. Auch die Erstreckung der vertraglichen Garantiehaftung des Vermieters nach § 538 Abs.1 BGB auf Dritte betrifft lediglich Körperschäden oder Schäden an den eingebrachten Sachen[38].

bb) Drittschutz von Vermögensinteressen.

Allerdings hat der Bundesgerichtshof die Rechtsfigur des Vertrages mit Schutzwirkung für Dritte nicht auf den Schutz körperlicher Integrität und des Eigentums beschränkt, sondern auch auf reine Vermögensinteressen erstreckt. Zu nennen sind zunächst zwei Entscheidungen, denen jeweils ein Anwaltsvertrag zugrundelag. Im Testamentsurteil[39] ging es um die Errichtung eines notariellen Testaments zugunsten der Tochter des Erblassers. Der Anwalt des Erblassers versprach mehrmals mit einem Notar den Erblasser aufzusuchen, was er jedoch bis zu dessen Tode schuldhaft unterließ. Die Tochter wurde nicht Allein- sondern nur Miterbin. Den Schadensersatzanspruch gründete der BGH darauf, der Anwalt habe auf Grund des Vertrages mit dem Erblasser vertragliche Sorgfaltspflichten gegenüber der Tochter verletzt. In dem zweiten Fall[4o] hatte der BGH Ersatzansprüche den Kindern eines Mandanten zuerkannt, die durch unvollständige Beratung durch dessen Rechtsanwalt geschädigt wurden[41]. Eine Scheidungsvereinbarung zwi-

----

38) Vgl. BGH, LM Nr.41 zu § 328 BGB; BGHZ 49, S. 35o; Palandt/Heinrichs, § 328 Anm. 3 a ii; RGRK-Ballhaus, § 328 Rdnr.98.

39) BGH, NJW 1965, S.1955.

4o) BGH, NJW 1977, S.2o73.

41) Vgl. auch LG Köln, NJW 1981, S.351: Keine Schutzwirkung des Anwaltsvertrages zugunsten der Kinder des anwaltlich beratenen Erben hinsichtlich des unterlassenen Hinweises auf Ausschlagung der Erbschaft zugunsten der Kinder zur Steuerersparnis.

schen den Eltern, nach der den Kindern von der Mutter deren Hauseigentumsanteil übertragen werden sollte, war vor Scheidung der Ehe nicht notariell beurkundet worden. Nach der Scheidung weigerte sich die Mutter, der unwirksamen Abrede nachzukommen.
Die erste Entscheidung ist teilweise auf Widerspruch gestoßen, da hier der Schaden auf Nichterfüllung der Vertragspflicht beruhe[42]. Allerdings wäre eine darauf gestützte Unterscheidung zu dem zweiten Fall der Schlechterfüllung des Anwaltsvertrages wegen unsorgfältiger Beratung nicht überzeugend[43]. Andere Stimmen wenden sich allgemein gegen die Ausdehnung des Vertrages mit Schutzwirkung auf Vermögensinteressen Dritter und möchten diese Rechtsfigur beschränkt wissen auf die Verletzung von Verhaltenspflichten mit der Folge von Rechtsgutsverletzungen i.S. des § 823 Abs.1 BGB[44].
Ohne hier abschließend Stellung nehmen zu können, ist offensichtlich, daß sich die Fälle des Drittschutzes von Vermögensinteressen auf Sondersituationen beschränken[45]. Tangiert ist auch die bereits angesprochene Problematik der Haftung für Rat, Auskunft und Gutachten[46]. Neben Fällen unmittelbarer

----

42) So ursprünglich Medicus, vgl. Bürgerl. Recht, Rdnr.847; ablehnend auch Böhmer, MDR 1966 S.469; Erman/Westermann, § 328 Rdnr.17 will das Ergebnis im Testamentsfall nur über die Annahme einer Mitgläubigerschaft aufrechterhalten; ablehnend auch mit völlig anderer Lösung Kegel, Festschrift Flume I, S.545: Der verhinderte Erbe habe einen Herausgabeanspruch. Dem wirklichen Erblasserwillen sei Vorrang vor Wahrung der Form einzuräumen; dazu s. Zimmermann, FamRZ 198o, S.99.

43) V. Caemmerer, Festschrift Wieacker, S.311,321 f.; ihm folgend jetzt Medicus, a.a.O.

44) Hohloch, FamRZ 1977, S.53o,532.

45) V. Caemmerer, Festschrift Wieacker, S.311,321.

46) Nachweise s. oben 1. Abschnitt 2. Kap. III 4 b.

Auskunftsbeziehungen kommt eine Haftung auch gegenüber einem Dritten in Betracht, dem die Auskunft nicht direkt erteilt wurde. Hierzu formuliert der Bundesgerichtshof, eine Haftung komme in Betracht, wenn sie für den Betreffenden bestimmt war und der Auskunftgeber positiv gewußt hat, daß sie für weitere Kreise bedeutsam war und unter Umständen als Grundlage bedeutender Vermögensdispositionen dienen werde[47].
Neben der Annahme direkter, durch die Übermittlung der Auskunft entstandener vertraglicher Beziehungen oder Haftung, zieht der BGH zusätzlich den Vertrag mit Schutzwirkung heran, um einem Dritten, der infolge einer unzulänglichen Auskunft, eines unrichtigen Gutachtens oder fehlerhafter Beratungstätigkeit einen Schaden erlitten hat, einen vertraglichen Schadensersatzanspruch zuzusprechen: Ein Sachverständiger hatte ein Wertgutachten über ein Grundstück und eine Auskunft im Auftrag von Dritten erteilt und damit einen Kreditgeber zur Erteilung eines später notleidenden Kredits veranlaßt. Vertragsbeziehungen zwischen Auskunftgeber und Kreditgeber bestanden nicht. Das Berufungsgericht hatte verneint, daß der Auskunftgeber gegenüber dem Anspruchsteller direkt wegen einer Auskunft an alle, die es angeht, hafte. Der BGH hob die Entscheidung auf mit der Begründung, es sei nicht erwogen worden, ob der Kläger dann nicht in den Schutzbereich des Auskunftsvertrages einbezogen worden sei[48]. Um die Nichterteilung einer Auskunft ging es in folgendem Fall: Die Schuldnerbank hatte die Nichteinlösung von Lastschriften nicht rechtzeitig mitgeteilt. Dadurch

----

47) BGH, NJW 1979, S.1595,1596; gegen die Notwendigkeit positiver Kenntnis:Lammel, NJW 1973, S.7oo; Erman/Hauß, § 676 Rdnr.5.

48) BGH, NJW 1982, S.2431; vgl. zu ähnlicher Fallage BGH, WM 1966, S.1148; 197o, S.878; VersR 1966, S.1o32,1o34.

hatte ein Lieferant weiter Warenlieferungen erbracht, die dann wegen Konkurses des Käufers nicht bezahlt wurden. Der BGH gründete die Haftung der Schuldnerbank gegenüber dem Kunden der anderen Bank auf die Schutzwirkung des zwischen den Banken bestehenden Vertragsverhältnisses über das Lastschriftverfahren[49].
Unabhängig von der dogmatischen Einordnung war in den von der Rechtsprechung über die Haftung wegen unmittelbarer Auskunftsbeziehung oder mittelbarer Haftung über den Gesichtspunkt des Drittschutzes von Vertragspflichten die Erteilung bzw. Nichterteilung einer Auskunft, eines Gutachtens für das Verhalten des Geschädigten bestimmend. Folgerungen im Hinblick auf die Entscheidung des Isolierglas-Falls können schon deshalb nicht gezogen werden.

Dieses Erfordernis war allerdings nicht erfüllt in den eingangs genannten, von dem Bundesgerichtshof entschiedenen Fällen fehlerhafter anwaltlicher Beratung[5o]. Im Gegensatz zu den vorgenannten Entscheidungen war die unzureichende Anwaltstätigkeit nicht auslösender Faktor für ein den Schaden herbeiführendes Verhalten des Dritten. Die letztlich die Vermögenseinbuße herbeiführende Handlung -hier in Form der Unterlassung- erfolgte durch den Mandanten des Anwalts, also durch den Vertragspartner selbst, indem die Errichtung des Testaments unterlassen bzw. im zweiten Fall nicht die notarielle Beurkundung der Scheidungsvereinbarung erwirkt wurde. In der Person des Dritten entstand der Schaden als Folge des Erbfalls bzw.der Ehescheidung. Der Scha-

----

49) BGHZ 69, S.82.

5o) BGH, NJW 1965, S.1955; 1977, S.2o73.

den bestand nicht in der unzureichenden oder ganz ausgebliebenen Leistung, der anwaltlichen Beratung. Von Verletzung des Integritätsinteresses kann nicht gesprochen werden, da ein Schaden nicht an dem vorhandenen Vermögen der Erbin oder der Kinder der geschiedenen Eheleute eingetreten ist, sondern sie haben lediglich weniger erworben als sie hätten erwerben sollen, ihnen ist also Gewinn entgangen.

Ob der Rechtsprechung zuzustimmen ist, braucht hier nicht entschieden zu werden. Jedenfalls kann nach der Rechtsprechung des Bundesgerichtshofs zum Anwendungsbereich des Vertrages mit Schutzwirkung zugunsten Dritter nicht der Schaden von dem Dritten geltend gemacht werden, der in dem Minderwert der erbrachten im Verhältnis zur vertraglich geschuldeten Leistung besteht. Ansprüche auf Wandlung, Minderung, Nachbesserung oder Ersatzlieferung aus einer Haltbarkeitsgarantie sind Ausgleichsansprüche hinsichtlich des Mißverhältnisses von Leistung und Gegenleistung. Soweit in der Haltbarkeitsgarantie eine Zusicherung zu sehen ist, also ein Schadensersatzanspruch dem Käufer gem. §§ 463 S.1, 48o Abs. 2 BGB zusteht, ist zu differenzieren. Das Interesse des Käufers an Erhalt der Sache in dem vertragsgemäßen Zustand einschließlich der Erwerbsinteressen bei Weiterveräußerung oder sonstiger Nutzung der Kaufsache sind notwendig mit dem Erhalt der Kaufsache verknüpft, also Folge des Erfüllungsanspruchs aus dem Kaufvertrag. Der Fall ist daher mit den Situationen im Testaments- und im Ehescheidungsfall, in denen Erwerbsinteressen über den Vertrag mit Schutzwirkung geschützt waren, nicht vergleichbar. Derartige Ansprüche können dem Dritten gegenüber dem Verkäufer nicht zustehen. Geschützt ist das Integritätsinteresse des Dritten, soweit dieses Interesse von der Zusicherung des Verkäufers gedeckt ist.

Die Entscheidung im Isolierglas-Fall, bei der es lediglich um einen Anspruch des Nicht-Vertragspartners des Anspruchsgegners auf Ersatzlieferung der von dem Zwischenhändler erworbenen Ware ging, kann daher nicht auf den Vertrag mit Schutzwirkung zugunsten Dritter gestützt werden[51].

5. Drittschadensliquidation.

Eine Drittschadensliquidation scheidet im Isolierglas-Fall schon deshalb aus, weil einer Klage des Erstkäufers anstelle der des Letztabnehmers die Verjährungseinrede entgegengestanden hätte. Für den Letztabnehmer, bei dem die Fenster auf Grund eines Werkvertrages eingebaut worden waren, bestimmte der BGH die Verjährung der Garantieansprüche nach § 638 BGB, nahm also eine fünfjährige Verjährungsfrist an[52]. Im Verhältnis Hersteller-Erstkäufer wäre dagegen im Grundsatz § 477 BGB einschlägig[53]. Auf Grund der Haltbarkeitsgarantie begann die Verjährungsfrist ab dem Zeitpunkt der Entdeckung des Mangels. Diese Frist von sechs Monaten zwischen Entdeckung des Mangels und Klageerhebung wäre nicht gewahrt gewesen[54].
Allgemein spricht gegen eine Drittschadensliquidation, daß diese im wesentlichen auf folgende Fälle beschränkt ist: Die mittelbare Stellvertretung, Fälle der Obhut über eine nicht dem Vertragspartner gehörende Sache sowie Fälle obligatorischer Gefahrentlastung (§§ 275,447 BGB)[55]. Nach im Vordrin-

----

51) Anders M. Lehmann, BB 198o, S.964,967 Fn.22.

52) BGHZ 75, S.75,8o.

53) Zur Verjährung bei unselbständiger Garantie s. oben 2. Abschnitt 2. Kap. I 1.

54) Zu den Zeitpunkten s. BGHZ 75, S.75,8o.

55) BGHZ 4o, S.91,99; MK-Grunsky, Vor § 249 Rdnr.117 ff.; Staudinger/Medicus, § 249 Rdnr.193 ff.

gen befindlicher Ansicht sei bei letzter Fallgruppe die Drittschadensliquidation entbehrlich, da ein Eigenschaden des Ersatzberechtigten angenommen werden könne[56]. Neben diesen Fallgruppen kommt eine Drittschadensliquidation in Betracht, wenn die Maßgeblichkeit von Drittinteressen für die Schadensberechnung vereinbart wurde[57]. Unter diesem Gesichtspunkt wurde eine Lösung des Produkthaftpflichtproblems erörtert und abgelehnt[58]. Voraussetzung ist ein Parteiwille, nach dem Drittinteressen in das Vertragsverhältnis einbezogen sind. Können Ansprüche aus einer Warengarantie nicht über § 328 BGB begründet werden, kann ein Parteiwille nicht über den Umweg der Drittschadensliquidation ersetzt werden.

6. Zusammenfassung.

Der Rechtscharakter der Garantiezusage des Hersteller-Verkäufers gegenüber dem Erstabnehmer als unselbständiges Gewährleistungsversprechen im Rahmen des Kaufvertrages oder selbständiger Garantievertrag ist für die Möglichkeit der Kaufvertragsparteien, Garantieansprüche in der Person des Endabnehmers zu begründen, unerheblich.
Gegen die Entscheidung des Bundesgerichtshofs im Isolierglas-Fall spricht, daß der Vertragswille der Parteien überstrapaziert wird. Eine Begründung von Garantieansprüchen über den Weg des Vertrages mit Schutzwirkung zugunsten Dritter scheidet bei Primäransprüchen auf die Vertragsleistung und grundsätzlich bei der Verletzung von Vermögensinteressen aus.

----

56) Vgl. Larenz,SchR I, § 27 IV b, S.427 ff.; MK-Grunsky, Vor § 249 Rdnr.12o; offengelassen in BGHZ 49, S.356,361.

57) Vgl. Staudinger/Medicus, § 249 Rdnr.193.

58) BGHZ 51, S.91,95; ausführlich Diederichsen, Haftung, S.1o6 ff.

4. Abschnitt: Das Schuldrechtsreformvorhaben.

1. Kapitel: Die Bedeutung der "Garantie" des Verkäufers im Rahmen des Reformvorschlags.

I. Wesentliche Änderungsvorschläge für das allgemeine Leistungsstörungsrecht.

In seinem für den Bundesminister der Justiz erstatteten Gutachten untersucht Huber[1], ob es sich empfiehlt, das allgemeine Leistungsstörungsrecht nach dem Vorbild des Einheitlichen Kaufgesetzes zu reformieren. Sein Vorschlag fällt eindeutig zugunsten einer Reform aus. Die elementaren Änderungsvorschläge sind die folgenden: Das Leistungsstörungsrecht des BGH mit der Unterscheidung unterschiedlicher Störungstatbestände der Unmöglichkeit, des Verzugs, der positiven Vertragsverletzung und auch der Sachmängelgewährleistung soll aufgehoben und an deren Stelle ein einheitlicher Störungstatbestand der Nichterfüllung gesetzt werden[2]. Das Verschuldensprinzip des BGB wird ersetzt durch das Prinzip beschränkter Garantiehaftung entsprechend Art.74 EKG[3]. Ausgangspunkt ist eine unbedingte Einstandspflicht des Schuldners für sein vertragliches Leistungsversprechen. Die Garantiehaftung wird allerdings abgemildert durch Verschuldenselemente. Neben Vorsatz und Fahrlässigkeit soll der Schuldner im Zweifel für solche Umstände haften, die in seinem Einflußbereich begründet sind[4]. Der Schuldner hat die Nichterfüllung nicht zu vertreten, wenn er

----

1) Huber, Gutachten Leistungsstörungen, S.647 ff.; Gutachten Kaufvertrag, S.911 ff.

2) Huber, Gutachten Leistungsstörungen, S.699 ff.

3) Entsprechend Art.79 des Einheitl. UN-Kaufrechts; vgl. Schlechtriehm, S.95.

4) Huber, Gutachten Leistungsstörungen, S.72o f.; Dölle/Stoll, Art.74 Rdnr.68.

den betreffenden Umstand nach dem Vertrag nicht in Betracht zu ziehen, zu vermeiden oder zu überwinden verpflichtet war[5]. Gleichzeitig wird in Übereinstimmung mit dem EKG[6] der Umfang des zu ersetzenden Schadens nach seiner Voraussehbarkeit bei Vertragsschluß begrenzt[7]. Ersatzfähig sind nur solche Schäden, die die vertragsbrüchige Partei bei Vertragsschluß "kannte oder kennen mußte" oder besser, kannte und in Erwägung ziehen mußte[8].
Die Untersuchung muß sich hier auf die Folgerungen für das Kaufrecht beschränken. Darzustellen sind die vorgeschlagenen Änderungen zur kaufrechtlichen Sachmängelgewährleistung im Hinblick auf "Garantiezusagen" des Verkäufers in Form bisheriger Zusicherungen, Garantiefristen als Haltbarkeitsgarantien und selbständiger Garantieverträge.

II. Vorgeschlagene Änderungen des Kaufgewährleistungsrechts.

Die vorgeschlagenen Änderungen der kaufrechtlichen Sachmängelhaftung sind geprägt durch die Einordnung der mangelhaften Lieferung in einen einheitlichen Tatbestand der Nichterfüllung[9]. Beibehalten werden besondere Regelungen für die Definition des Mangels der Leistung, für die Verpflichtung zur Nachlieferung, Nachbesserung, das Recht auf Kaufpreisminderung und die Verjährung[10].
Die Aufgabe der Differenzierung von Nichterfüllung und mangelhafter Lieferung ist die folgerichtige

----

5) Huber, Gutachten Leistungsstörungen, S.673,719 ff.

6) Art. 82,86,87 EKG; entsprechend Art.74 S.2 Einheitl. UN-Kaufrecht; vgl. dazu Schlechtriehm, S.9o.

7) Huber, Gutachten Leistungsstörungen, S.674 f., S.726 ff.

8) Vgl. König, S.126; ähnlich Rabel, II, S.369.

9) Huber, a.a.O., insbes. S.772.

1o) Huber, a.a.O., S.695, Einzelheiten S.866 ff.

Konsequenz des subjektiven Fehlerbegriffs, daß nämlich die Mangelhaftigkeit sich nach der vertraglichen Vereinbarung bestimmt[11]. Weiterhin folgegemäß gibt der Entwurf die Unterscheidung von Fehler und Fehlen einer zugesicherten Eigenschaft auf. Das Fehlen vertraglich vorausgesetzter, besonderer Eigenschaften ist Gegenstand eines einheitlichen, im einzelnen konkretisierten Begriffs des Sachmangels[12]. Einheitliche Grundlage für die Bestimmung der Mangelhaftigkeit der Ware ist der Vertrag. Eine Eigenschaft ist entweder Gegenstand des Leistungsversprechens oder nicht. Eine neben der Fehlerhaftigkeit bestehende Kategorie der Zusicherung kann als bloße Bekräftigung des Leistungsversprechens keine Funktion haben. Die Beseitigung der Zweispurigkeit der Gewährleistungsregeln führt daher in dem Entwurf zwangsläufig zu einer ersatzlosen Streichung der Regelungen der §§ 463 S.1, 48o Abs.2 BGB[13].Die bisherige Aufgabe der Zusicherung bestand aber wesentlich auch in der Grundlage und der dogmatischen Rechtfertigung der erweiterten Haftung des Verkäufers auf Schadensersatz nach §§ 463 S.1, 48o Abs.2 BGB, die sich nach hier vertretener Auffassung nicht allein auf den Verstoß gegen das Leistungsversprechen zurückführen läßt[14]. Die Schadensersatzhaftung ist nach dem Entwurf aber nicht abhängig von einer besonderen Zusage, sondern jede mangelhafte Lieferung kann nach allgemeinen Regeln zu einer Schadenshaftung führen, sofern der Verkäufer die Nichterfüllung zu vertreten hat.

----

11) S. oben 1. Abschnitt 2. Kap. III 3.

12) Huber, a.a.O., S.866,868 f.

13) Huber, a.a.O., S.882,891.

14) S. oben 1. Abschnitt 2. Kap. III 3.

Also haftet der Verkäufer bei mangelhafter Lieferung grundsätzlich auf Schadensersatz, es sei denn, er mußte den betreffenden Umstand, auf dem die mangelhafte Lieferung beruht, nach dem Vertrag nicht in Betracht ziehen, vermeiden oder überwinden[15]. Im Hinblick auf die de lege lata bestehende herrschende Meinung,nach der der Verkäufer neben der Haftung für Zusicherung unter dem Gesichtspunkt der (schuldhaften) positiven Vertragsverletzung lediglich für Mangelfolgeschäden haftet, führt der Entwurf bei bloß fehlerhafter Lieferung im Grundsatz zu einer Erweiterung der Schadenshaftung des Verkäufers. Eine besondere Kategorie einer verschuldensunabhängigen Schadensersatzhaftung nach dem Vorbild des § 463 S.1 BGB besteht aber nicht.

III. Auswirkung der Erteilung einer Zusicherung.

Das Fehlen einer § 463 S.1 BGB entsprechenden Vorschrift, einer durch die Zusicherung ausgelösten verschuldensunabhängigen Haftung ohne Entlastungsmöglichkeit,berührt allerdings nicht die Möglichkeit, daß der Verkäufer durch die Vertragsabrede eine solche verschärfte Einstandspflicht übernimmt. Huber[16] sieht den Vorteil der vorgeschlagenen Regelung darin, daß eine Entlastung des Verkäufers im Gegensatz zu § 463 S.1 BGB nicht ausgeschlossen sei. Während nach geltender Regelung nur die Alternative zwischen einfacher Fehlerhaftung ohne Schadensersatz-

---

15) Inwieweit die praktische Anwendung dieser Regelung zu anderen Ergebnissen als das Verschuldensprinzip führt, ist offen; vgl. Dölle/Stoll, Art.74 Rdnr.37 f. Die Ergebnisse sollen sich nahe kommen; so Erman/Weitnauer, Vor § 459 Rdnr.59.

16) Huber, a.a.O., S.882.

verpflichtung und einer Erweiterung der Verkäuferpflichten nur im Sinne einer solchen Haftung ohne Entlastungsmöglichkeit bestehe, lasse die vorgeschlagene Regelung es offen, die Einstandsverpflichtung nach dem jeweiligen Vertrag besonders festzulegen.

1. Zusicherung als Garantieübernahme.

a) Verschärfte Einstandspflicht für vertragliche Nichterfüllung.

Anknüpfungspunkt für eine besondere Garantie einer Eigenschaft entsprechend dem herrschenden Verständnis der Zusicherung, ist die allgemeine Regelung der Einstandsverpflichtung für vertragliche Nichterfüllung. Eine Garantie erweitert den vertraglichen Risikobereich des Verkäufers, also den Kreis der Umstände, die von dem Schuldner "in Betracht zu ziehen, zu vermeiden oder zu überwinden" sind[17].

Zunächst ist festzustellen, welche Eigenschaft der Verkäufer in diesem Sinne zugesichert hat. Die Zusage der Geeignetheit der Ware für einen bestimmten Zweck kann mehrdeutig sein. Die Versicherung, der Lack eigne sich als Außenanstrich für Fenster, kann den Inhalt haben, der Lack weise die nötige Haltbarkeit und Wetterfestigkeit aber auch zusätzlich den erforderlichen Wasserdurchlaufwiderstand auf[18]. Inwieweit die Zusage der Geeignetheit für einen bestimmten Zweck auch vom Schuldner unerkennbare Risi-

----

17) So schon Rabel, II, S.269; ebenso Dölle/Stumpf, Art.33 Rdnr.22; Dölle/Stoll, Art.74 Rdnr.1o1, 136 ff.; Mertens/Rehbinder, Art.74 Rdnr.11; Weitnauer, Rechtsvergleichung, S.71,74; Beß,S.122.

18) BGHZ 59, S.158.

ken, etwa Entwicklungsfehler eines neuen technischen Verfahrens[19] erfaßt, hängt von der Auslegung ab, ob und in welchem Umfang die Zusicherung, nach der vorgeschlagenen Regelung der Vertrag, gegen Risiken absichern sollte, an die beide Parteien nicht gedacht haben. Insoweit bringt daher der Reformentwurf mit dem Verweis auf den Vertrag gegenüber der gegenwärtigen Sachmängelregelung keine Vorteile.

b) Die Begrenzung des Schadensersatzes nach der Voraussehbarkeit.

Im Zusammenhang mit dem Problem vertraglicher Risikoerhöhung ist auch zu fragen, ob die Begrenzung des Schadensersatzes nach der Voraussehbarkeit eine Beschränkung der bestehenden Zusicherungshaftung bewirken kann.
Nach gegenwärtigem Verständnis wird die Zusicherung als Einstandsversprechen auch für nicht voraussehbare Folgen des Fehlens der betreffenden Eigenschaft definiert[2o]. Der gedeckte Schadensumfang erkläre sich aus dem Inhalt der Zusicherung, für alle, auch die nicht voraussehbaren Folgen des Fehlens einer Eigenschaft,einstehen zu wollen. Die Folgerung, soweit keine Einschränkung erfolge, seien alle, auch die nicht voraussehbaren Folgen von der Haftungszusage gedeckt[21], erweist sich als Auslegungsregel. Die Voraussehbarkeit von möglichen Folgen vertraglicher Nichterfüllung gem. Art.82,86,87 EKG und demnach auch für die vorgeschlagene Reformrege-

----

19) Huber, a.a.O., S.789.
2o) BGH, NJW 1981, S.15ol.
21) BGHZ 59, S.158,162.

lung erfolgt nicht nach der tatsächlichen Prognosemöglichkeit des Schuldners, sondern danach, welche Schäden er nach dem Sinn des Vertrages in Betracht ziehen mußte. Welche Interessen geschützt sein sollen, ist in erster Linie aus Sinn und Zweck des Vertrages zu ermitteln[22]. Vorrangig zu klären ist, ob der Verkäufer ausdrücklich oder stillschweigend[23] das Risiko für einen Schadenseintritt übernommen hat. Der Inhalt der Zusicherung ist damit weiterhin maßgeblich dafür, ob die Ersatzverpflichtung wegen der Lieferung nicht vertragsgemäßer Ware auch nicht voraussehbare Schäden umfaßt. Mangelfolge- und Begleitschäden sind nach herrschender Meinung nach § 463 S.1 BGB ebenso nur ersatzfähig, wenn die Zusicherung eine entsprechende Risikoübernahme enthält[24]. Auch insoweit bringt die vorgeschlagene Regelung keine Änderung mit sich[25].

2. Zusicherung als Inanspruchnahme besonderen Vertrauens.

Es bleibt zu fragen, welche Auswirkung die vorgeschlagene Reform hat, wenn man entsprechend der hier vertretenen Ansicht die Zusicherung von dem Erfordernis des Garantieversprechens löst und an dessen Stelle das besondere, durch Verkehrsschutzgesichtspunkte objektivierte Vertrauen in eine Zusage setzt.

----

22) Huber, a.a.O., S.727; König, S.12o,126 f.; Dölle/Weitnauer, Vor Artt.82-89 Rdnr.53 ff.; insbesondere 54,6o; Mertens/Rehbinder, Vor Art.82 Rdnr.1o; grundlegend Rabel, I, S.495.

23) Vgl. Art.3 S.2 EKG; s. auch Kegel, IPR, S.3o1.

24) S. oben 1. Abschnitt 2. Kap. III 5 c aa (a).

25) Die Rechtsprechung zum Umfang der nach § 463 S.1 BGB zu ersetzenden Schäden wird gerade als Beispiel angeführt, daß es eine Schadensbegrenzung vereinzelt schon gebe; König, S.99 Fn.136, S.129; Beß, S.128 f.; Kirchhof, S.287.

a) Vertragliche Erhöhung des gesetzlichen Haftungsmaßstabs.

Positiv zu vermerken ist zunächst, daß die Schadenshaftung für Lieferung vertragswidriger Ware zweifellos angemessen ist, wenn der Käufer auf das Vorhandensein einer Eigenschaft besonderen Wert gelegt hat,und der Verkäufer dies auch erkennen konnte[26]. Insbesondere die nach heutiger Rechtsprechung unbefriedigend behandelten Fälle der Bezugnahme auf technische Normen, Prüf- und Gütezeichen werden damit entsprechend der wirtschaftlichen Bedeutung dieser Zeichen gelöst[27].
Es stellt sich hier daher nur die Frage, ob in solchen Fällen der besonderen Bedeutung einer Eigenschaft für den Käufer, auf die er berechtigterweise vertraut hat, der Haftungsmaßstab erweitert sein kann, ohne daß eine ausdrückliche oder konkludente Vertragsabrede vorliegt.
Ist dem Verkäufer erkennbar, daß der Käufer auf eine Eigenschaft besonderen Wert legt, wird zumeist der Grund dafür offenliegen. So hat der Verkäufer die inhaltliche Unrichtigkeit eines Buches[28], die mangelnde Druckfestigkeit von Ziegeln[29] oder die Nichteinhaltung von angegebenen technischen Normen[3o] ohne weiteres in "Betracht zu ziehen, zu

----

26) Die Schadenshaftung als Regelhaftung des Sachmängelrechts setzt Diederichsen, AcP 182 (1982), S.1o1,122 in Beziehung zu einem Fortschreiten der industriellen Entwicklung.

27) S. oben 1. Abschnitt 1. Kap. III 2.

28) BGH, NJW 1973, S.843.

29) BGH, VersR 1966, S.241.

3o) BGH, VersR 1959, S.424; BGH, WM 1974, S.12o4; BGH, NJW 198o, S.195o; BGH, WM 1981, S.765; BGH, NJW 1981, S.15o1.

vermeiden oder zu überwinden". Probleme können auftreten, je weniger die geforderte Eigenschaft von den Parteien eng umgrenzt wird. Der Käufer eines Kraftfahrzeugs, der auf eine bestimmte Laufleistung besonderen Wert legt, versteht das nicht als Selbstzweck, sondern auch der Erhaltungszustand des Motors muß dem Kilometerstand entsprechen[31]. Lehnt man im Braunfäule-Urteil des BGH[32] die Annahme eines Schadensersatzversprechens ab, hat die Tatsache, daß sich der Käufer erkennbar gegen alle mit der Verwendung des Fensterlacks als Außenanstrich verbundenen Risiken absichern wollte, für den die Geeignetheit zusichernden Verkäufer die Konsequenz, auch für von beiden Parteien nicht in Betracht gezogene Risiken einstehen zu müssen, während bei "bloßem" Kauf von Fensterlack für den Außenanstrich ohne Fahrlässigkeit nicht erwogene oder außerhalb des Einflußbereichs des Schuldners[33] liegende Schadensursachen keine Haftung des Schuldners begründen werden. Die für den Verkäufer erkennbare Bedeutung einer Eigenschaft bzw. der Umstand, daß sich der Käufer auf eine entsprechende Erklärung des Verkäufers verläßt, hat demnach zur Folge, daß sich der Haftungsmaßstab für vertragliche Nichterfüllung gegenüber einem Kauf ohne entsprechende Vertragsabreden verschärft.

b) Voraussehbarkeit des Schadenseintritts.

Einzugehen ist auch hier auf die Begrenzung des ersatzfähigen Schadens nach der Voraussehbarkeit.

----

31) BGH, NJW 1981, S.1268.

32) BGHZ 59, S.158.

33) S. oben Fn.4.

aa) Handhabbarkeit der Voraussehbarkeitsformel.

Eine Auslegungshilfe für die Frage, welche Schäden noch innerhalb vertraglich gebotener Vorstellungsmöglichkeit des Verkäufers liegen, kann die Voraussehbarkeitsformel nicht sein. Für die Bestimmung der Voraussehbarkeit wird auf den Vertrag verwiesen[34]. Darüber hinaus seien normative Kriterien für typische Fallgestaltungen zu entwickeln. Eindeutige und leicht berechenbare Ergebnisse sind daher nicht zu erwarten.

bb) Schadensgruppen.

Bei den möglichen, ungewöhnlichen Folgen vertraglicher Nichterfüllung lassen sich verschiedene Fallgruppen unterscheiden[35]. Zu nennen sind Fälle nicht einbezogenen Weiterveräußerungs- oder Betriebsgewinns, der Geschäftsschädigung als Folge des Unterbleibens eigener Lieferung oder des Weitervertriebs mangelhafter Ware wie allgemein der Bereich der Mangelfolgeschäden an den Rechtsgütern des Käufers. Allgemeine Regeln dahingehend, eine bestimmte Schadensgruppe,wie etwa Betriebsgewinne[36], seien grundsätzlich nicht von der Schadensersatzpflicht gedeckt, sind in Fällen bisheriger Zusicherungen wegen der darin begründeten Risikoerhöhung allenfalls dann anwendbar, wenn die Auslegung oder die Bestimmung des Schutzzwecks des Vertrages zu keinem eindeutigen Ergebnis führt. Inwieweit solche, aus der anglo-amerikanischen Rechtspraxis herrührende Regeln übernommen werden, ist aber offen.

----

34) Dölle/Weitnauer, Vor Artt.82-89 Rdnr.69.

35) Dölle/Weitnauer, a.a.O., Rdnr.61 ff.

36) So die amerikanische Rechtsprechung; vgl. König, S.11o ff.; Dölle/Weitnauer, a.a.O., Rdnr.63.

Mangelfolgeschäden sind nach geltendem Recht von der Ersatzpflicht des Verkäufers nach § 463 S.1 BGB gedeckt, soweit die jeweilig geschädigten Rechtsgüter von dem Schutzzweck der Zusicherung erfaßt sind[37]. Ist dem Verkäufer erkennbar, gegen welche Risiken sich der Käufer absichern will, indem er auf bestimmte Eigenschaften besonderen Wert legt, ist die Voraussehbarkeit ohne weiteres zu bejahen. Eindeutig ist, daß die Kosten der Beseitigung von ungeeignetem Klebstoff und der dauerhaften Anbringung von Deckenplatten zu ersetzen sind, wenn der Verkäufer die Geeignetheit des Klebstoffs zusagt[38]. Aber auch Schäden an durch herunterfallende Deckenplatten in Mitleidenschaft gezogenem Mobiliar wie auch Personenschäden sind zu ersetzen. Sichert der Verkäufer eine bestimmte DIN-Qualität von Treibstoffen zu, hat er den am Motor entstandenen Schaden zu tragen, nicht ohne weiteres aber etwa den Schaden, den der Käufer dadurch erleidet, daß ihm wegen des liegengebliebenen Fahrzeugs ein Geschäftsabschluß entgeht.

Ist eine Vorstellung des Verkäufers in bezug auf einen später auftretenden Mangel nicht feststellbar, wird für den Bereich des EKG vorgeschlagen, die Ersatzfähigkeit des Schadens danach festzustellen, ob derartige Schäden, falls der Mangel bekannt wäre, innerhalb vertraglicher Voraussehbarkeit liege[39]. Unterschiede zum gegenwärtigen Rechtszustand bei der Zusicherungshaftung, daß Mangelfolgeschäden von

----

37) S. oben 1. Abschnitt 2. Kap. III 5 c aa.

38) BGHZ 5o, S.2oo.

39) Vgl. Dölle/Weitnauer, a.a.O., Rdnr.65.

der Zusicherung bzw. deren Zweck-Schutz-Bereich erfaßt sein müssen, bestehen insoweit nicht.

cc) Begrenzung der Höhe des ersatzfähigen Schadens.

Ist eine bestimmte Schadensgruppe, wie etwa das durch herunterfallende Deckenplatten beschädigte Mobiliar des Käufers, von der Ersatzpflicht im Grundsatz gedeckt, kann der Voraussehbarkeitsgesichtspunkt auch Auswirkung hinsichtlich der Höhe des zu leistenden Schadensersatzes haben, etwa wenn der Käufer ungewöhnlich wertvolles Mobiliar besitzt oder die Deckenplatten ohne Wissen des Verkäufers zur Auskleidung eines Museumssaals dienten. Nach geltendem Recht hat der Gläubiger gem. § 254 Abs.2 BGB auf den möglichen Eintritt ungewöhnlich hoher Schäden hinzuweisen, anderenfalls ist der Schadensersatzanspruch wegen Mitverschuldens gemindert. Aus der Voraussehbarkeitsformel lassen sich, da sie selbst keine Kriterien zur Bestimmung der Ungewöhnlichkeit eines Schadens nach dem Vertrag aufstellt, von der Anwendung des § 254 Abs.2 BGB abweichende Ergebnisse nicht herleiten. Eine andere Frage ist, inwieweit in Anbetracht des Grundsatzes der Totalreparation die in § 254 Abs.2 S.1 BGB statuierte Hinweispflicht vernachlässigt wird und im Hinblick auf die Begrenzung des ersatzfähigen Schadens nach der Voraussehbarkeit die bestehende Hinweispflicht in der praktischen Rechtsanwendung stärkere Beachtung findet[4o].

4o) Für eine strengere Hinweispflicht des Käufers König, S.129.

3. Zusammenfassung.

Insgesamt ergibt sich, daß auch nach der vorgeschlagenen Reformregelung eine Erhöhung der Einstandspflicht des Verkäufers durch bisherige Zusicherungen möglich ist. Der aus dem Einheitskaufrecht von EKG und UN-Kaufrechtsabkommen abgeleitete Entwurf hat gegenüber der jetzigen Gesetzeslage den Vorzug, daß er durch die Aufgabe der Kategorie Zusicherung und die Anknüpfung an den Vertrag die erhöhte Einstandspflicht des Verkäufers für vertragswidrige Lieferung nicht von einem besonderen Versprechen oder einem neben dem eigentlichen Vertrag stehenden Erklärung abhängig macht, sondern an von Sinn und Zweck des Vertrages abzuleitenden Bewertungsmaßstäben anknüpft. Durch diese Elastizität[41] der vorgeschlagenen Regelung werden die Verlegenheitsfälle der Annahme stillschweigender Schadensersatzversprechen vermieden. Die Frage nach dem jeweiligen Umfang des übernommenen Risikos stellt sich wie nach geltendem Recht.

----

41) Huber, a.a.O., S.721.

2. Kapitel: Sachmängelrecht nach dem Reformvorschlag und selbständige Garantie.

I. Gegenwärtige Umstände.

Die Abgrenzung der Sachmängelhaftung der §§ 459 ff. BGB einerseits und der selbständigen Garantie andererseits bestimmt sich im Hinblick auf gegenwärtige Umstände nach dem Begriff der Sacheigenschaft[1]. Die von Huber vorgeschlagene Neufassung des § 459 BGB enthält nicht den Begriff des Fehlers, sondern knüpft für die Bestimmung des Sachmangels entsprechend Art.33 Abs.1 lit.f EKG neben mehr erläuternden Bestimmungen maßgeblich daran an,daß die Kaufsache nicht "die im Vertrag ausdrücklich oder stillschweigend vorausgesetzten besonderen Eigenschaften oder Merkmale besitzt"[2].

1. Eigenschaftsbegriff der vorgeschlagenen Sachmängelregelung.

Zu untersuchen ist, ob nach dem Reformvorschlag Anhaltspunkte für einen von der geltenden Regelung der §§ 459 ff BGB abweichenden Eigenschaftsbegriff als Abgrenzungskriterium zwischen kaufrechtlicher Sachmängelhaftung und Garantievertrag bestehen.

a) Meinungsstand zu Art.33 EKG.

In Anwendung der auf das Reichsgericht zurückgehenden Abgrenzungsformel, der Garantievertrag be-

----

1) S. oben 2. Abschnitt 1. Kap. II 2.

2) § 459 Abs.3 Nr.1 Entwurf;s. Huber, Gutachten Leistungsstörungen, S.682.

inhalte einen über die Vertragsmäßigkeit der Leistung hinausgehenden weiteren Erfolg, wird für den Bereich des EKG gefolgert, selbständige Garantieverträge seien von Art.33 Abs.1 lit.f EKG nicht erfaßt[3]. Wegen der Einordnung der mangelhaften Lieferung unter den allgemeinen Tatbestand vertraglicher Nichterfüllung, paßt sich dieser Gesichtspunkt nahtlos an die Systematik des Leistungsstörungsrechts des Einheitskaufrechts an, hilft aber als Abgrenzungsmerkmal nicht weiter.

b) Weiter Anwendungsbereich des Sachmängelrechts.

Die Formulierung des Gesetzes, "Eigenschaften und besondere Merkmale der Sache", macht bereits deutlich, daß nicht alle in Zusammenhang mit der Kaufsache gegebenen Versprechen Gegenstand des Kaufvertrages sind. Notwendig ist auch hier ein Bezug zur Sache. Andererseits hat bereits Rabel festgestellt, daß die internationale Rechtsentwicklung zu einer erweiterten Einordnung der zugesicherten Eigenschaft in das Sachmängelrecht führe[4]. Huber erklärt die Übernahme der Formulierung des Art.33 Abs.1 lit.f EKG, Eigenschaften und Merkmale, damit, es solle die erforderliche, weite Auslegung sichergestellt werden[5].

Die obigen Ausführungen haben gezeigt[6], daß sich der von der herrschenden Meinung angewandte Abgrenzungsgesichtspunkt, die Eigenschaft müsse in der Beschaffenheit der Kaufsache ihren Grund haben,

----

3) Dölle/Stumpf, Art.33 Rdnr.22; Kirchhof, S.1o2.

4) Rabel, II, S.146.

5) Huber, a.a.O.,S. 869.

6) S.oben 2. Abschnitt 1. Kap. IV.

angesichts einer erweiterten Anwendung des Sachgewährleistungsrechts nicht aufrechterhalten läßt. Dagegen wurde hier vorgeschlagen, bei der Abgrenzung zwischen Sachmängelgewährleistung und Garantievertrag den für den Eigenschaftsbegriff notwendigen Bezug zur Kaufsache danach festzustellen, ob der betreffende Umstand von dem Verkäufer generell beherrschbar ist[7]. Maßgeblich ist die Erwägung, daß nur für solche Umstände eine verschuldensunabhängige Schadensersatzhaftung nach §§ 463 S.1, 48o Abs.2 BGB angebracht sein kann. Die ersatzlose Streichung dieser Vorschriften nach dem Reformvorschlag macht den Gesichtspunkt nicht hinfällig. Eine Garantiehaftung soll in beschränkter Form für jegliche Vertragserfüllung gelten. Ein bloß begrifflicher Unterschied zum selbständigen Garantievertrag besteht darin, daß der Garantierende ein Schadensersatzversprechen abgibt, während die Einstandspflicht für die Fälle der Nicht- oder nicht ordnungsgemäßen Leistung auf dem Gesetz beruht. Sachliche Unterschiede können hieraus nicht gefolgert werden, zumal auch die Einstandspflicht für vertragliche Nicht- oder Schlechterfüllung auf Grund der Vertragsabrede bis zur uneingeschränkten Garantiehaftung erweitert sein kann.

2. Sonderregelungen des Sachmängelrechts nach dem Reformvorschlag.

Ernst Rabel hat beklagt, daß eine Begrenzung des Begriffs der Zusicherung notwendig sei, "solange -leider noch!- Sonderregeln für die Folgen der Gewährleistung existieren"[8]. Auf Sonderregeln für

----

7) S. oben 2. Abschnitt 1. Kap. IV 3 b cc.

8) Rabel, II, S.148.

das Sachmängelrecht kann allerdings auch der vorgelegte Reformentwurf in Anlehnung an das EKG und das UN-Kaufrechtsabkommen nicht verzichten. Erforderlich sind neben der Definition des Mangels, der Regelung von Nachlieferung und Nachbesserung, insbesondere Vorschriften über die Minderung und eine spezielle Regelung der Verjährung[9)].

a) Verjährung.

Zur Verjährung sind allerdings unterschiedliche Lösungen vorgeschlagen worden.

aa) Der Vorschlag von Peters/Zimmermann.

Peters/Zimmermann wollen eine auf zwei Jahre verkürzte allgemeine Verjährungsfrist auf das Sachmängelrecht erstrecken[1o)]. Verjährungsbeginn soll die Fälligkeit des Anspruchs sein[11)] mit der Folge, daß die Übergabe der Kaufsache nicht mehr einheitlicher Verjährungsbeginn für alle Sachmängelansprüche des Käufers ist. Ansprüche auf Ersatz von Mangelfolgeschäden verjähren damit erst ab Eintritt des Schadens[12)]. Gleichzeitig soll die Verjährung gehemmt sein, solange dem Anspruchsinhaber ohne grobe Fahrlässigkeit Schuldner, Gegenstand und Grund des Anspruchs unbekannt geblieben sind[13)]. Unterschiede zwischen Sachmängelrecht und Garantievertrag bestehen insoweit nicht mehr.

----

9) Huber, a.a.O., S.695.

1o) Peters/Zimmermann, Gutachten Verjährungsfristen, S.77,296.

11) Peters/Zimmermann, a.a.O., S.3o2.

12) Peters/Zimmermann, a.a.O., S.3o5.

13) § 199 Entwurf, s. Peters/Zimmermann, a.a.O., S.316.

bb) Der Vorschlag von Huber.

Huber schlägt dagegen für das Kaufrecht eine Kombination von Rüge- und Verjährungsfrist vor. Der Käufer hat einen Mangel innerhalb von zwei Jahren, bei Grundstücken innerhalb von fünf Jahren, ab Aushändigung der Sache zu rügen. Die Mängelansprüche verjähren innerhalb von einem Jahr, beginnend mit der Mängelanzeige. Diese Regelungen sollen im Grundsatz auch für einen Mangelfolgeschaden gelten. Allerdings wird hiervon die bedeutende Gruppe der Personen- und Sachschäden, die auf mangelhafter Lieferung beruhen, ausgeschlossen[14].

cc) Stellungnahme.

Mangelfolgeschäden verjähren somit nach beiden Vorschlägen im wesentlichen nach den allgemeinen Bestimmungen. Denn nach dem Vorschlag von Huber bleibt als Mangelfolgeschaden, auf den die sachmängelrechtliche Verjährungsregelung anwendbar ist, nur ein Vermögensinteresse des Käufers, das nicht zu dem eigentlichen Nichterfüllungsschaden zu rechnen ist. Es bleiben daher übrig solche Fälle, in denen der Käufer die Sache seinerseits verkauft, auf Grund des Sachmangels ein weitergehender Schaden bei seinem Abnehmer eintritt, für den er als Verkäufer haftet[15].

Die Unterscheidung von Rüge- und Verjährungsfristen bei der sachmängelrechtlichen Verjährungsregelung nach dem Vorschlag von Huber entspricht der Rechtsprechung zur Verjährung bei Einräumung besonderer Garantiefristen. Hubers Vorschlag ist zudem gegenüber einer Änderung der Rügefrist offen, während

----

14) §§ 477 a-c, s. Huber, a.a.O., S.7oo und 886 ff.

15) Vgl. Huber, AcP 177 (1977), S.281,284.

nach dem Vorschlag von Peters/Zimmermann eine Verlängerung der Verjährungsfrist für Sachmängelansprüche entgegen dem heutigen § 477 Abs.1 S.2 BGB ausgeschlossen ist und dem Interesse des Käufers durch die Vorschriften über die Hemmung der Verjährung bei fehlender Kenntnis von dem Anspruch Rechnung getragen werden soll. Dadurch ist sicherlich die Möglichkeit der Einräumung einer Rügefrist durch eine Haltbarkeitsgarantie nicht eingeschränkt. Die Übernahme der Unterscheidung von Rüge- und Verjährungsfrist durch den Vorschlag von Huber kommt allerdings der bisherigen Praxis entgegen. Zudem wird es auch einem wirtschaftlichem Bedürfnis entsprechen, Gewährleistungsansprüchen eine gesetzliche, absolute Grenze unabhängig von der Erkennbarkeit des Mangels zu setzen. Es ist daher für das Sachmängelrecht im Grundsatz dem Vorschlag von Huber zu folgen. Danach ist auch für die Zukunft von nicht mehr stark abweichenden aber weiterhin unterschiedlichen Verjährungsfristen für Ansprüche aus selbständiger Garantie und Sachmängelhaftung auszugehen. Bestehen bleibt auch der Unterschied hinsichtlich der kaufmännischen Untersuchungs- und Rügeobliegenheit nach § 377 HGB.

b) Allgemeine Rücktrittsregelung anstatt Wandlung.

Ein weiterer Unterschied zwischen Gewährleistung und selbständigem Garantievertrag besteht nach geltendem Recht darin, daß auf Grund des Garantievertrages Rücktritt vom Kaufvertrag nach allgemeiner Regelung nur verlangt werden kann, wenn das Interesse an der Kaufsache wegen Nichteintritt des garantierten Umstandes entfallen ist, während nach

Gewährleistungsrecht ein Wandlungsanspruch des Käufers bei Vorliegen eines Sachmangels ohne weiteres besteht[16]. Ein derartiges Wandlungsrecht soll nach dem Reformvorschlag für den Käufer nicht mehr bestehen. Auch für den Fall mangelhafter Lieferung gilt die allgemeine Rücktrittsregelung des Leistungsstörrechts. Zunächst kann der Verkäufer nachbessern oder Ersatz liefern[17]. Ein Rücktrittsrecht des Käufers besteht erst, wenn der Verkäufer diese Handlungen nicht innerhalb einer gesetzten Frist erbringt[18]. Daneben besteht ein Rücktrittsrecht, sofern eine wesentliche Vertragsverletzung vorliegt[19]. Neben der zusätzlichen Voraussetzung der Erkennbarkeit für die vertragsbrüchige Partei bei Vertragsschluß, entspricht der Begriff inhaltlich dem Interessefortfall des anderen Teils (Gläubigers)[2o]. Die Alternative zwischen Sachmängelrecht und selbständiger Garantie ist daher nach dem Reformvorschlag für ein Rücktrittsrecht des Käufers/Garantiebegünstigten nicht entscheidungserheblich.

3. Folgerungen.

Die Unterschiede der Rechtsfolgen zwischen Sachmängelhaftung und Garantievertrag beschränken sich damit auf die Rechte des Käufers auf Nachbesserung bzw. Ersatzlieferung, die Verjährungsregelung und die Rügeobliegenheiten.

----

16) S. oben 2. Abschnitt 3. Kap. III 2.

17) Entsprechend Artt.43,44 EKG, vgl. Huber, a.a.O., S.7o4,7o7, § 461 a Entwurf, S.683.

18) Huber, a.a.O., S.7o3 f., § 462 Abs.1 Entwurf, S.683.

19) Huber, a.a.O., S.7o5,7o7, § 326 a Entwurf, S.677.

2o) Dölle/Huber, Art.1o Rdnr.12; ders., Gutachten Leistungsstörungen, S.7o5,836 f.; Mertens/Rehbinder, Art.1o Rdnr.4

Eine Verpflichtung auf Nachbesserung oder Ersatzlieferung hat nur dann einen Sinn, wenn ein in bezug auf die Kaufsache fehlender Umstand generell von dem Verkäufer herbeiführbar ist, nicht aber bei solchen Umständen, die außerhalb des Einflußbereichs des Verkäufers liegen. Die spezielle Verjährungsregelung des Sachmängelrechts knüpfte daran an, daß ein Mangel anhand der Kaufsache ersichtlich ist[21]. Der Gesichtspunkt kann auf die kaufmännische Untersuchungs- und Rügeobliegenheit nach § 377 HGB übertragen werden.

Für einen selbständigen Garantievertrag ist demnach auch unter Zugrundelegung des Reformvorschlages zum Leistungsstörungsrecht Raum, soweit die Parteien des Kaufvertrages angesichts des spielartigen, spekulativen Moments einer Zusage eine besondere Einstandspflicht des Verkäufers vereinbart haben.

II. Zukünftige Umstände.

Zukünftige Umstände, die keine Eigenschaft der Kaufsache darstellen, scheiden als Inhalt der Sachmängelhaftung aus.

Bei der Zusage des Entstehens von Sacheigenschaften nach Vertragsschluß ist nach geltendem Recht zu unterscheiden, ob eine Sacheigenschaft nach Gefahrübergang oder, beim Spezieskauf, bis zum Gefahrübergang eintreten soll.

1. Die Zusage des Entstehens von Sacheigenschaften nach Gefahrübergang.

Die Zusage des zukünftigen Entstehens von Sach-

---

21) S. oben 2. Abschnitt 2. Kap. IV. 3 b bb (b).

eigenschaften ist von der Gewährleistungshaftung des Verkäufers ausgenommen, da eine Pflicht zur Herbeiführung eines Umstandes für den Zeitpunkt nach Gefahrübergang nicht mehr Gegenstand des Vertragstypus Kauf ist. Nach dem Entwurf soll den Verkäufer eine Nachbesserungspflicht treffen, die Verkäuferpflichten werden also erweitert. Die vereinbarte Nachbesserungsverpflichtung des Verkäufers ist auch unter Zugrundelegung der bestehenden Regelung Gegenstand des Kaufvertrages. Eine solche Nachbesserungsverpflichtung betrifft Eigenschaften, die nach dem Vertrag bei Gefahrübergang vorliegen sollten[22]. Die Zusage des künftigen Entstehens von Sacheigenschaften ist hiervon nicht berührt. Solche Zusicherungen sind auch unter Berücksichtigung der Erweiterung der gesetzlichen Verkäuferpflichten nach dem Reformvorschlag nicht Gegenstand des Kaufvertrages. Der für den Eigenschaftsbegriff notwendige Sachbezug eines Umstandes muß daher zum Zeitpunkt des Gefahrübergangs gegeben sein. Schon aus diesem Grunde sind Versprechen, ein Grundstück werde nach Gefahrübergang Baureife erlangen, ein Film werde ausgezeichnet werden, ein Pferd werde in einem Rennen gewinnen, mit einem Haus lasse sich in Zukunft ein bestimmter Mieterertrag erzielen, Gegenstand eines selbständigen Garantievertrages.

2. Die Zusage des Entstehens von Sacheigenschaften bis Gefahrübergang.

Die Frage, ob für die Zusage, eine bei Vertragsschluß nicht vorhandene Eigenschaft der Spezies-

----

22) S. oben 2. Abschnitt 1. Kap. V 2 e und 2. Abschnitt 3. Kap. III 1 b.

sache werde bis Gefahrübergang entstehen, § 463 BGB anwendbar ist oder die Schadensersatzpflicht eine Garantie voraussetzt[23], stellt sich nach dem Reformentwurf nicht. Eine besondere Zusicherungshaftung entfällt. Der Verkäufer haftet für alle bei Gefahrübergang nicht vorhandenen Eigenschaften nach allgemeinen Regeln auf Schadensersatz. Denkbar ist, daß der Verkäufer eine unbedingte Schadensersatzpflicht für das Vorhandensein einer Eigenschaft bei Vertragsschluß übernimmt, dieser erhöhte Haftungsmaßstab aber nicht dafür gelten soll, daß die Eigenschaft bis Gefahrübergang bestehen bleibt.

III. Fortbestands- und Haltbarkeitsgarantien.

Sagt der Verkäufer zu, eine bei Gefahrübergang vorhandene Eigenschaft werde über diesen Zeitpunkt hinaus erhalten bleiben, fehlt der für die Anwendbarkeit des Gewährleistungsrechts nötige Sachbezug, wenn der Fortbestand der Sacheigenschaft maßgeblich von außerhalb der Kaufsache liegenden Faktoren abhängig ist[24], etwa bei der Zusage, ein gegenwärtiger Baurechtszustand werde in Zukunft erhalten bleiben. Haltbarkeitsgarantien,mit denen das Risiko dafür übernommen wird, daß die Kaufsache im Rahmen des bestimmungsgemäßen Gebrauchs über einen Mindestzeitraum mangelfrei bleibt, sind dagegen Gegenstand der Gewährleistung[25].
Zu fragen ist, ob diese Abgrenzung auch unter der Reformregelung vorzunehmen ist.

----

23) S. oben 2. Abschnitt 1. Kap. V 3.

24) S. oben 2. Abschnitt 1. Kap. VI.

25) S. oben 2. Abschnitt 2. Kap. insbes.II.

1. Sachmängelrecht bei nach Gefahrübergang eintretenden Mängeln.

Eine abweichende Beurteilung könnte sich aus der von Huber als zukünftiger § 459 Abs.2 BGB vorgeschlagenen Bestimmung ergeben, nach der der Verkäufer für nach Gefahrübergang eintretende Mängel nach Sachmängelrecht haftet, sofern er diese zu vertreten hat[26].

a) Anwendungsbereich des Art.35 Abs.2 EKG.

Der Regelung liegt der gleichlautende Art.35 Abs.2 EKG zugrunde. Dessen Anwendungsbereich wird begrenzt auf Fälle, in denen die Ursache für den späteren Eintritt des Mangels nicht notwendig bei Gefahrübergang aber bereits vor der vollständigen Erfüllung des Vertrages gesetzt war[27]. Art.35 Abs. 2 EKG greife ein, etwa beim Versendungskauf, wenn die Sache beim Transport auf Grund unsachgemäßer Verpackung beschädigt werde oder wenn der Verkäufer in Annahmeverzug des Käufers die Sache grob fahrlässig (§ 3oo Abs.1 BGB) beschädige oder diese infolge unrichtiger Gebrauchsanweisung seitens des Verkäufers mangelhaft werde[28]. Werde der Grund für einen Mangel der Kaufsache nach vollständiger Erfüllung geschaffen, sei der Kaufvertrag hinsichtlich der Verkäuferpflichten abgewickelt und könne keine Ansprüche erzeugen[29].

----

26) Huber, a.a.O., S.866.

27) Dölle/Stumpf, Art.35 Rdnr.6; Mertens/Rehbinder, Art.35 Rdnr.3; Beß, S.79; Kirchhof, S.12o Fn.2.

28) Vgl. Dölle/Stumpf, Art.35 Rdnr.7.

29) Dölle/Stumpf, Art.35 Rdnr.6; Kirchhof, S.12o.

b) Erweiterte Anwendung des Sachmängelrechts nach Huber.

Huber will dagegen unter Sachmängelrecht auch den Fall fassen, daß der Verkäufer nach Vertragserfüllung die Sache in der Hand des Käufers entwerte[3o], z.B. der Verkäufer eines als unverbaubar verkauften Grundstücks die Bebaubarkeit der ihm gehörenden Nachbargrundstücke erwirke[31].

c) Stellungnahme.

Es ist gewiß nicht ausgeschlossen, Pflichtverstöße durch eine spezielle kaufvertragliche Regelung zu erfassen, die der Verkäufer nach Abwicklung des Kaufvertrages begeht. Die zu Art.35 Abs.2 EKG vertretene Auffassung berücksichtigt nicht, daß der Vertrag über den Erfüllungszeitpunkt hinaus nachwirkende Pflichten begründen kann[32]. Weniger offensichtlich ist allerdings der Grund, weshalb Huber hierin ein Problem der Sachmängelhaftung sieht.

aa) Gewährleistung - selbständige Garantie.

Das Reichsgericht hat in dem oben erwähnten Fall einen Anspruch aus § 463 S.1 BGB mit der Begründung verneint, die Unverbaubarkeit sei nicht zugesichert

----

3o) Huber, a.a.O., S.867.

31) Vgl. den Fall RGZ 161, S.33o.

32) Vgl. Palandt/Heinrichs, § 276 Anm. 7 d; Larenz, SchR I, § 1o II g, S.13o f.; MK-Emmerich, Vor § 275 Rdnr.314 ff.; a.A. v. Bar, AcP 179 (1979), S.452 ff., der nach dem Erfüllungszeitpunkt das mit der Anbahnung des Vertrages begründete gesetzliche Schutzpflichtverhältnis fortgesetzt sieht.

worden. Wenig überzeugend hat das Gericht einen Fehler schon darin gesehen, daß die Unverbaubarkeit des Grundstücks bei Gefahrübergang nicht unabänderlich war[33]. Danach stand aus der Sicht des Gerichts nicht die Zusage der Fortdauer einer bei Gefahrübergang vorhandenen Eigenschaft der Unverbaubarkeit in Frage, sondern die bei Gefahrübergang nicht vorhandene Eigenschaft war die fehlende Sicherung des Baurechtszustandes für die Zukunft. Haftete der Verkäufer für den ihm zurechenbaren nachträglichen Wegfall von Sacheigenschaften,der sich nicht aus der Kaufsache selbst heraus entwickelt, sondern von maßgeblich außerhalb der Kaufsache liegenden Umständen abhängig ist, wäre dementsprechend eine besonders vereinbarte, von einem Vertretenmüssen unabhängige Einstandspflicht für diesen Wegfall von Sacheigenschaften nach Gewährleistungsrecht zu beurteilen. Eine derartige Einstandspflicht ist aber, wie auch das Reichsgericht entschieden hat[34], Gegenstand eines selbständigen Garantievertrages[35].

Kein Fall der Sachmängelgewährleistung der gegenwärtigen Regelung der §§ 459 ff. BGB ist daher gegeben, wenn nach Erfüllung des Kaufvertrages durch ein Verhalten des Verkäufers ein Mangel entsteht. Entzieht ein Vertragspartner dem anderen nach Vertragserfüllung die durch den Vertrag begründeten

----

33) Anders RGZ 161, S.193,195: Die mehr oder minder entfernte Möglichkeit künftiger Entziehung oder Beschränkung des Grundeigentums stelle keine Eigenschaft des Grundstücks dar.

34) RG, JW 19o6, S.712 Nr.8; vgl. auch RGZ 161, S.193,195.

35) S. oben 2. Abschnitt 1. Kap. VI.

Vorteile, ist eine Haftung auf Schadensersatz nach denselben Grundsätzen zu beurteilen wie im Fall der Verletzung von sonstigen vertraglichen Schutz- und Nebenpflichten vor und nach Vertragsschluß (c.i.c., pVV)[36].

bb) Sachgemäße Rechtsfolgen.

Da der Reformvorschlag die mangelhafte Leistung als Gegenstand eines einheitlichen Tatbestandes der Nicht- bzw.Schlechterfüllung sieht, besteht kein Hindernis, einen Tatbestand des allgemeinen Leistungsstörungsrechts den besonderen Rechtsfolgen des Sachmängelrechts zu unterstellen. Eine andere Frage ist, ob es im Einzelfall geboten ist.

Huber verweist lediglich auf den Fall,daß es im Hinblick auf eine kaufmännische Rügeobliegenheit nach § 377 HGB und die Verjährungsfristen keinen Unterschied machen dürfe, ob der Verkäufer die Kaufsache vor Übergabe an den Käufer nicht ordnungsgemäß gelagert habe oder etwa ein Schaden bei der Versendung eingetreten sei, weil der Verkäufer die Ware nicht richtig verladen habe[37]. Dem ist zuzustimmen. Betroffen ist allerdings ein Fall, in dem die Fehlerursache vor Erfüllung des Kaufvertrages gelegt war.

In diesem Zusammenhang ist auch eine neueste Entscheidung des Bundesgerichtshofs zur Anwendung des § 477 BGB zu erwähnen. Der Verkäufer von Schweißmaterial hatte zugesichert, daß dieses für eine be-

----

36) Vgl. nur MK-Emmerich, Vor § 275 Rdnr.327.

37) Huber, Gutachten Leistungsstörungen, S.867 f.

stimmte Verschweißungsweise geeignet sei, was sich als nicht zutreffend herausstellte. Ein Anspruch aus § 463 S.1 BGB war daher gegeben. Weiterhin hatte der Verkäufer die Verpflichtung übernommen, den Käufer bei der Verarbeitung des Materials an einem, von dem Käufer an einen Dritten zu liefernden Kessel zu beraten. Die Zusicherung des Verkäufers bezog sich auch darauf, unter Befolgung der Hinweise des Beraters werde der Kessel bei Verwendung des verkauften Schweißmaterials ordnungsgemäß hergestellt werden können. Der BGH wertete eine unzureichende Beratung als Nebenpflichtsverletzung im Rahmen des Kaufvertrages. Ansprüche aus positiver Vertragsverletzung wegen fehlerhafter Beratung unterlägen ebenfalls der gewährleistungsrechtlichen Verjährung des § 477 BGB[38].

Der BGH nimmt nicht dazu Stellung, inwieweit der gesamte geltend gemachte Schaden nicht nach § 463 S.1 BGB zu ersetzen war. Insoweit wäre ein inhaltsgleicher Anspruch aus positiver Vertragsverletzung ausgeschlossen. Es ging also darum, daß neben einem Anspruch aus § 463 S.1 BGB ein weitergehender aus positiver Vertragsverletzung in Betracht kam, dessen Grund letztlich aber in der Ungeeignetheit des Schweißmaterials bestand.

Im Gegensatz zu diesem Fall ist ein Bedürfnis der Anwendung sachmängelrechtlicher Rüge- und Verjährungsfristen nicht ersichtlich bei nachvertraglicher Mängelverursachung durch den Verkäufer. Ebenso wie § 477 BGB, geht auch die Verjährungsregelung des § 477 a und b BGB des Reformentwurfs[39] im Grund-

----

38) BGH, NJW 1983, S.392.

39) Huber, a.a.O., S.886 ff.

satz davon aus, daß ein Mangel bei Aushändigung[4o] der Sache an den Käufer vorliegt, sich dieser Mangel aber erst nach gewisser Zeit zeigen kann. Auf letzteren Gesichtspunkt nimmt der Reformvorschlag stärker als das geltende Recht Rücksicht, indem er dem Käufer eine Rügefrist einräumt, an die sich die Verjährungsfrist erst ab Absendung der Mängelanzeige innerhalb der Frist anschließt. Liegt keine abweichende Vereinbarung vor, kann der Käufer einen Mangel nicht mehr nach Ablauf der gesetzlichen Rügefrist geltend machen. Ab welchem Zeitpunkt der Verkäufer des als unverbaubar verkauften Grundstücks die Bebaubarkeit des Nachbargrundstücks anstreben darf, ist nach dem Inhalt der vertraglichen Zusicherung der Unverbaubarkeit festzustellen, nicht dagegen nach einer gesetzlichen Rügefrist, die den Käufer dem Zwang aussetzt, eine die Rügefrist abändernde Vereinbarung darzulegen.

cc) Folgerungen.

Sachmängelrecht sollte daher nicht anwendbar sein auf den Fall, daß der Verkäufer die Vorteile des Kaufs dem Käufer teilweise entzieht, indem er gegen die Vertragsabrede eine vorhandene Eigenschaft der Kaufsache beeinträchtigt oder beseitigt. Sollte dagegen auch die nach Vertragserfüllung vom Verkäufer zu vertretende Mängelverursachung durch den Gesetzgeber den Rechtsfolgen des Sachmängelrechts unterstellt werden, ist dementsprechend eine Garantie, eine bei Gefahrübergang vorhandene Eigenschaft werde in Zukunft erhalten bleiben, generell nach Gewährleistungsrecht zu beurteilen und nicht Gegenstand

----

4o) § 477 a des Entwurfs knüpft an die Aushändigung an.

eines selbständigen Garantievertrages, also auch soweit der Fortbestand der Sacheigenschaft von außerhalb der Kaufsache liegenden Umständen abhängig ist.

2. Garantiefristen als Haltbarkeitsgarantien.

Übernimmt der Verkäufer durch Einräumung einer Garantiefrist die Gewähr für die Haltbarkeit der Sache während der Frist, ist Sachmängelrecht einschlägig, auch wenn sich die Zusage darauf bezieht, während der Garantiefrist werde im Rahmen bestimmungsgemäßer Benutzung der Kaufsache kein Mangel entstehen[41]. Das UN-Kaufrechtsabkommen, das dem EKG im wesentlichen entspricht, enthält hierzu eine ausdrückliche Regelung. Nach Art.36 Abs.2 des UN-Kaufrechtsabkommen haftet der Verkäufer auf Grund des Kaufvertrages auch für nach Gefahrübergang eintretende Mängel, sofern er eine entsprechende "Garantie" übernommen hat[42]. Huber hält die Übernahme einer entsprechenden Regelung in den Reformentwurf für überflüssig. Ein Mangel, der innerhalb der Garantiefrist auftrete, habe offensichtlich schon bei Gefahrübergang vorgelegen[43]. Es wurde hier jedoch dargelegt, daß nicht in allen Fällen aus der Tatsache des Auftretens eines Mangels während der Garantiefrist darauf geschlossen werden kann, der Kaufsache habe schon bei Gefahrübergang bzw. Aushändigung an den Käufer eine vertragliche Eigenschaft gefehlt[44]. Die Übernahme einer gleichlautenden Vorschrift in das BGB hätte allerdings nur klarstellende Funktion. Gegenüber der gegenwär-

----

41) S. oben 2. Abschnitt 2. Kap. Insbes.II.

42) Vgl. Schlechtriehm, Einheitl. UN-Kaufrecht, S.58, Text S.132 f.

43) Huber, a.a.O., S.868.

44) S. oben 2. Abschnitt 2. Kap. I 4 c.

tigen Gesetzeslage ergibt sich nach hier vertretener Ansicht kein Unterschied.

Gegenüber dem geltenden Gewährleistungsrecht der §§ 459 ff. BGB führt der Reformvorschlag auch bei den Haltbarkeitsgarantien zu einer verschärften Haftung des Verkäufers. Während aus der Tatsache der Einräumung einer Haltbarkeitsgarantie noch nicht auf das Vorliegen einer Zusicherung zu schließen ist[45)], haftet der Verkäufer nach dem Reformvorschlag auf Schadensersatz, wenn sich innerhalb der Garantiefrist ein Mangel zeigt oder ein solcher entsteht. In den Garantiebestimmungen sind allerdings regelmäßig Schadensersatzansprüche ausgeschlossen. Dagegen wird der Käufer in der Regel zunächst auf Nachbesserung verwiesen. Ein Nachbesserungsrecht hat der Verkäufer auch nach dem Reformentwurf[46)]. In diesem Punkt führt der Reformentwurf zu einer Angleichung des Sachmängelrechts an die in der Praxis bestehenden Gewährleistungsvereinbarungen.

3. Die Verjährung bei Garantiefristen.

Der Betrachtung bedarf noch die Frage der Verjährung bei der Einräumung von Garantiefristen. Es wurde bereits dargelegt, Garantiefristen sind regelmäßig dahin auszulegen, daß der Beginn der Verjährungsfrist des § 477 BGB bis zur Entdeckung des Mangels hinausgeschoben ist[47)].

----

45) Loebell, BB 1973, S.1237,1238 f.; a.A. V. Götz, S.62 ff.

46) S. Huber, a.a.O., S.874, § 461 a Entwurf.

47) S. oben 2. Abschnitt 2. Kap. I 1.

a) Der Reformvorschlag von Huber.

Die darin liegende Unterscheidung von Gewährleistungsfrist und anschließender Verjährungsfrist wird -wie bereits erwähnt[48]- für den Reformvorschlag von Huber übernommen. Dem Käufer soll nach Aushändigung der Sache eine Frist von zwei Jahren -bei Bauwerken von fünf Jahren- zur Rüge des Mangels zur Verfügung stehen. Die auf ein Jahr verlängerte Verjährungsfrist beginnt mit der Absendung der Mängelanzeige. Weiterhin enthält die als § 477 a BGB vorgeschlagene Regelung den Hinweis, daß bei Vereinbarung einer längeren Frist innerhalb dieser Frist zu rügen ist[49].

b) Stellungnahme.

Der Vorschlag enthält damit keine Einschränkung der Rüge- bzw. Gewährleistungsfrist dahingehend, daß die Mängelanzeige bei Kenntnis des Mangels erfolgen muß. Dem Käufer steht nach dem Reformvorschlag auch bei frühzeitiger Kenntnis vom Mangel jeweils die volle gesetzliche Rügefrist und anschließend ein Jahr Verjährungsfrist zur Klageerhebung zur Verfügung, bei einer die gesetzliche Rügefrist überschreitenden Garantiefrist diese Frist zur Rüge mit anschließender Verjährungsfrist. Dabei weicht die Regelung von der an § 477 BGB orientierten Auslegung ab, wonach bei Einräumung einer Garantiefrist regelmäßig der Verjährungsbeginn auf den Zeitpunkt der Entdeckung des Mangels hinausgeschoben ist. Den Gesetzesvorschlag begründet Huber damit, daß anderenfalls derjenige Käufer in Vorteil sei, der den

---

48) S. oben 2. Kap. II 2 a.

49) Huber, a.a.O., S.886, § 477 a und b Entwurf.

Zeitpunkt der Kenntniserlangung geschickter verschweige[5o]. Dieser Gesichtspunkt erscheint wenig sachgerecht. Zu erwägen ist allenfalls, ob im Sinne der Prozeßökonomie eine mögliche Beweisaufnahme über den Zeitpunkt der Kenntniserlangung seitens des Käufers von vornherein ausgeschlossen werden soll. Die weitere Erwägung Hubers, es sei das Interesse des Käufers, den Mangel so schnell wie möglich geltend zu machen, schon um seine Beweislage nicht zu verschlechtern, läßt die Schlußfolgerung, es werde dann auch immer unverzüglich gerügt werden, nicht zu. Das Beweisargument gilt zwar für die gesetzliche Regelung, nicht aber für die Haltbarkeitsgarantie. Durch diese kann der Verkäufer den für die Sachmängelrechte maßgeblichen Zeitpunkt über den Gefahrübergang hinaus erstrecken. Daneben kommt in Betracht, daß auf Grund der Haltbarkeitsgarantie vermutet werden soll, daß ein während der Garantiefrist aufgetretener Mangel bei Gefahrübergang vorgelegen hat[51].
Bei Garantiefristen, die länger als die gesetzliche Rügepflicht sind, führte die Regelung zu über Gebühr langen Gewährleistungsfristen. Andererseits sollte bei die gesetzliche Rügefrist überschreitenden Garantiefristen die Verjährungsfrist nicht ausnahmsweise mit der Entdeckung des Mangels beginnen. Zwar könnte durch AGB die gesetzliche Rügefrist in Anwendung des § 11 Nr.1o lit. f AGBG nicht verkürzt werden, wohl aber könnte die durch die Haltbarkeitsgarantie begründete Erweiterung der Verkäuferhaftung über die gesetzliche Sachmängelhaftung hinaus an die kürzere Frist geknüpft sein. Ange-

----

5o) Huber, a.a.O., S.888.

51) Vgl. dazu oben 2. Abschnitt 2. Kap. I 2.

sichts der gesetzlichen Rügefristen und Verjährungsregelung wäre eine dahingehende Auslegung einer Garantiefrist nicht ohne entsprechende Anhaltspunkte in den Garantiebestimmungen möglich. An der bisherigen Auslegung von Garantiefristen i.S. eines Hinausschiebens des Verjährungsbeginns bis zur Entdeckung des Mangels[52] sollte für die Neuregelung des § 477 BGB festgehalten werden. Berücksichtigt man, daß die von Art.39 Abs.1 S.2 EKG übernommene zweijährige Ausschlußfrist beim Kauf beweglicher Sachen von manchen als möglicherweise zu lang angesehen wird[53], erscheint eine Kompromißlösung angebracht. Die Verjährungsfrist sollte ab Kenntnis des Käufers von dem Mangel beginnen. Die gesetzlich oder vertraglich eingeräumten Rüge- bzw. Gewährleistungsfristen sind danach Maximalfristen.

----

52) Zuletzt BGH, NJW 1979, S.645.

53) Staudinger/Honsell, § 477 Rdnr.2 mit Nachweisen.

Printed by
CPI books GmbH, Leck

FSC
www.fsc.org
MIX
Papier | Fördert gute Waldnutzung
FSC® C083411

Kolibri 360 GmbH
Ferdinand-Jühlke-Straße 7
99095 Erfurt, Deutschland
produktsicherheit@kolibri360.de